国家社科基金项目
"近六十年来中国古籍出版研究"
（项目批准号：15BTQ032）

中国古籍整理出版研究

（1949—2021）

王育红 著

中国社会科学出版社

图书在版编目(CIP)数据

中国古籍整理出版研究：1949－2021／王育红著.—北京：中国社会科学出版社，2022.10
ISBN 978－7－5227－0495－1

Ⅰ.①中… Ⅱ.①王… Ⅲ.①古籍整理—研究—中国—1949－2021 ②古籍—出版工作—中国—1949－2021 Ⅳ.①G256.1

中国版本图书馆 CIP 数据核字(2022)第 125122 号

出 版 人	赵剑英
责任编辑	刘　艳
责任校对	陈　晨
责任印制	戴　宽

出　　版	中国社会科学出版社
社　　址	北京鼓楼西大街甲 158 号
邮　　编	100720
网　　址	http://www.csspw.cn
发 行 部	010－84083685
门 市 部	010－84029450
经　　销	新华书店及其他书店

印　　刷	北京明恒达印务有限公司
装　　订	廊坊市广阳区广增装订厂
版　　次	2022 年 10 月第 1 版
印　　次	2022 年 10 月第 1 次印刷

开　　本	710×1000　1/16
印　　张	17
字　　数	272 千字
定　　价	88.00 元

凡购买中国社会科学出版社图书，如有质量问题请与本社营销中心联系调换
电话：010－84083683
版权所有　侵权必究

目　录

绪　论 …………………………………………………………（1）

第一章　中国古籍出版的总体成就与学术总结 ……………（9）
第一节　论述范围与新出版古籍数据统计 ………………（10）
第二节　新中国古籍整理出版的学术总结 ………………（20）

第二章　中国古籍出版的发展历程与影响因素 ……………（46）
第一节　新中国古籍整理出版的发展历程 ………………（47）
第二节　新中国古籍整理出版的影响因素 ………………（58）

第三章　各类古籍的整理出版与学术传承 …………………（74）
第一节　经学文献的整理出版 ……………………………（75）
第二节　总集别集的整理出版 ……………………………（93）
第三节　关于正史的整理出版 ……………………………（110）
第四节　方志文献的整理出版 ……………………………（115）
第五节　书目题跋的整理出版 ……………………………（120）

第四章　地方文献的整理出版与地方文化色彩 ……………（127）
第一节　华北东北文化区的古籍出版 ……………………（128）
第二节　华东文化区的古籍整理出版 ……………………（132）
第三节　华中华南文化区的古籍出版 ……………………（142）
第四节　西北西南文化区的古籍出版 ……………………（148）

1

第五章 出土文献与新的文献类型的整理出版 …………………（161）
第一节 甲骨文献的整理出版 …………………………………（162）
第二节 金石文献的整理出版 …………………………………（167）
第三节 简帛文献的整理出版 …………………………………（189）
第四节 敦煌文献的整理出版 …………………………………（205）

第六章 中国古籍整理出版的发展与国家行动 …………………（214）
第一节 中国古籍出版的质量问题 ……………………………（215）
第二节 中国古籍出版的数字化 ………………………………（228）
第三节 中国古籍出版的国家行动（行为） …………………（238）

余 论 …………………………………………………………………（253）

参考文献 ………………………………………………………………（257）

后 记 …………………………………………………………………（265）

绪　　论

新中国古籍整理出版已经走过70多年历程，取得了巨大的成就，为学术界提供了一大批古籍新印本，极大地促进了中国传统学术的流播，为中国古代哲学、史学、文学、语言学、文献学及中医药学等的学科建设打下了坚实基础，为中国传统文化的传承做出了重要贡献。但也存在着诸多问题。对于新中国成立以来的古籍整理出版应该及时进行系统全面的研究，只有这样才能将这一宏大的工程延续下去，才能有功于世。

一　关于古籍整理与出版问题

古籍出版源自古籍整理的成果，而古籍整理的范围又极其广大，按其整理的方法与体例来分，大约涵盖以下数端。第一，古籍点校，这是当代古籍整理最基本的形式，主要包括新式标点与校勘两个方面。点校之校勘常以互校法为主，比勘异同，并参之以他校法等，考其是非。第二，古籍今注，是给古籍重新作注，这是当代古籍整理的主体工程。古籍今注的体式主要有集注、集解、集释，以及补旧注、整理普及选本、今注今译等。古籍今注有一定的体例，一个完整的整理成果大致包含序言、凡例、引用书目、题解、注释、附录等部分。今注的形式，一般为篇后注、段后注或页下注。第三，古籍今译，即用现代白话文将古籍原文逐字逐句地翻译出，这是普及古籍的一种整理形式。第四，整理选本与全集以及资料汇编。第五，编制古籍书目索引。第六，古籍研究，是对古籍目录、版本的考证，对古籍文字、音韵、训诂、辨伪、辑佚等的研究。[①] 当然，古籍整

[①] 参考程千帆、徐有富《校雠广义·校勘编》，齐鲁书社1998年版；谢玉杰、王继光《中国历史文献学》，民族出版社1999年版；孙钦善《中国古文献学史简编》，北京大学出版社2008年版。

理与出版是不能截然分开的，本书研究的重点主要在古籍出版方面。

古籍整理出版是继承和弘扬中华民族优秀文化遗产的一项十分重要的工作，新中国成立以来，古籍整理出版取得了辉煌的成就，这是毋庸置疑的事实。但就总体来看，整体的系统、全面研究罕缺。现有研究成果仅限于古籍出版的历史回顾，按其发表的时序主要有《中国古籍整理出版四十年概况》（《中国出版年鉴》1990—1991年）、《我国10年来古籍整理出版工作述评》（《编辑之友》1993年第3期）、《近50年来中国古籍出版的成就、缺失及对策》（《中国出版》2002年第3期）、《我国古籍出版50年概说》（《出版广场》2002年第3期）、《50年来中华书局的古籍出版成就》（《书品》2002年第3期）、《二十年来古籍整理出版特点述略》（《中小学图书情报世界》2003年第3期）、《中华人民共和国时期的古籍整理出版历程》（《广西地方志》2006年第6期）、《快速发展 成绩显著——古籍整理出版三十年》（《古籍整理研究学刊》2008年第6期）、《新中国60年古籍整理与出版》（《编辑之友》2009年第10期）等。特别值得一提的是，杨牧之先生的《新中国古籍整理出版工作的回顾和展望》（《古籍整理出版情况简报》2003年第9、10期），重点论述了新中国成立50年古籍整理出版的历史进程和显著成就，并对古籍整理出版工作面临的任务提出要求与希望，分析比较全面，对古籍整理出版具有一定的指导意义。在庆祝中华人民共和国成立70周年之际，更有诸多学人撰文总结古籍整理出版工作，如中华书局总编顾青的《古籍整理出版七十年》（《文史知识》2019年第10期），阐述了"七十年来古籍整理出版取得的新成就"、"七十年来古籍整理出版的宝贵经验"等。《人民日报》记者张贺的《赓续千年文脉 绽放文化光彩：新中国70年古籍整理出版成就综述》（《人民日报》2019年12月11日）则从"开创新局面"、"探索新模式"、"绽放新光芒"及"奋进新时代"四个方面加以综述。此外，中国台湾彭正雄的《台湾地区古籍整理及其贡献》一文对20世纪50年代至20世纪末中国台湾地区的古籍整理按专题形式如编目、标点、校勘、辑佚等进行介绍，并扼要论其贡献与不足。总的来看，对于新中国成立以来古籍出版的研究已然引起学人的关注，然而，相对于70多年古籍出版的巨大成就来说，现有的研究成果显得十分不相称，无论是从质还是从量的维度来看，深入研究古籍出版具有极大的开掘空间与学术意义。

二　古籍整理出版研究的学术价值

基于对新中国成立以来古籍整理出版成果的系统梳理与考察，我们将在历史回顾与成就描述的基础上，以学术史的眼光勾勒中国古籍出版的发展历程，将整体性的宏观探讨与微观研究结合，兼顾案例分析与方法特征，具有独特的学术价值。

第一，古籍整理出版，不仅是中华优秀传统文化的传承问题，而且是政治、经济、社会进步的反映。早在1981年5月、7月，陈云同志两次指示，强调抓紧并搞好古籍整理工作，他指出"古书如果不加标点整理，很难读，如果老一代不在了，后代根本看不懂，文化就要中断，损失很大，一定要把这一工作抓紧搞好"，"这件事一定要搞到底"。同年9月17日，中共中央下发第37号文件《关于整理我国古籍的指示》，明确指出："整理古籍，把祖国宝贵的文化遗产继承下来，是一项十分重要的、关系到子孙后代的工作。"可见古籍出版事关千秋后代。现已走过70多年风雨历程，我们必须全方位对其进行系统的考量。

第二，新中国成立以来经过几代学人的辛勤努力，至今已整理出版了数万种古籍，还有多少有待于进一步整理，古籍出版资源是否会枯竭，如此下去是否有穷尽的时候？正如杨牧之先生所说："十万种古籍也好，十二万种也好，十五万种也好，整理起来有完没完？应该是越整理越多，还是越整理越少？整理的任务究竟怎样估计？像我们现在这样的整理办法成不成？"① 这些都是发人深省、需要认真思考的问题。古籍整理类和研究性的图书，虽然有着不可估量的文化含义和学术价值，但毕竟读者面比较窄、发行量也较小，古籍出版举步维艰；研究古籍出版，我们应当正视现实，尤其对于专业古籍出版社在出版品种上给予宽容。

第三，考虑到古籍，特别是珍善本古籍都属于国家文物的范畴，都成了馆藏珍品，就是有些图书馆的古籍（善本）部门的工作人员都难有机会看到它们，普通读者则更是无缘得见。因此，确实存在着古籍利用与文物保护的矛盾，也就是说，古籍是单纯收藏还是藏用结合，是限制还是方便

---

① 杨牧之：《第十四届全国古籍出版社年会上的讲话》，《古籍整理出版情况简报》1999年第8期。

读者查阅，是将古籍阅览作为少数人的特权还是作为持证读者应该享有的权利等。解决这些问题的切实可行的办法就是出版古籍新印本（电子版古籍数量毕竟较少，另当别论），以广古代典籍的流传，做到资源共享。纵观70年来的古籍出版，基本上呈自发、无序的状态，因此，必须处理好普及与抢救的关系，分清出版的轻重缓急。

第四，古籍整理与出版的人才匮乏。1995年，全国政协会议上有一个提案《建立幼年古典学校的紧急呼吁》，认为"中国文化有中断的危险"、"救救中国文化、建立中国文化古典学校和古典班"，这是赵朴初、谢冰心、启功、夏衍、叶至善、陈荒煤、吴冷西、张志公八位知名人士的呼声。他们认识到古典文化传承的危机在于人才枯竭，认为能够承担这一职责者大多年逾花甲，甚至更老，而年轻的力量一时又跟不上来，出现人才的青黄不接，虽然某些大学中有中文系、历史系、哲学系培养这类人才，也有从事古典文献研究的人，但短短四年的攻读实在是担负不起继承文化遗产的任务。[①] 时至今日，古籍整理出版的人才问题依然十分严峻，而且随着社会信息化的加剧，每况愈下，确实会见到古籍整理本出现诸多问题，例如不注明文献出处，有的甚至张冠李戴、任意删节、随意标点，因不查对原文而任情发挥等。这给我们提出极大的警示。

第五，进入数字化时代以来，古籍电子出版也迎来了千载难逢的机遇与挑战，对于传统古籍出版是很大的冲击。杨牧之先生分析说："古籍越来越成为少数人的读物，使用古代文献的人越来越少了，特别是一些古籍整理图书经济效益不好，古籍整理与出版工作有很多困难。"可见专业古籍出版社处于两难之境，如何进一步发展，如何解决古籍数字化等，无疑成为研究古籍出版的必要问题。

第六，充分认识古代典籍所蕴含的文化价值及古籍遭逢劫难的悲剧，能促使后人更加珍惜古籍，保护古籍，珍视传统，激发人们的爱国情怀，提高弘扬祖国优秀文化遗产的自觉性与责任感。面对前人世代累积的古典文献遗产，我们担负着文化传承的重任，只能是发扬光大，而绝不能让传统文化中绝于我们这一代。

---

① 中国人民政治协商会议第八届全国委员会第016号提案：《建立幼年古典学校的紧急呼吁》，转引自《古籍整理研究学刊》1995年第2期。

三 中国古代文献聚散与当代的古籍出版

中国传统文化源远流长，自上古到清末，随着历史的演进与学术文化的发展，中国古籍从无到有，由少而多，同时又存在着书籍散亡现象，而且数量惊人。这是古文献总的存亡趋势。中国历史上究竟有多少典籍亡佚，至今仍无法弄清楚。各代文献整理的书目著录留下古籍存亡的历史痕迹，肇始于汉刘歆《七略》、班固《汉书·艺文志》，历朝政府多组织文献整理，规模较大的不下十次。有文献整理就有图书统计数字，如先秦典籍流传到汉代，至成帝时，前后征集图书33090卷，刘向父子整理图书"603家，13219（篇）"，载于《七略》《汉书·艺文志》，而《汉书·艺文志》所收614种，今残存仅87种。两汉新撰、新注图书约2000种，南朝梁普通四年（523年），阮孝绪编定《七录》时，汉代书籍散亡巨多，《七录·序目》所附《古今书最》载："《七略》书三十八种，六百三家，一万三千二百一十九卷。五百七十二家亡，三十一家存。《汉书·艺文志》书三十八种，五百九十六家，一万三千三百六十九卷。五百五十二家亡，四十四家存。"① 可见汉代有95%的书籍散亡。而到清编《四库全书总目》，所载仅百余种。三国、两晋、南北朝时期，由于社会长期不稳定等因素，文献损毁情况极为严重，见表0-1。

表0-1　　　　　　三国至南北朝著述之存亡情况

时代	依据	著录情况	四库总目	亡佚占比
三国	清姚振宗《三国艺文志》辑考	"并四部及释道，计之约共1122部，4562卷，又1779篇"	仅"24部"	97.9%
两晋	清文廷式《补晋书艺文志》	"2438种，14887卷"	仅"33部"	98.6%
南北朝	杨家骆考定	"7094部"，卷数可知者约"50855卷"，今存百分之一二	仅"81部"	98.9%

隋唐文化繁荣，隋朝有书多达903580卷，唐初修《隋书·经籍志》，

---

① 按：《七录》已佚，其《序目》见存于《广弘明集》卷3。

四部经传凡 3127 部 36708 卷（通计亡书合 4191 部 49467 卷），外有道佛经 2329 部 7414 卷；合计 6520 部 56881 卷。① 而唐代书籍的情况，欧阳修在其《新唐书·艺文志》序云："藏书之盛，莫盛于开元，其著录者，五万三千九百一十五卷。而唐之学者自为之书者，又二万八千四百六十九卷。"② 然《四库全书总目》收录唐人四部著作仅 307 部。元代马端临《文献通考·经籍考》序云："《汉志》所载之书，以《隋志》考之，十已亡其六七；以《宋志》考之，隋唐亦复如此。"③ 清代乾隆朝修《四库全书》，收书共 3461 种 79309 卷，存目 6793 种 93551 卷。④ 民国时期，杨家骆先生于 1946 年统计，从西汉前起，至清末止，古籍总数为 181755 部（内含 2367146 卷）：西汉和西汉前 1033 部，东汉 1100 部，三国 1122 部，晋 3438 部，南北朝 7094 部，隋唐 10036 部，五代 770 部，宋 11579 部，辽金元 5970 部，明 14024 部，清 126649 部（《人民日报》海外版 1990 年 11 月 14 日）。

了解古籍存亡的大势，可使我们倍加珍惜存留至今的典籍，因其不过是古代全部文献之极小一部分。至于论及古书的散亡，也大有人在，著名的如隋代牛弘在其《请开献书之路表》中，历数隋以前中国典籍的五次大劫难，即所谓的"五厄"：（1）秦始皇焚书，（2）西汉末赤眉入关之时，（3）东汉末董卓迁都之时，（4）西晋末刘石乱华之时，（5）南朝梁侯景之乱之时。⑤

其后有明代胡应麟论历代书籍存亡，"书自六朝之后复有五厄"：大业一，"隋开皇之盛极矣，未几皆烬于广陵"；天宝二，"唐开元之盛极矣，俄顷悉灰于安、史"；广明三，"肃、代二宗洊加鸠集，黄巢之乱复致荡然"；靖康四，并绍定五，"宋世图史，一盛于庆历，再盛于宣和，而女真之祸成矣。三盛于淳熙，四盛于嘉定，而蒙古之师至矣"。⑥

再后又有祝文白所续的"五厄"：（1）李自成之陷北京，即"甲申之

---

① （唐）魏征等撰：《隋书·经籍志》卷 35，中华书局 1973 年版，第 1091、1099 页。
② （宋）欧阳修、宋祁撰：《新唐书·艺文志》卷 57，中华书局 1975 年版，第 1422 页。
③ （元）马端临：《文献通考·自序》，上海古籍出版社 1987 年版，第 20 页。
④ （清）纪昀等纂：《四库全书总目》，中华书局 1964 年影印本，"出版说明"。
⑤ （唐）魏征等撰：《隋书·牛弘传》卷 49，中华书局 1973 年版，第 1298 页。
⑥ （明）胡应麟：《少室山房笔丛·经籍会通》卷 1，上海书店出版社 2001 年版，第 6 页。

乱";（2）钱氏（钱谦益）绛云楼之烈焰；（3）清高宗时之焚书；（4）咸丰朝之内忧外患；（5）民国中日之战役中，公私藏书被战火涂炭。①

中国古代典籍总计经过十五次大的劫难。除了以上战乱及各种人为因素导致的文献散佚，古籍在保存过程中也会不可避免地遭到不同程度的损毁，常见的自然方面的原因有酸化、老化、鼠啮、虫蛀、火烬、水渍、霉变、絮化等。② 随着时间的推移，采取各种行之有效的古籍保护措施显得越来越重要，因而"抢救古典文献"的呼声一直不绝于耳。古籍的妥善保存、保护必不可少。另外，从古籍利用考量，则需大幅度进行古籍整理工作。那么新中国成立以来，古籍整理出版的真实情况究竟如何，到底整理出版了多少古籍，还存在着哪些问题，下一步应该如何走，都是值得深入思考的。解读中国古籍出版的成就与特色，弄清存在的问题和缺失，分析古籍出版的趋势，应该是一项基础性的工作。

当代的古籍出版历时70余年，整理出版品种亦多，以此为研究对象，主要采取数据统计分析法，突破以往的描述性方法；可利用1955年以来出版的各年度《全国总书目》以及有关专业出版社自出的古籍出版目录等资料，进行书目数据统计，并建立古籍出版数据资料库。在此基础上，确立研究的主要目标如下。

（1）将新中国成立以来整理出版的古籍新印本按其品种进行数据统计处理，进行纵向考察、横向对比，兼顾宏观与微观探究。首先是整体性研究，以古籍出版的总体成就、学术总结、出版特色、影响因素、问题与缺失等为研究对象；其次是分析分类，如进行分阶段（两个时期五个阶段）、分门类（如专业古籍出版社、地方文献出版、古籍数字化等）以及分学科的探究。重点探索成功经验与存在的问题，尤其侧重于21世纪以来的深化研究，通过列举实例，分析古籍出版趋势。古籍出版的学术总结注重系统概括古籍出版的实践经验，形成系统的理论体系，这对于古代文化遗产传承、对于地方文献保护都具有重要的指导意义。

---

① 祝文白：《两千年来中国图书之厄运》，载徐雁、王燕均主编《中国历史藏书论著读本》，四川人民出版社1990年版，第80页。
② 周婷玉、李鹏：《古籍损毁的八大原因——敦煌遗书：见证古籍修复技术》，央视国际2006年6月2日（http：//www.cctv.com/science/20060602/103369.shtml）。

（2）从大量的出版实例中概括出新中国成立以来古籍出版的突出特点，廓清主要的史实，展示古籍出版的伟大成就，阐明古籍整理出版与古代文史哲、古文献学、古代医学等学科在当代文化建设中的重要作用，并兼及其他社会科学领域，如社会学、教育学等，明确学科定位、性质、特点等。在学术史叙述、学科体系方面注重理论进展与良性互动；总结学术史上的经验与教训，弥补以往研究中的缺失；把握古籍出版的态势，为古籍整理出版的全面繁荣提出科学的依据。

（3）在新时代的高度上，深刻认识古籍整理出版的性质和发展等根本问题；从古籍出版的错谬中归纳出具有共性的致误通例，以规避可能出现的失误；提炼总结中国古籍出版中出现的方法论创新和理论成果，以及各类古籍出版必须达到的标准化、规范化要求，为不断提升古籍整理出版的整体水平和学术质量、为古籍整理出版事业的可持续发展提出策略与借鉴。

（4）考察中国古籍出版发展的历程，反思古籍出版的得失，分析低水平重复出版的社会后果、某些部类之内存在出书结构失调现象等，以及古籍出版社的困境和所面临的挑战，解决以往研究的薄弱环节，甚至盲点。对于古籍出版中的热点、重点问题进行理性分析，为今后更好地实施国家古籍整理出版战略、优化古籍整理出版结构、减少古籍出版的重复投入和资源浪费等提供理论依据。

（5）通过古籍出版数据描绘新中国成立以来新出版品种的曲线图，阐发政治经济、文化政策、社会思潮、整理与出版人才等因素对古籍出版的影响，特别是国家古籍整理出版规划领导小组对古籍出版具有不可估量的作用，使我国古籍整理出版能有计划、有组织、有秩序地进行。研究中国古籍整理出版的国家行为（行动），强调大规模古籍出版必须由国家组织，统筹规划。

通过综合考察、解释新中国成立以来古籍整理出版过程中涉及的各种问题，分析总结成功案例，指出其发展趋势，把握古籍整理出版和各学科研究方法的互动，可以为中国古籍出版的持续繁荣、古籍整理的进一步发展提供学理镜鉴。

第一章　中国古籍出版的总体成就与学术总结

  一辈接一辈地整理古籍，是中国人的传统，孔子做过，朱子做过。但科学、规范、有系统、成规模的古籍整理，是一项崭新的事业。

  古籍，记录着历史，承载着文化，凝聚着先民智慧，寄托着民族情感。社会越发展，学术越进步，人们就越能感受到古典文献的万千气象，就越能体会魏建功他们那深植于古籍之中的家国情怀。

——杜羽《斯文在兹：古籍小组与新中国古籍整理出版》，
《光明日报》2019 年 12 月 11 日第 1 版

  古籍整理与出版是继承和发扬我国民族文化遗产的一项重要工作，新中国成立以来取得了辉煌的成就，可谓硕果累累。1949 年 10 月后，商务印书馆出版的劳榦著《居延汉简考释（释文之部）》及元人福幢著《西藏王统记》，拉开了新中国古籍出版的序幕；1950 年，中华书局整理出版毛宗岗评本《三国志》，遂使古籍整理与出版相结合；1958 年，国务院专门成立古籍整理出版规划小组，使古籍整理出版工作进入有计划、有组织、有系统、有步骤开展的阶段。1958—1965 年，虽然受到一系列冲击，但古籍出版仍小有收获，当时完成的一些重大项目填补了不少学术空白。1966 年，古籍整理出版工作中断。直到 1971 年，随着中华书局"二十四史"（按："前四史"在"文化大革命"前已出版）和《清史稿》点校工作的缓慢进行，古籍出版工作逐渐恢复。1979 年以后，同全国形势一样，古籍

出版进入发展的新阶段，专业古籍出版社纷纷建立。20世纪80年代后期到世纪末，古籍整理出版稳步发展，每年整理出版各类古籍都在600种以上。2000年后，古籍出版经过新技术和图书市场的陶冶煅炼，越发走向成熟，每年的古籍新印本均在1000种以上，呈递增趋向。基于对古籍出版书目数据的统计，我们可看出新中国古籍出版的概貌，并从学术角度进行整体上的总结。

第一节　论述范围与新出版古籍数据统计

关于"古籍"这一概念，学术界基本已达成共识。中华书局许逸民编审谈及古籍整理图书的含义，为"中国古籍"定义确立两项基本条款，"（1）1911年辛亥革命以前编撰（著作、编述、钞纂、注疏）出版（写、抄、刻、印）的各类图书，均属于'中国古籍'范畴；（2）1911年以后至1919年'五四'运动以前编撰出版的各类图书，凡内容涉及中国古代学术文化，采用传统著述方式，并具有古典装帧形式（一般称为线装）者，亦应属于'中国古籍'范畴"。[①] 又如张箭《古籍整理研究成果的价值和评判》指出："这里说的古籍是指中国古籍，不包括外国古籍；是指汉语汉字古籍，不包括中国各少数民族的少数民族文字古籍；但包括历史上使用汉语汉文汉字的日本、朝鲜/韩国、越南、琉球（冲绳地区）的汉文古籍；是指用古汉语汉字记载的古文献，……包括竹简、帛书等；在时间上凡1840年鸦片战争以前问世的文献为古籍。"[②] 参照学术界以往的看法，考察新中国成立以来古籍的整理出版，首先我们确定古籍出版书目数据的统计范围大致为：（1）古籍新印本（含影印本、排印本等）限定于辛亥革命以前所出版的；（2）辛亥革命以后对古籍进行整理的著作（包括以影印、排印出版，以校勘、标点、注释、今译、辑佚等方式对古籍整理

[①] 许逸民：《"中国古籍"、"古典文献"和"古籍整理"的界限说》，载许逸民《古籍整理释例》（增订本），中华书局2014年版，第262—263页。

[②] 张箭：《古籍整理研究成果的价值和评判》，《中国社会科学报》2018年11月27日第1版。

第一章 中国古籍出版的总体成就与学术总结

的各种成果);①(3)依托于古籍原书的各种专题资料汇编;(4)有关古籍的工具书(如古籍书目索引、专书或某类古籍的字典、辞典等);(5)已翻译成汉语言文字的少数民族古籍等。

与此相应,凡今人所著有关古籍的学术性研究专著、根据古籍所作的通俗性绘画和少儿读物、汇录单篇古文的学习性或通俗性材料均不在统计之列;作为教材的各类读物,如教学与普及读物,各类作品选读、翻译、注释,教学与研究类读物(如语文新课标文化艺术阅读丛书、语文新课标必读丛书等)不在统计之列;通俗性的各种各类故事选、各类作品选讲、选析、选读类图书均不在统计之列;历代字画碑帖汇编、历代名家碑帖描红、今人所编书法习字帖、书法集字帖(如广西美术出版社2007年版丛书《名碑名帖古诗集字帖》之《颜真卿勤礼碑集字古诗》《智永楷书千字文集字对联》等集字古诗对联)均不在统计之列。

其次,关于新整理出版古籍的种数。(1)一个出版社所出版的同一本书,不论其装帧是线装、平装还是精装等,均按其版次,只统计作一种,重版书(含修订重排者)不重复计算。(2)同一种书,凡属不同出版社出版的,按其各自的版次,各为一种。(3)多卷书作为一种计算。(4)数书合订为一书者,按其实际所含的种数计算。(5)某书有一个总书名,而并列书名突出,且以并列书名分卷的,按并列书名各为一种。(6)新出丛刊、丛书,一般按其收录的子目进行统计(按:在古籍出版书目数据统计过程中,丛书的情况最为繁杂,下文详述)。根据以上标准统计新出古籍的总数。

再次,关于资料排比与分类说明。众所周知,我国的古典文献是按四部分类体系编排,四部分类法相沿已久,自有其合理性。我国古籍在清末以后便不再产生,新的分类法无一例外地都将古籍按其学科门类,各入其类,而今人编制的古籍目录仍多从四部分类体系,如《中国古籍善本总

---

① 按:关于古籍整理方式,学术界所论亦多,如许逸民认为"新版古籍"主要是指点校、注释、影印、辑佚等直接依托于原有古籍的整理成果。张箭从意义和价值角度,将古籍整理成果分为:(1)辑佚书;(2)各种古籍的校注;(3)各种古籍的标点本;(4)只断句,不给出标点符号,也不出校勘记;(5)古籍的选编选注;(6)白话翻译或文白对照;(7)简体字排印本,并认为前三类是名副其实的成果。此外,单独列出影印本古籍及缩微胶卷、电子书数据库、古籍再造等。以上所涉及的整理方式,皆可供参考。

11

目》即是，外加丛书一大部类。就现今所见的古籍出版书目而言，各出版社的分类体系也多按其出版物的特点各行其是，如《中华书局百年总书目》下编（1955—2011年），编排次序为：

一、文学：（1）古籍整理，（2）研究资料，（3）今人著作，（4）工具书；

二、语言文字：（1）古籍整理，（2）今人著作，（3）工具书；

三、古代史：（1）古籍整理，（2）研究资料，（3）今人著作，（4）史地翻译著作，（5）工具书；

四、近代史：（1）近代史籍、人物文集、日记，（2）资料汇编，（3）今人著作，（4）工具书；

五、哲学：（1）古籍整理，（2）资料汇编，（3）今人著作，（4）工具书；

六、综合：（1）类书，（2）丛书、文集，（3）学术笔记，（4）年谱，（5）古代科技，（6）文献学，（7）文物考古、出土文献，（8）钱币学，（9）敦煌吐鲁番学，（10）汉学、中国学等；

七、普及读物：（1）传统文化普及读物，（2）其他普及读物；

八、其他；

九、教材、教辅、学生读物；

十、期刊：（1）旧刊整理，（2）新编期刊；

十一、地方志：（1）旧志整理，（2）新编方志，（3）专志，（4）年鉴。①

由上可见，诸多大类中都包含着"古籍整理"，且列之最前。再对照《上海古籍出版社五十年图书总目》，则又是一种情形，共分为九大类：文学、历史、哲学、综合、语言文字、科技、艺术、文化、教育。其二级类目则根据该社出版特色，或按学科门类，或按出书结构，或按丛刊系列编排。②

---

① 中华书局编辑部编：《中华书局百年总书目1912—2011》，中华书局2012年版，"目录"。
② 上海古籍出版社编：《上海古籍出版社五十年图书总目1956—2006》，上海古籍出版社2006年版。

第一章　中国古籍出版的总体成就与学术总结

而中州古籍出版社建社 30 年来所出的图书也分九大类，但次第不同：哲学宗教、政治法律、文学、历史地理、文化教育、语言文字、艺术、医药卫生、综合等。①

如果说各个出版社所编辑出版的自出图书目录还不足以说明问题（按：各个出版社基本都有其出版范围与出版特色），那么，我们可以考察岳麓书社 2007 年版《新中国古籍整理图书总目录》，该书收录了 1949 年 10 月至 2003 年 12 月间古籍整理图书。2001 年，副主编许逸民就开始探索古籍整理图书的分类问题，专门制定了《新中国古籍整理图书总录类目表》，其大类及大类说明如下：

一、文学类　历代诗文、戏曲、小说著述及其资料汇编入此。下设丛编、总集、别集、诗文评、词、戏曲、小说、资料汇编八个子目。

二、语言文字类　历代文字、音韵、训诂学著述及其资料汇编入此。下设文字、音韵、训诂、语法、资料汇编五个子目。

三、文化艺术类　历代教育、文化、艺术、饮馔、娱乐著述及其资料汇编入此。下设教育、书画、音乐、器物、饮食、杂占命相、游艺、资料汇编八个子目。

四、历史类　历代历史学著述及其资料汇编入此。下设纪传、编年、纪事本末、杂史、典章制度、军政、诏令奏议、传记、史评、笔记、金石考古、资料汇编十二个子目。

五、地理类　历代地理学著述及其资料汇编入此。下设总志、方志、专志、水道水利、时令风土、山水志游记、中外交通、边地民族、资料汇编九个子目。

六、哲学类　历代易学、诸子学、理学著述及其资料汇编入此。下设易学、周秦诸子、儒学、理学、资料汇编五个子目。

七、宗教类　历代宗教学著述及其资料汇编入此。下设佛教、道教、其他宗教、资料汇编四个子目。

---

① 中州古籍出版社编：《中州古籍出版社建社 30 年图书要目 1979—2009》，中州古籍出版社 2009 年版。

八、科学技术类　历代科学技术史著述及其资料汇编入此。下设农学、医学、算学、天文历法、工艺、资料汇编六个子目。

九、综合参考类　历代兼赅诸种学科的综合性图书入此。下设类书、丛书、目录提要、版本、索引、辞典六个子目。

十、普及读物类　今人编撰的各种选本（包括选注、选译、选讲、选评等）入此。下设文学、艺术、文化、历史、地理、哲学、宗教、科学技术八个子目。①

《新中国古籍整理图书总目录》正式出版时，对此类目表的子目略有调整，但出入不大。可以说，每种古籍出版书目及其分类都有其合理的地方与不足之处。而当今最流行的是《中国图书馆分类法》（《中图法》），其分类体系，读者习以为便。大型书目如《全国总书目》《中国国家书目》等都据此编排。我们如今统计古籍出版数据，主要参照《中图法》与其他相关的书目，将新出版古籍分为九大类：（1）古代哲学（含宗教），（2）社会科学（含政治、法律、军事、经济、文化、教育、体育等），（3）语言文字，（4）古典文学，（5）古代艺术，（6）历史地理，（7）医药卫生，（8）古代科技，（9）综合参考。

这样处理，一是遵从《中图法》，而不致使出版数量极少的古代科技类典籍被淹没，如果将科技与医学合为一类，则显得不伦不类；二是这九类之下的图书，与《中图法》及上述各书目二级类目所收书大略相同，如"医药卫生类"下即涵盖中医预防卫生学、中医基础理论、中医临床学、中医内科、中医外科、中医妇产科、中医儿科、中医骨伤科、中医五官科、中药学、方剂学等门类的整理图书。

最后，关于古籍出版资料的来源。新中国成立以来古籍出版数据主要源自 1949 年 10 月—2011 年各年度的《全国总书目》及 1949—1991 年《古籍整理出版图书目录》、2007 年《新中国古籍整理图书总目录》，并核查了中华书局、国家图书馆出版社、上海古籍出版社、中州古籍出版社、齐鲁书社、人民卫生出版社等的书目（如《新中国六十年中医图书总目

---

① 许逸民：《"古籍整理图书"应该如何区分类别》，载《古籍编辑工作漫谈》，齐鲁书社 2003 年版，第 207—228 页。

第一章　中国古籍出版的总体成就与学术总结

1949—2008》等）。为保证资料的可靠、完整，检索了有关年份的《全国新书目》《中国出版年鉴》以及《古籍整理出版情况简报》所附的《每月新书目》。由于资料所限，港澳台地区的数据暂缺。统计数据的下限定于2011年12月，主要因为《全国总书目》在2012年以后不见有其书。现综合以上诸因素，统计出1949年10月—2011年间中国古籍出版的数据，见表1-1。

表1-1　　　　1949—2011年中国古籍出版数量统计　　　　单位：种

年份	古代哲学	社会科学	语言文字	古典文学	古代艺术	历史地理	医药卫生	古代科技	综合参考	合计
1949	—	—	—	—	—	2	—	—	—	2
1950	2	1	—	6	—	1	2	—	—	12
1951	1	1	1	1	18	—	—	—	—	22
1952	1	—	—	4	1	1	3	—	—	10
1953	1	—	1	38	2	1	19	—	—	62
1954	6	2	5	29	7	10	62	5	—	126
1955	7	—	12	98	1	31	80	5	6	240
1956	17	—	12	58	9	18	80	18	5	217
1957	15	6	21	117	1	41	97	10	28	336
1958	16	4	5	126	14	50	111	6	19	351
1959	19	3	4	99	17	63	187	17	23	432
1960	5	4	2	30	12	12	23	7	6	101
1961	6	2	—	30	10	23	17	1	1	90
1962	6	5	5	53	11	21	15	8	5	129
1963	5	1	3	26	17	20	42	9	8	131
1964	2	—	—	6	4	32	13	2	5	64
1965	1	1	—	5	7	11	19	2	2	48
1966	—	—	—	2	1	3	3	1	—	10
1967	—	—	—	—	—	—	—	—	—	—
1968	—	—	—	—	—	—	—	—	—	—
1969	—	—	—	—	—	—	—	—	—	—

续表

年份	古代哲学	社会科学	语言文字	古典文学	古代艺术	历史地理	医药卫生	古代科技	综合参考	合计
1970	—	—	—	—	—	—	—	—	—	—
1971	—	—	—	1	—	2	—	—	—	3
1972	1	—	—	—	1	3	3	—	—	8
1973	—	—	—	15	8	5	6	—	—	34
1974	8	1	—	13	—	13	2	—	—	37
1975	3	8	2	25	2	7	6	1	1	55
1976	6	5	—	3	3	12	4	3	—	36
1977	5	4	—	6	10	14	7	1	—	47
1978	4	2	2	32	7	17	12	—	—	76
1979	9	4	—	63	13	40	18	9	5	161
1980	11	8	7	133	12	60	29	4	9	273
1981	15	17	10	146	15	71	30	13	2	319
1982	21	19	13	123	32	110	59	7	19	403
1983	18	14	28	159	20	97	74	10	23	443
1984	17	17	19	136	28	110	91	22	32	472
1985	30	15	18	235	20	169	94	17	39	637
1986	35	20	24	246	35	173	88	2	30	653
1987	52	43	35	217	42	162	73	11	24	659
1988	69	51	28	274	35	126	75	10	27	695
1989	123	28	36	220	26	155	72	13	22	695
1990	139	48	35	224	21	138	245	12	46	908
1991	125	50	43	267	141	154	86	5	47	918
1992	128	33	33	258	28	133	69	8	63	753
1993	94	29	37	477	18	198	95	8	28	984
1994	109	34	23	433	41	106	78	2	33	859
1995	96	43	28	425	68	137	82	4	27	910
1996	105	41	34	479	35	113	110	8	13	938
1997	127	53	23	443	33	161	103	3	38	984

第一章　中国古籍出版的总体成就与学术总结

续表

年份	古代哲学	社会科学	语言文字	古典文学	古代艺术	历史地理	医药卫生	古代科技	综合参考	合计
1998	156	69	38	565	38	235	83	10	32	1226
1999	87	58	16	488	32	256	97	4	24	1062
2000	91	39	25	510	46	197	55	3	37	1003
2001	129	46	38	476	48	183	46	7	58	1031
2002	175	53	37	441	56	245	57	5	54	1123
2003	216	68	43	429	83	270	76	6	59	1250
2004	229	65	35	415	71	211	85	12	53	1176
2005	203	62	36	398	64	196	108	6	72	1145
2006	205	75	33	391	76	243	132	18	63	1236
2007	214	69	47	369	65	265	153	15	38	1235
2008	228	66	53	402	75	252	143	10	46	1275
2009	245	78	34	373	70	211	151	18	47	1227
2010	294	95	45	439	78	253	153	23	62	1442
2011	319	83	43	422	73	249	146	22	56	1413
总计	4251	1543	1072	11899	1701	6092	3869	423	1337	32187

由于《全国总书目》的采集是用呈缴本制度，如果该制度执行不严或送书滞后，则直接影响收书品种。因此，我们参考的书目越多，统计的准确性越高，也就比较可信。需要说明的是，表1-1所列仅为单行书册（以正书名为根据），还不是近60年来古籍出版的全部，这主要涉及丛书及其子目的处理办法。

关于丛书，据实际出版成果，可分为三种情况。其一，以丛书子目为正书名者，按其种数列入表1-1；其二，以丛书名为正书名者；其三，虽以丛书子目为正书名，但属大部头，动辄上百，乃至上千册者，如《四部丛刊》《四部备要》《四库全书》《四库全书续编》等。后二类均不在此表统计之列，为统计口径的一致，我们将这二类丛书各算作一种，其子目的统计见表1-2。综合性丛书列入综合参考类，专科性丛书则按其学科属性，各入其类。综上所述，表1-1和表1-2所列数据，基本上就是近60

年来中国古籍出版的全貌。由于1949—1951年、1965—1977年两个时间段内无丛书出版,故表1-2中没有列出。从年度出版古籍丛书来说,数量多寡悬殊,数量较大者,是因为该年有大型丛书出版(按:凡是跨年度出版的丛书,本表一律按首次出版的年份统计)。

表1-2　1949—2011各年度各类古籍丛书子目出版数量统计　　单位:种

年份	古代哲学	社会科学	语言文字	古典文学	古代艺术	历史地理	医药卫生	古代科技	综合参考	合计
1952	—	—	—	—	—	—	5	—	—	5
1953	—	—	—	—	—	—	5	—	—	5
1954	—	—	—	200	—	—	123	—	—	323
1955	—	—	—	140	—	—	23	10	—	173
1956	—	—	5	5	—	—	107	—	—	117
1957	—	—	41	130	12	8	—	—	6	197
1958	—	—	—	436	—	24	—	—	—	460
1959	—	—	—	48	—	—	—	—	35	83
1960	—	—	—	23	—	—	—	—	365	388
1961	—	—	—	50	—	167	—	—	—	217
1962	—	40	—	29	—	—	—	—	—	69
1963	—	—	—	—	142	—	—	10	35	187
1964	—	—	—	—	—	—	—	—	445	445
1978	—	—	—	—	10	400	—	—	—	410
1979										
1980	—	—	—	258	142	15	—	—	39	454
1981	—	—	—	250	—	10	—	—	13	273
1982	17	—	—	90	13	20	—	—	217	357
1983	—	—	—	355	6	—	17	—	285	663
1984	4200	—	—	80	—	30	40	—	655	5005
1985	292	—	—	220	—	17	168	—	4000	4697
1986	60	—	—	103	—	25	8	—	1640	1836
1987	202	—	—	180	—	6	—	—	10	398

第一章　中国古籍出版的总体成就与学术总结

续表

年份	古代哲学	社会科学	语言文字	古典文学	古代艺术	历史地理	医药卫生	古代科技	综合参考	合计
1988	1480	—	—	36	20	15	187	—	1425	3163
1989	1925	—	—	530	—	180	55	—	1360	4050
1990	70	50	—	760	—	562	—	—	5590	7032
1991	340	—	42	1382	—	208	260	—	100	2332
1992	990	—	—	835	—	722	—	—	657	3204
1993	739	88	—	133	—	1060	85	—	160	2265
1994	110	60	—	172	—	186	20	—	108	656
1995	525	185	—	43	—	136	53	—	7930	8872
1996	409	55	10	122	—	367	15	—	1120	2098
1997	712	—	—	1886	220	98	132	—	197	3245
1998	542	—	—	843	345	528	136	—	158	2552
1999	197	18	—	138	—	1470	336	—	458	2617
2000	72	10	—	69	78	540	118	—	252	1139
2001	43	32	—	289	13	735	25	—	341	1478
2002	367	20	—	253	28	591	252	—	6485	7996
2003	127	12	—	211	105	245	—	—	428	1128
2004	738	131	—	178	112	760	—	—	68	1987
2005	23	15	—	647	87	496	60	—	1352	2680
2006	246	29	—	218	210	1052	76	—	533	2364
2007	45	53	28	297	112	549	218	65	476	1843
2008	68	43	22	525	178	356	71	—	407	1670
2009	92	36	26	737	132	352	32	—	368	1775
2010	516	203	23	151	149	175	68	—	413	1698
2011	313	42	16	56	113	376	152	—	4297	5365
总计	15460	1122	213	13118	2217	12481	2847	85	42428	89971

综合表1—1、表1—2所统计，新中国成立后至2011年整理出版古籍类图书共计122158种（包含丛书子目，下同），其中，古代哲学类19711

种，社会科学类 2665 种，语言文字类 1285 种，古典文学类 25017 种，古代艺术类 3918 种，历史地理类 18573 种，医药卫生类 6716 种，古代科技类 508 种，综合参考类 43765 种，基本上就是这 60 多年中国古籍整理出版所取得的成就。

第二节　新中国古籍整理出版的学术总结

中国古籍出版具有鲜明的个性化色彩，有其自身的出版特点和发展规律，它是一种文化积累，担负着传承祖国优秀遗产的重任。考察新中国成立以来的古籍出版可看出有"大、全、小、精"的特征。20 世纪 90 年代初，对古籍出版结构多有争论，其中的一个焦点就是"大而全，小而精"，褒贬各异。如果这四个字组合即是当时出版古籍的特点，若分开来则是完全不同的情形。总结古籍出版，需要从 1949 年以后全部所出的古籍考察，这必然要涉及古籍出版社。我们发现，总的出版特色与作为一体的古籍出版社的特点颇相重复，因此将二者合而为一，在此一并阐述。以近 60 年古籍出版的品种数量为依据，可从大量的实例中抽象出古籍整理出版的突出特点。[①]（按：以下所举的例书大多具有综合性特点，不能截然分开，仅择其要，分列于各点之下。2011 年以后的新材料亦有所涉及。）

一　慎选底本　校注精当

古籍整理出版，底本选择最为紧要，如果底本选择不当，即便是精校、精注、精印，也于事无补，仍然不能认为就是好的印本。以保护古籍作为宗旨而出版的一些大型丛书或套书均能全面搜罗海内外的善本，乃至孤本珍本。如学术界评价甚高的商务印书馆《四部丛刊》，[②] 由张元济先生主持，影印底本以涵芬楼藏书为主，同时遍访海内外公私所藏宋元明旧

[①] 参考王育红《近 50 年来中国古籍出版的成就、缺失及其对策》，《中国出版》2002 年第 3 期；《建国 50 年来中国古籍出版之总成就》，《渭南师范学院学报》2002 年第 3 期。

[②] 按：《四部丛刊》共出版三编，1919—1922 年完成《初编》，收入四部共 323 种 8548 卷，分装 2100 册。1926—1929 年重印，抽换 21 种版本，共 323 种 8573 卷，分装 2112 册。1934 年续搜宋元精刊，编印《续编》，收书 81 种 1438 卷，分装 500 册。1936 年续出《三编》，收书 73 种 1910 卷，分装 500 册。

第一章 中国古籍出版的总体成就与学术总结

梨,基本网罗了当时存世的珍本秘籍。其《印行四部丛刊启》说明了编辑缘起,《四部丛刊例言》明确指出:

> 板本之学,为考据之先河。一字千金,于经史尤关紧要。兹编所采录者,皆再三考证,择善而从。如明徐氏仿宋刻本《三礼》,明人翻宋岳珂本《九经》。徐刻《周礼》不如岳本之精,岳刻《仪礼》又不如徐本之善,皆非逐一细校,不能辨其是非。其他北宋本失传之书,赖有元、明人翻本,转出南宋本之上者。若仅以时代先后论之,则不免于盲人道黑白矣。兹编于此类,颇用苦心,非泛泛侈言存古也。①

正因为商务印书馆如此选择版本,精益求精,传播讹错极少的稀见古本,所以才为学术界提供了这样一套高质量的丛书,嘉惠学人不少,面世以来,影响也是与日俱增。

新中国成立以来所出版的今人或校或注的本子也多能做到广聚版本,慎选底本,绝大多数的整理者都是谨慎地选择底本。对尘封已久的古籍资料进行仔细的筛选鉴别,比勘异同,考镜源流,辨析其真伪。这些工作都要以广聚古籍版本作为基础来进行,选择底本也是以善本或较早的本子为多。首先以岳麓书社 1999 年版《胡林翼集》(全 5 册)第一册"奏疏"为例,其选用清代同治六年(1867 年)《胡文忠公遗集》黄鹤楼刻本为底本,同治三年(1864)武昌节署刻本为对校本,光绪元年(1875 年)湖北崇文书局本、光绪二十七年(1901)上海图书集成印书局胡凤丹重编铅印本及同治三年(1864)厉云官所编十卷本为参校本。②

其次如曹旭著《诗品集注》,上海古籍出版社 1994 年版。该书广泛搜罗了海内外《诗品》的版本、校注本,以及各种诗话、笔记、类书等研究资料,仅《诗品》的版本就征引了 50 种之多。比较而言,郭绍虞的《中国文学批评史》仅引用《诗品》版本 24 种,吕德申的《锺嵘诗品校释》只用 28 种,韩国车柱环《锺嵘诗品校证》《锺嵘诗品校证补》二书共引用

---

① 上海书店出版社编:《四部丛刊初、续、三编总目》,上海书店出版社 1986 年版,第 6 页。
② 胡渐逵:《〈胡林翼〉集评介》,《古籍整理出版情况简报》2000 年第 1 期。

书 33 种，法国陈庆浩用了 26 种，由此可见，曹先生用功之勤。不仅如此，他还梳理出《诗品》历代流传的四大版本系统，即《吟窗杂录》本系统、元《考索》本系统、明正德元年退翁书院本系统，以及《历代诗话》本系统。其中，《吟窗杂录》本系统与古本《诗品》最为接近，而《历代诗话》本系统颇多篡改，已失原貌。① 近年来《诗品》研究的误区之一便是较多地依据《历代诗话》本系统，故《诗品集注》的出版实有拨云雾而见青天之功，因而成为此后研究所不可或缺的版本。2011 年，《集注》第 2 版，更进一步，被公认为是目前最好的《诗品》通行本之一。

再如《吴越春秋》，流传至今主要有元大德十年刊本、明弘治十四年邝璠刊本、明万历十四年冯念祖刊本、《四库全书》刊本、中华书局《四部备要》本等。江苏古籍出版社《江苏地方文献丛书》收录该书时，选择传世最早的元大德本作为底本，又以其他各本为参校本，主要异文均编入校勘记，附于每卷正文之末。该丛书的另一种《清嘉录》，是以最早的清道光十年原刊本为底本，参校以日本天保八年翻刻本及其后再次翻刻本、清光绪三年啸园丛书本、清代笔记小说丛刊本、进步书局笔记小说大观本，异文择善而从。② 这样的例子俯拾皆是，不胜枚举。

最能说明问题的还如中华书局自 1998 年开始辑印的《四部要籍注疏丛书》，多收录公认比较好的本子，尤其影印了许多稀见的旧本，版本选择较为审慎；但没有列出各书所据版本项，是其缺憾。现列其选目及所据版本如次以补之：

《四部要籍注疏丛书·尚书》（共九种）
    《尚书孔氏传》，《四部丛刊》影宋刊本
    孔颖达《尚书正义》，日本《尚书正义定本》
    蔡沈《书集传》，《四库全书·书经传说汇纂》本
    阎若璩《尚书古文疏证》，《四库全书》本
    江声《尚书集注音疏》，《皇清经解》本

---

① 朱立新：《精密 新颖 世界风——评曹旭〈诗品集注〉〈诗品研究〉》，《古籍整理出版情况简报》2000 年第 1 期。

② 薛正兴：《古为今用 造福桑梓——〈江苏地方文献丛书〉编纂出版工作述略》，《古籍整理出版情况简报》2000 年第 3 期。

第一章　中国古籍出版的总体成就与学术总结

　　段玉裁《古文尚书撰异》，经韵楼刊本
　　孙星衍《尚书今古文注疏》，清嘉庆二十六年冶山城馆刊本
　　皮锡瑞《今文尚书考证》，《师伏堂丛书》本
　　王先谦《尚书孔传参正》，虚受堂刊本
《四部要籍注疏丛书·老子》（共十九种）
　　《老子道德经》，《四部丛刊》影宋刊本
　　严遵《道德真经指归》，成都怡兰堂校勘本
　　王弼《老子道德经注》，武英殿聚珍本
　　傅奕《道德经古本篇》，涵芬楼影道藏本
　　成玄英《道德经义疏》，四川省立图书馆石印本
　　李约《道德真经新注》，涵芬楼影道藏本
　　邵若愚《道德真经直解》，涵芬楼影道藏本
　　彭耜《道德真经集注》，涵芬楼影道藏本
　　范应元《老子道德经古本集注》，《续古逸丛书》本
　　刘惟永《道德真经集义大旨》，涵芬楼影道藏本
　　危大有《道德真经集义》，涵芬楼影道藏本
　　薛蕙《老子集解》，《惜阴轩丛书》本
　　焦竑《老子翼》，浙西村舍本
　　徐大椿《道德经注》，《四库全书》本
　　姚鼐《老子章义》，同治间桐城吴氏重刻本
　　魏源《老子本义》，浙西村舍汇刻本
　　杨树达《老子古义》，中华书局聚珍仿宋本
　　马叙伦《老子校诂》，中华书局排印本
　　　附：马王堆帛书《老子》释文
《四部要籍注疏丛书·论语》（共九种）
　　何晏《正平版论语集解》，日本影大阪府立图书馆藏本
　　皇侃《论语义疏》，粤东书局刻《古经解汇函》本
　　邢昺《论语注疏附校勘记》，南昌府学重刊宋本十三经注疏本
　　朱熹《论语集注》，清初内府覆刻宋大字本
　　《元盱郡覆宋本论语集解》，《天禄琳琅丛书》本
　　刘宝楠《论语正义》，清同治五年刻本

程树德《论语集释》，中华书局《新编诸子集成》排印本
杨树达《论语疏证》，科学出版社排印本
　　附：《唐开成石经论语》，皕忍堂影刻本
《四部要籍注疏丛书·孟子》（共五种）
赵岐《孟子章句》，《四部丛刊》本
孙奭《孟子注疏》，南昌府学重刻本
朱熹《孟子集注》，清初内府覆宋大字本
焦循《孟子正义》，清光绪重刻焦氏遗书本
宋翔凤《孟子赵注补正》，《续皇清经解》本①

二　形式多样　系列整齐

古籍出版的形式大致分为影印、排印二种。影印多据原本，有的稍作勘校。排印古籍多为今人整理之作，形式多样，异彩纷呈，整理而成的集合性文献，有全集、文集、总集、合集、资料汇编之类。因整理加工形式各异而有注释本、点校本、改写本、节选本、评点本、白译本、绘图本之属，按其包装而有豪华本、珍藏本、普通本、精装本、袖珍本之分，时至数据化时代，还有光盘版、网络版等新型文献。总之，新中国成立以来采用了多种形式对古典文献予以深入挖掘。但流行最广的还是各种普及性的本子，体现为通俗的读本，品种也相当丰富。

就文、史、哲、中医等各类古籍而言，现今之整理成果已成系列，源流渐清。古籍出版的系列化，还体现在古籍专业出版社所出古籍的系列化状态非常明显。以中华书局为例，按不同的标准大致可归纳出以下系列：

（1）简体横排系列，如"二十四史"（全63册）、《全唐诗》（全15册）、《全宋词》（全5册）等；

（2）缩印本系列，如"二十四史"（全20册）、《清史稿》（全4册）、《资治通鉴》（全2册）、《历代纪事本末》（全2册）等；

（3）历代史料笔记丛刊系列，已出四套，即《唐宋史料笔记丛刊》《元明史料笔记丛刊》《清代史料笔记丛刊》《近代史料笔记丛刊》；

（4）哲学类，如"十三经清人注疏"、"理学丛书"及"新编诸子集

---

① 骈宇骞：《纵览四部之要籍　横观注疏之精华》，《古籍整理出版情况简报》1999年第1期。

第一章 中国古籍出版的总体成就与学术总结

成"等；

（5）会要系列，如《春秋会要》《秦会要订补》《西汉会要》《东汉会要》《三国会要》《唐会要》《五代会要》《宋会要辑稿》《明会要》等九种；①

（6）史地类，如"中国史学基本典籍丛刊"、"中外交通史籍丛刊"、"中国古代地理总志丛刊"和"二十四史研究资料丛刊"等；

（7）近代史，如"中国近代史资料丛书"和"中国近代人物日记丛书"等；

（8）集部文献，如"中国古典文学基本丛书"、"中国近代人物文集丛书"、"古典文学研究资料汇编"及"古典小说四大名著聚珍"（礼品函装4种）等；

（9）语言文字类各成系列，如说文解字系列（6种）、"音韵学丛刊"等；

（10）宗教系列，如"道教典籍选刊"、"中国佛教典籍选刊"及"佛教十三经"；

（11）专科性的，如"中国思想史资料丛刊"、"书目题跋丛书"等；

（12）综合性的，如"四部要籍注疏丛刊"、"学术笔记丛刊"、"中华经典藏书"，以及"古逸丛书三编"（共计43种44函145册）；

（13）普及性读物形成"中华版"系列，规模初具，如"中华经典普及文库"、"中华经典名著全本全注全译"、"中华经典精粹解读"、"中华经典诵读工程"、"中华蒙学经典"、"中华生活经典"、"中华养生经典"及"中华大字经典"等。②

中华书局所出古籍类图书除以上各系列之外，尚可分出点校本系列、甲骨学系列、类书类系列、著名作家著作集成系列等。

再如上海古籍出版社，十分注重古籍同类书的合编，或从内容角度，或从版式方面，明显呈现系列化的，即有"三百首系列"（10种）、"观止系列"、"三百题系列"（10种）、《十大系列丛刊》（40种）、《中国古代社会生活丛书》（20种）、"十大古典小说系列"（80种）、《十大古典社会

---

① 王育红：《50年来中华书局的古籍出版成就》，《书品》2002年第3期。
② 中华书局编辑部编：《中华书局百年总书目1912—2011》，中华书局2012年版。

谴责小说》（10种）等，出版较为密集。其他成系列且著名的，仅如文学类就有"中国古典文学丛书"、"中国古代名家全集"、"唐诗小集"、"宋蜀刻本唐人集丛刊"、"冯梦龙全集"、"清人别集丛刊"、"中国近代文学丛书"、"明清小品丛刊"，以及"'花非花'名媛诗词系列"等。① 其他出版社的情况与此类似，不再举例。

古籍出版系列化还表现在某一出版社对历史上某个作家、某一流派或某一地方的著述进行发掘，从而形成系列，仍以中华书局为例，其"三苏"系列即有：（1）"苏轼系列"9种，《苏轼诗集》全8册1982年版、《苏轼文集》全6册1986年版、《苏轼词编年校注》全3册2002年版、《苏轼资料汇编》全5册1994年版、《苏轼年谱》全3册1998年版、《苏轼词》1965年版及1998年版、《宋刊足本施顾注东坡先生诗》2000年版、《东坡志林》1981年版、《苏东坡》1985年版；（2）"苏洵、苏辙系列"5种，《嘉祐集》线装1函2册1987年版、《苏洵》1984年版、《苏辙集》全4册1990年版、《苏辙》1990年版、《龙川略志·龙川别志》1982年版；（3）"苏门六君子系列"7种，《黄庭坚诗集注》全5册2003年版、《黄庭坚和江西诗派卷》2册1978年版、《黄山谷诗注》1999年版、《张耒集》2册1990年版、《后山诗注补笺》2册1995年版、《秦观资料汇编》1999年版、《晁补之集》2000年版。② 这只是20多年前的出版情况。苏轼故籍蜀地，四川人民出版社、巴蜀书社等着力发掘，至今出版得更为深入。再以整理研究者而论，著名的如四川大学曾枣庄教授，其所著"三苏"系列已然大观，大致分为两类。

一类是三苏集的整理，按出版时间，主要有《栾城集》（与马德富合作校点，上海古籍出版社1987年版），与曾涛合作的有《苏轼诗文词选译》（巴蜀书社1990年版）及《三苏选集》（黑龙江人民出版社1993年版），与金成礼合作的《嘉祐集笺注》（上海古籍出版社1993年版），《苏诗汇评》《苏文汇评》《苏词汇评》（台湾文史哲出版社1998年版全6册，四川文艺出版社2000年版全5册），《苏东坡词全编汇评本》（四川文艺出

---

① 上海古籍出版社编：《上海古籍出版社五十年图书总目1956—2006》，上海古籍出版社2006年版。
② 刘尚荣：《中华书局"三苏"系列图书述评》，《古籍整理出版情况简报》1999年第6期。

第一章　中国古籍出版的总体成就与学术总结　○●○

版社 2007 年版）；

另一类是三苏研究专著，如《苏轼评传》《苏洵评传》（四川人民出版社 1981 年版、1983 年版），《三苏文艺思想》（四川文艺出版社 1985 年版），《苏辙年谱》（陕西人民出版社 1986 年版），《苏辙评传》（台湾五南图书出版公司 1995 年版），《三苏传》（台湾学海出版社 1995 年版），《三苏研究》（巴蜀书社 1999 年版），合著有《苏轼研究史》（江苏教育出版社 2001 年版）等。

更为可贵可敬的是，曾枣庄先生汇集其 40 多年来三苏研究的学术精华为一书，由巴蜀书社于 2018 年出版《曾枣庄三苏研究丛刊》（全 10 册），其中包括《历代苏轼研究概论》《苏轼评传》《苏洵评传》《苏辙评传》《苏辙年谱》《三苏选集》《三苏文艺理论作品选注》《苏洵苏辙论集》《苏轼论集》《三苏姻亲后代师友门生论集》等。正可谓曾先生三苏学术研究的一次大总结，对于苏学研究产生了巨大的影响。而且他还将《三苏研究丛刊》的永久版权捐赠给了巴蜀书社，[①] 精神实在是可嘉！

又如同为四川的明代著名学者杨慎，其学兼理学、文学、小学、诗词等方面，著述丰硕（据王文才著《杨慎学谱》，多达百余种）。杨慎学博才高，影响深远，陈寅恪誉其为"有明一代，罕有其比"[②]。杨慎的著作，新中国成立以来时有零星刊行，其中以天地出版社 2002 年版《杨升庵丛书》（全 6 册）收录较多，共 40 余种，但这远非杨慎作品的全部。终于在 2019 年底，巴蜀书社影印出版汪梦川编《杨慎文献辑刊》，16 开精装全 68 册，收录杨慎存世著作的各种版本（含单种和全集本著作），是杨慎著述第一次全面系统的挖掘整理。除收录比较完备外，《辑刊》还以保存原书面貌、颇具校勘价值著称，绝大部分选收明刻本（以明刊善本为主），如《升菴先生文集》版本为明万历二十九年刊本，《太史升菴文集》为万历十年序刊本，《太史升菴遗集》为万历三十四年序刊本，《升菴外集》为万历四十五年序刊本，《丹铅总录》收入嘉靖三十三年梁佐刊本、万历十六年陆弼刊本、日本宽永十四年（1637 年）写本三个版本，《全蜀艺文

[①] 李晓东：《〈三苏研究丛刊〉出版发行》，光明网（https://culture.gmw.cn/2018-03/30/content_28168790.htm）。

[②] 陈寅恪：《柳如是别传》，上海古籍出版社 1980 年版，第 1120 页。

志》为万历刊本,《李卓吾先生读升菴集》收入明末施世名序刊本及明李贽评明末刊本,《古今翰苑琼琚》为明天启元年序刊本等,其文献价值可见一斑。总之,《辑刊》的出版为杨慎研究提供了比较全面的文献底本,而且推动着蜀学研究的进一步发展。

从流派角度来说,如吉林文史出版社 1997 年推出《中国文学流派精品赏析丛书》共 6 种,包括影响深远的所谓边塞军旅诗派、田园山水诗派、江西诗派、婉约词派、豪放词派、桐城派六大文学流派的相关作品。而人民文学出版社的文学类古籍自然也系列化,1958—1960 年,该社对中国古典诗、词、曲、赋、散文、戏剧、小说等有系统的整理,总计出版 328 种。该社更有《中国古典文学读本丛书》《中国古典文学理论批评专著选辑》《新注古代文学家集》《中国小说史料丛书》《中国古典文学精华丛书》《中国古典文学鉴赏丛刊》《中国古典文学研究丛书》等丛书和系列,对于古典文学研究贡献大,也最著名。

三　巨著频现　重点突出

新中国成立以来尤其是近 20 年,国家繁荣强大,盛世修书,大型巨著频繁涌现,令人目不暇接。这些整理成果绝大多数出于"五年计划",而且多属国家重点出版规划项目。因其部头大、任务重,自然网罗众多编纂者,经过多年的艰苦劳动,得到多方支持援助,有的还是多家出版社联手合作,终得问世,从而使祖国文化遗产重现风华,无愧于前人,有功于当世,有益于来者。今择其要分述如下。

1990 年 9 月 9 日,《中华大典》编修工作启动,这是新中国成立后由中宣部和新闻出版总署组织的第一次重大的出版工程,全国多家出版社联合,原计划出版 22 典 100 分典,是对我国现存古籍进行的一次大规模全面、系统的分类整理,是中国历史上继《太平御览》《永乐大典》《古今图书集成》之后最大的类书,规模相当于《四库全书》,字数超过历代类书的总和。这一盛世之举曾引起学术界的广泛关注,予以高度评价,如徐有富教授从收录范围、分类编排体例、引文、注明引文出处四方面分析,认为"同传统类书相比,《中华大典》在各方面呈现了崭新的面貌"。[1]

---

[1] 徐有富:《中国类书与〈中华大典〉》,《光明日报》1999 年 10 月 29 日第 10 版。

第一章　中国古籍出版的总体成就与学术总结　○●○

1999年，首批成书的是《文学典·宋辽金元文学分典》和《医药卫生典·医学分典》"基础理论总部"、"儿科总部"。2000年，《隋唐五代文学分典》面世。之后陆续出版有2002年的《医学分典·针灸推拿总部》。2004年的《历史地理典·域外分典》。2005年的《文学典·明清文学分典》，《医学分典·诊法总部》。2007年"哲学典"《诸子百家分典》《儒家分典》《佛道诸教分典》，《魏晋南北朝文学分典》，《史学理论与史学史分典》。2008年"文学典"之《先秦两汉文学分典》《文学理论分典》《文学典总目录总索引》，"历史典"《编年分典》的"隋唐五代总部"、"宋辽夏金总部"，《药学分典·药物图录总部》。2009年《医学分典·内科总部》。2010年《法律典·刑法分典》。2011年《法律理论分典》《诉讼法分典》，《民俗典·口头民俗分典》。2012年《语言文字典·音韵分典》，《历史地理典·总论分典》，"教育典"之《教育制度分典》《教育思想分典》，《文献目录典·文献学分典》的"注释总部"、"版本流通总部"，《林业典·森林培育与管理分典》，《天文典·历法分典》。2013年《行政法分典》，《经济典·土地制度分典》。2014年"语言文字典"《训诂分典》《文字分典》……到2015年，各分典的编纂工作基本完成，陆续交付有关出版社，到2018年初，《中华大典》出版工程竣工（按：伴随着《中华大典》编纂工程的相继展开、进行与完成，大典的数据库开发工程随即跟上。如广西师范大学出版社参与并完成其中的《文献目录典》的编纂工作，于2019年开发出中华大典数据库，访问链接http：//zhdd.qiushifang.com/）。

又一项旨在保护古籍又便于利用古籍的大型工程就是"中华再造善本"，国家图书馆出版社凭借其资源优势，影印出版。第一期试制图书于2001—2003年出版了《北京民间生活百图》《水浒人物全图》《琵琶记》《茶经》《酒经》《楚辞集注》《稼轩长短句》《论语集注》《毛诗》《洪范政鉴》《永乐大典》《人间词话》《沈氏砚林》《圣迹图》《食物本草》《王摩诘文集》《忘忧清乐集》《辩亡论》《尚书》19种。正式出版是在2002—2006年，分为"唐宋编"和"金元编"。第二期试制图书于2002—2007年出版《昌黎先生诗集注》《王勃诗》《卢照邻诗》《盐铁论》《今言》《绝妙好词》《玉台新咏》等29种。合以上

29

第一期和第二期试制的图书，共计787种。① 而之后陆续出版的"明清编"与"少数民族文字编"共计583种。总之，这一巨大工程，既满足了保存文化遗产的历史需要，又可以让世人一睹有关古籍原版的风貌，为功尤其巨大。

各个古籍专业出版社，不同程度地都有其大部头之作，基本能做到收录资料较为完备，使用方便，如中华书局的《中华大藏经》《甲骨文合集》《古本小说丛刊》《殷周金文集成》《古逸丛书三编》等；上海古籍出版社的《敦煌吐鲁番文献集成》《黑水城文献 西夏文献》《古本小说集成》，以及"四库全书选刊"系列之《四库文学总集选刊》《四库唐人文集选刊》《四库明人文集选刊》等；齐鲁书社的《四库全书存目丛书》，文物出版社的《乾隆版大藏经》等，这些大型项目的顺利进行多得益于被列入国家重点选题。

全国高校古委会重点项目、曾荣获"第四届国家图书奖荣誉奖"的大型整理出版工程《全宋诗》全72册《索引》1册（北京大学出版社1999年版），历经十载，从浩瀚的典籍中钩沉点校，荟萃两宋三百年间诗作，搜罗诗人八千九百多家，是继《全唐诗》之后的最重要的总集整理成果。属于国家"五年计划"之重点古籍整理出版工程的还如《甲骨文合集》（共13卷）、《先秦汉魏晋南北朝诗》（收入唐前诗歌谣谚和乐府杂碎）、《大唐西域记校注》、《道藏》（集中了道家全部文献典籍）、《中华大藏经》（统括了各类佛教典籍共达4千余种2万多卷）。《中国古籍善本书目》的编纂工程也属浩大，编始于1978年，功成于1996年，历经十八个春秋，分为经、史（2册）、子（2册）、集（3册）、丛五部分，总录56785个条目，涉及全国800多个藏书单位。

以古籍专业出版社而论，巴蜀书社除了承担《中华大典·医药卫生典》的出版任务，又出版有《全宋文》，乃全国高校古籍整理工作委员会"七五"、"八五"和"九五"重点规划项目。其他大部头的普及性作品，还如《古代文史名著选译丛书》《中华文化要籍导读丛书》《古代文学作品赏析丛书》《古典诗词精品丛书》《中国古代哲学名著全译丛书》《明代

---

① 国家图书馆出版社编：《国家图书馆出版社三十年图书总目 1979—2009》，国家图书馆出版社2009年版，第282页。

小说辑刊》等，在读者群中都有一定的影响。

许多大型整理项目能有计划地进行，1984年，王季思先生发现《全元戏曲》这一选题，1986年启动并被列入国家"八五"规划重点图书，编纂工作有条不紊，1989年出版前2卷，1998年全12卷出齐，历时14载。又如《全辽金诗》，1995年开始准备，成立19人的编辑委员会，制定三步工作方案：全面普查资料阶段、编辑体例和编校工作细则确定阶段、编纂校点阶段，以此保证定稿于1998年底顺利交付山西古籍出版社。再如以下大型整理项目的顺利完成，得益于被列入"八五"国家重点选题，有计划按步骤进行：《全明散曲》、《古本小说丛刊》（影印）、《古本小说集成》（影印）、《李白全集编年校注》4卷、《杜甫全集校注》12卷、《苏轼全集校注》160卷、《史记译注》、《全金文献》10卷、《中国地方志集成》33辑、《稀见中国地方志汇刊》50卷等。《乾隆大藏经》的出版也属此类，是文物出版社依据初印本宣纸经折装724函（清龙藏），于1988年4月用旧刻雕版刷印，完成于1990年6月，1992年，获全国首届古籍整理出版图书特别奖，1994年，获第一届国家图书荣誉奖。2013年，文物出版社续出《中国汉文大藏经补编》，豪华精装100册。

四 体例严整 网罗全面

新中国成立以来，新出版的古籍大多讲究编纂体例，序言、凡例、引用书目、题解、注释、附录等项皆比较齐全，并在出版说明中注明有关整理事项以提高版本的权威性。如上海书店出版社2020年版《中国地方志集成补编·福建府县志辑》（全35册），是其1995年版《中国地方志集成·福建府县志辑》全40册的补编，出版说明有云：

> 本《补编》以选取《集成》未收之新中国成立后未经影印或版本珍稀、流传较少的旧志为收录原则，兼顾地区分布。为减少一种志书同一版本的重复性影印，亦为节省资源计，本《补编》与已刊全国性或省级方志丛书极少重复。我们的宗旨是使《补编》成为《集成》之后能更好地反映我国现存府志、州志、县志基本面貌的大型方志丛书。……仍旧延续《集成》的编印规范，"即所收志书尽量选用版本珍贵书品较好的底本；如有残缺，力争从他本复制补齐；模糊不清之

处，尽量加以修描；未刊稿本的修改批注字迹，各种图表等一概存真；印制质量力争达到较高水平，务求所收志书能完整清晰地展现于读者面前"。①

当然，也并不是说新出版的古籍都必得包含这些项目，所以，新印本基本视其性质而略有所异。另外，如果是专题性的综合集，收录资料基本完备，极为方便研究使用。如1990—1995年，上海古籍出版社的《古本小说集成》，分为五辑，共收书428种，分装693册，以宋元明清的白话小说为主，兼及部分文言小说，除全面收录国内所能搜访到的古代小说外，还通过各种渠道，或拍摄胶卷，或复制原件，大规模搜求流失于海外的我国古本小说，总之，它囊括了包括历史、言情、侠义、神魔等各类小说之精华，堪称佳作。又如《宋诗话全编》全10册（江苏古籍出版社1999年版），集有宋一代诗话之大成，是汇集宋代诗话资料较为完备的大型图书，具有学术性、开拓性、系统性等特点。

以单种书而论，这方面的例子更是比比皆是，如中华书局2008年版《玉山名胜集》，元人顾瑛辑，实际上包含五种书，这就要求整理者须搜罗全面，分别对待。杨镰、叶爱欣二人整理，《玉山名胜集》以明朱存理校补抄本为底本，参校其他明清抄本、刊本。其他四种书作为并列正书名，《名胜外集》，以明万历刊本为底本，据清抄本、雍正九年戴抄本、《四库全书》本校补；《玉山纪游》，以万历刊本为底本，参校黄廷鉴校清抄本、《四库全书》本。《玉山倡和》与《玉山遗什》，以安徽倪氏经鉏堂抄本为底本，据经鉏堂重录本、丁丙旧藏影写本校勘。又比如著名的《（乾隆）江南通志》，清人黄之隽等编纂、赵弘恩监修，广陵书社曾据尊经阁藏板乾隆二年重修本②影印两次，1987年版影印线装3函20册，2010年版重新分册编排精装5册。2019年11月，这部被认为是"中华人民共和国建立以前江苏历史上规模最大、质量最好、价值最高的"一代名志终于首次点校整理，南京大学程章灿教授主编、江苏省地方志编纂委员会办公室组

---

① 上海书店出版社编：《中国地方志集成补编：福建府县志辑》，上海书店出版社2020年版。
② 按：《江南通志》始修于康熙二十二年，雍正七年署两江总督尹继善等奉诏重修，九年十月于江宁开局，至乾隆元年十月两江总督赵弘恩任上刊刻成书，次年锓修，是为乾隆本，也是通行本。

第一章　中国古籍出版的总体成就与学术总结

织整理、凤凰出版社出版。整理工作启动于 2014 年，列入"十三五"国家重点图书出版规划项目、国家古籍整理出版专项经费资助项目，历时五年完成《江南通志》（全 12 册）的点校整理，底本为乾隆元年刻本（正文 200 卷），共设 10 志（舆地、河渠、食货、学校、武备、职官、选举、人物、艺文、杂类）。按江南省旧例，以江苏与安徽合置，特指今江苏、安徽、上海二省一市。江南省早已成为一个历史概念，所以在中国古代省志编纂历史上，《江南通志》有其独特的地位，从地域涵盖上来说，"乾隆《江南通志》又是最后一部完整意义上的'江南通志'。……站立在乾隆元年这样一个古代中国的鼎盛时期，乾隆《江南通志》为我们提供了一个终极版的古典江南的百科全书"[①]。该志囊括了雍正之前两三千年间江南地区的自然、经济、政治、文化、社会、人物等各个方面，尤详于赋役、盐法、水利、漕运的记述，具有浓郁的江南地方特色，体现出高度的学术和经世价值。点校整理本考订精审，为学术界利用《江南通志》提供了比较完善的读本，为深入研究古江南、传承其文化基因、发掘长三角整体文化特质提供了文献支撑。《江南通志》采用纲目体，"志仿史例"，《四库全书总目》卷 68《江南通志二百卷通行本》提要云"发凡起例，较旧志颇有体裁"[②]，点校整理本据后来之版本对校，更正了在体例、格式、文字上的错误，为方志整理体式提供了一个范例。

对于《四库全书》系列之"存目"、"未收书"、"禁毁书"以及"续修"著述的整理出版也是网罗全面之例。如《四库全书存目丛书》分为大陆版、大陆外版，分别由齐鲁书社、台南庄严文化事业有限公司影印出版，1997—1998 年出齐全部 1200 册，汇集了海内外 200 多家图书馆和博物馆所收藏的古籍珍本 4500 多种（按：宋刻本 15 种，宋写本 1 种，元刻本 21 种，明抄本 127 种，明刻本 2152 种，清抄本 330 种，清刻本 1634 种以及稿本 22 种），其中，仅孤本就达一千余种。又如《四库禁毁丛刊》，1999 年北京出版社影印出版，收书 1500 余种，装订 300 册。再如《续修四库全书》，上海古籍出版社与线装书局于 1995—2000 年合作出版，收录

---

① 朱玉麒：《新妆美质望江南——评〈江南通志〉整理本》，《光明日报》2020 年 8 月 8 日第 12 版。

② 四库全书研究所整理：《钦定四库全书总目》（整理本），中华书局 1997 年版，第 941 页。

《四库全书》所无的现存古籍，共达8500余种，其选取最佳版本影印，仿《四库全书》的体例编排，精装1800册。

四库提要方面，商务印书馆早在1955年就出版了《四库未收书目提要》，2006年又出版《文津阁本四库全书提要汇编》（全5册），按四部分类编排。按清人翁方纲曾任四库馆臣期间，校阅各省采进图书而撰提要一千余篇，上海科学技术文献出版社2000年出版《翁方纲纂四库提要稿》2函18册、2005年出版吴格整理本，展现其珍贵的文献版本价值。又如《续修四库全书总目提要（稿本）》，系1930—1945年由当时71名学界巨子编纂，撰成提要33000余篇，此书珍藏于中国科学院图书馆60多年而无人窥见全璧，终于在1996年12月由齐鲁书社影印出版，正文37册，索引1册。而传统的《四库全书总目（提要）》及其补遗、辨正、订误等，新中国成立以后版本更多，涉及中华书局、上海古籍出版社、海南出版社等十余家。著名的如余嘉锡撰《四库提要辨证》，即有科学出版社1958年版、中华书局1980年版（2007年2版）、云南人民出版社2004年版等；胡玉缙撰、王欣夫辑《四库全书总目提要补正》，有上海书店出版社1998年版上下册、2020年版全4册，匡谬补缺，具有辑录荟萃之功和重要的学术价值；胡玉缙还有《续四库提要三种》（即《四库未收书目提要续编》《许庼经籍题跋》《续修四库全书总目提要礼类稿》），增辑补辑清人1200余种著述之解题，胡氏手写自订之遗稿尽归复旦图书馆；吴格据以整理，上海书店出版社2002年出版。影响较大的还有李裕民著《四库提要订误》，书目文献出版社1990年初版，中华书局2005年增订版，考评订正共450条，其中经部38条，史部123条，子部172条，集部117条，是作者研读《四库全书总目（提要）》40多年的成果之结晶。

五　视野开阔　拾遗补阙

纵观新中国成立以来的古籍出版，可以发现整理出版的视野越来越开阔，从早期出版常用的典籍到整理稀见本，从国内贮藏到海外遗存，整理出版范围不断地拓宽，经过几代人的努力，拾遗补阙，佳作一经出版，遂填补了不少学术空白，对专业研究者贡献尤大。例如对唐代李德裕进行研究，傅璇琮、周建国合编《李德裕年谱》（齐鲁书社1984年版）、《李德裕文集校笺》（河北教育出版社2000年版）；又如《袁世凯未刊书信稿》

第一章 中国古籍出版的总体成就与学术总结

于1998年全国图书馆文献缩微复制中心影印出版。

成立于1993年6月的中国线装书局在拾遗补阙方面贡献尤大，该社是全国唯一的以弘扬中华民族优秀文化传统、以富于民族特色的典雅的线装书形式出版古今典籍为己任的线装书专业出版社。线装书，作为书籍的一种外观形式，与书籍内容可以构成高度和谐的整体，体现出中华民族文化积累的深厚和高雅气质，其典雅独特的审美魅力是长存的。线装书局收集、整理、鉴别、修复、影印（或仿制）有价值的古籍雕版本书较多，如其1996年出版的三套书：（1）《明清抄本孤本戏曲丛刊》全15册，收录38种，绝大部分是仅有的未面世的手抄孤本，部分稿本尚有收藏家的题记及钤印；（2）《明刊孤本画法大成》（16开线装1函4册）为明万历刊本，与《芥子园画谱》齐名，是此孤本第一次影印出版；（3）《古本小说版画图录》（线装2函16册）堪称中国古本小说版画第一书。又如该社1995年影印出版的《劫灰录》（线装1函4册），是一部极为罕见的晚明史料书，许多史学家都曾多次提及，但皆无缘一睹。以上这些孤本、珍善本书的出版受到了学术界、出版界的高度重视。

其他出版社，如巴蜀书社的《道藏辑要》《佛藏辑要》《中华族谱集成》等，都不同程度地填补了此前古籍整理的空白。如齐鲁书社建社初就推出"山左名贤遗书"，挖掘整理了一批清代山东学者的较有价值的未刊遗稿；1993年又推出"明清山左作家丛书"，陆续出版了《李攀龙全集》《谢榛全集》《赵执信全集》《王士禛全集》《宋琬全集》等，比较系统地展现出明清两代山东文坛的风貌。再如凤凰出版社系统整理出版了"一代通儒"焦循（1763—1820年）的著作集，有建立易学新范式的《雕菰楼易学五种》（含《易章句》《易通释》《易图略》《易话》《易广记》，2012年版），有侧重扬州故实的《雕菰楼史学五种》（《扬州足征录》《扬州图经》《北湖小志》《里堂家训》《邗记》，2014年版），有阐扬古经新义的《雕菰楼经学九种》（含《周易补疏》《毛诗补疏》《尚书补疏》《禹贡郑注释》《礼记补疏》《群经宫室图》《春秋左传补疏》《论语补疏》《孟子正义》，2015年版），有诗词曲论创作的《雕菰楼文学七种》（《雕菰集》《仲轩词》《红薇翠竹词》《剧说》《花部农谭》《易余籥录》《忆书》，2018年版），还有代表中国古代科学研究成果的《雕菰楼算学六种》（《释轮》《释椭》《释弧》《加减乘除释》《天元一释》《开方通释》，2019年

35

版）。同时江苏广陵书社2016年出版刘建臻校《焦循全集》，精装18册，基本收录了焦循著述的全部内容。同年该社另有《焦循算学九种》《焦循杂著九种》等书。

拾遗补阙的又一个范例，是在商务印书馆版《四部丛刊》初、续、三编之后，续出四编、五编，由中国书店出版社出版。到1936年，张元济先生主持辑印的《四部丛刊》前三编出齐，本拟接着续出，甚至拟订了四编的目录，但因1937年日军入侵，上海商务印书馆损毁，出版计划遂搁浅。80年后，在李致忠、张人凤、周心慧、陈红彦、翁连溪、柳和城等学者的努力下，完成四编的编纂工作，2017年影印出版，遵循前三编的版式风格，32开线装145函698册；收录书籍共123种，其中经部书12种，史部书36种，子部书28种，集部书47种；所用底本中宋刻本29种，元刻本10种，明刻本43种，明抄本11种，清精抄本28种，清刻本2种。所收书有珍贵的宋元刊本，有以孤本形式存世的精抄本，总计孤本66种。2020年影印出版五编，精装190册，收书160种，其中宋元刊本6种，元刊明修本2种，明刻本47种，明铜活字本32种，明抄本10种，清刻本30种、抄本16种，清影宋抄本6种，清代稿本7种等。可贵的是，除传统经学、文史哲等领域外，涉及地区性变迁、台湾史、明代版画、戏剧史等内容。此二编的文献价值、校勘价值、版本价值、史料价值都极高，为学术研究提供了丰富的资料。

古籍整理出版之拾遗补阙，在地方文化建设中也发挥出了其强大的功能。如随着《宁夏珍稀方志丛刊》点校出版工作的竣工，"宁夏成为继上海之后，第二个完成全部传世旧志点校整理出版工作的省级行政区，旧志整理水平跻身全国先进行列"。① 该《丛刊》由胡玉冰主编，编纂工作启动于2012年，作为国家社科基金重点项目"宁夏地方文献整理与研究"的成果，第一批旧志整理本由中国社会科学出版社于2015年10月出版，共8册10种（《正统宁夏志》《弘治宁夏新志》《嘉靖宁夏新志》《万历朔方新志》《乾隆宁夏府志》《乾隆银川小志》《嘉庆灵州志迹 光绪灵州志》《光绪花马池志迹 民国盐池县志》）；第二批整理本由上海古籍出版社于

---

① 周一青：《全国第二个！宁夏完成全部传世旧志点校整理出版工作！》，宁夏新闻网（https://www.nxnews.net/wh/whcd/201810/t20181021_6070272.html）。

第一章 中国古籍出版的总体成就与学术总结 ○●○

2018年8月出版，共8册21种（《嘉靖固原州志 万历固原州志 民国化平县志 宣统新修硝河城志 民国西吉县志》《康熙隆德县志 道光隆德县续志 民国重修隆德县志》《乾隆中卫县志》《乾隆盐茶厅志备遗 光绪海城县志 光绪新修打拉池县丞志 清末民国时期海原县县情资料》《嘉庆平罗县志 道光平罗记略 道光续增平罗记略 光绪宁灵厅志草 光绪平远县志 康熙新修朔方广武志》《宣统新修固原直隶州志》《民国朔方道志》《民国固原县志》）。至此，历时六年，出齐《宁夏珍稀方志丛刊》全16册31种，这是对宁夏传世旧志的一次清理①、深入发掘、整理和保护，突出了整体性、系统性特色，从而成为宁夏地方文献整理的标志性成果，且具有示范性的创新意义。值得一提的是，该《丛刊》之所以能顺利出版，在很大程度上得益于主编及其整理团队先期进行了比较扎实的准备工作。2012年，胡玉冰著、中国社会科学出版社出版的《宁夏地方志研究》，② 对宁夏传世的全部30多种方志逐一研究，基本摸清了宁夏旧志的家底，梳理了版本情况；随着《丛刊》点校工作的推进，作者进一步修订完善该书，书名为《宁夏旧志研究》，上海古籍出版社2018年9月出版。

  中国古籍出版的领域不断扩大，还表现在向纵深处发掘，如对于敦煌文献、《永乐大典》、海外遗存的中国典籍、出土文献、佛教典籍与藏传佛教典籍等的出版皆为例证。可以说，除了内容不健康者，古籍出版是没有禁区的。以西夏遗书的整理为例，西夏学奠基于1909年大量的西夏遗书在黑水城遗址发掘，最早的研究者当推罗振玉父子。从20世纪30年代中期到70年代中期，西夏学研究处于沉寂状态，如吴天墀教授撰于1955年的《西夏史稿》，搁置了25年，才于1980年由四川人民出版社出版。到1997年，西夏学整理成果渐多，整理出版西夏文物考古资料和研究著作9种，利用已出版的俄藏西夏文原件重新译释的成果8种，研究西夏历史、文化、宗教、军事、民族等的论著共计15种，辑录整理

---

① 据《宁夏珍稀方志丛刊》主编胡玉冰介绍，"自元迄清，严格意义上的宁夏旧志有38种，传世的宁夏旧志有33种，其中9种为孤本传世"。
② 该书是作者的国家社科基金项目优秀成果，是"国内第一部也是唯一一部对宁夏旧志进行系统、全面分类普查与研究的、创新价值较高、原创内容较多的学术成果"［王建宏：《宁夏历时六年完成全部传世旧志的点校整理出版》，光明网（https：//difang.gmw.cn/nx/2018 - 10/23/content_ 31808335. htm？s = gmwreco2)］。

西夏史料与古籍有 5 种。① 而集大成之作当推上海古籍出版社 1996—1999 年版《俄藏黑水城文献》（全 11 册，汉文部分 6 卷、西夏文世俗部分 1 卷）。

六　注重文化积累　讲求学术质量

新中国成立以来，许多学术文化含量较高的古籍得到系统的整理，如清代杨守敬著《水经注疏》的三个整理本，一是科学出版社 1957 年影印本 40 卷，二是江苏古籍出版社 1989 年出版的段熙仲标点、陈桥驿复校本，三是 1997 年湖北人民出版社、湖北教育出版社《杨守敬集》第三、四册之《水经注疏》，此本以科学出版社影印本为底本，参校台湾中华书局（1971 年）影印本，以及清代全祖望、赵一清、戴震、王先谦诸人的注本。无一不体现出较高的文化含量和学术质量。

其次，一大批具有学术总结性质的新版古籍得以出版，如《庄子补正》，2000 年由安徽大学出版社、云南大学出版社联合出版。该书是刘文典先生历经 15 年，校以历代《庄子》的重要版本，征引清代著名学者王念孙、王引之、俞樾、章太炎、刘师培等人的校勘成果，终成此作，被公认为精善定本，陈寅恪先生曾誉之为"治《庄子》者之所必读"之书（《庄子补正》序）。

又如中华书局版《甲骨文合集》全 13 册（1978—1983 年版）、《甲骨文字释林》（1979 年版）、《甲骨文字诂林》全 4 册（1996 年版）等书为"甲骨学"的进一步发展奠定了坚实的基础。如中州古籍出版社出版的"二十五史"（简体标点排印本）、《中国通俗小说名著分类文库》（10 类 40 种）、《中华传世精品珍藏文库》等，也很好地展示出古籍文化的内涵，让源远流长的民族文化遗产在现时代再现异彩。又如河南文艺出版社 2000 年出版的《唐宋人词话》，资料丰富，采录词话、诗话、曲话，序、跋、词集、词选批注批语，笔记、传记、书录、总目提要，词韵、词谱、词律、评词专论，均尽可能为原出者，学术文化价值也很高。

不断发掘古籍出版资源，应该是中国古籍文化积累的又一种方式。据统计，全国公共图书馆收藏古籍善本共约 220 万册、普通古籍 2640 余

---

① 白滨：《西夏学研究概况》，《古籍整理出版情况简报》1997 年第 7 期。

第一章　中国古籍出版的总体成就与学术总结　○●○

万册,[①] 对此进行挖掘利用必定是一项意义深远的工作。1992 年成立的全国公共图书馆古籍文献编辑出版委员会的 34 个成员单位联合编纂《中国公共图书馆古籍文献珍本汇刊》，发掘其中重要的珍藏文献，以保护和弘扬民族优秀传统文化。又如北京图书馆出版社充分发掘本馆资源，于 1998 年出齐《北京图书馆古籍珍本丛刊》全 120 册，收录北京图书馆藏善本古籍之精华 470 余种，约 8000 册，版本包括宋代至清末各代版刻及元、明、清三代的稿本、抄本。另有《北京图书馆藏稿本抄本丛刊》《北京图书馆画像拓本汇编》《北京图书馆古籍善本丛书》《北京图书馆普通古籍总目》《北京图书馆藏小说珍本丛刊》《北京图书馆藏名人信札集》等成果。再如，天津图书馆与天津古籍出版社合作影印《天津图书馆藏稀见地方志丛刊》《天津图书馆藏善本古籍丛刊》等。北京故宫博物院与香港商务印书馆合作整理其收藏的近百万件文物，于 1995 年出版《故宫博物院文物珍藏品全集》，计划 10 年出版 60 卷。这些藏品的学术价值与文化积累皆得到发挥。

因着古籍随时代的演进，尤其是各类古典名著在古代也是一版再版，呈现出累积的状态，如果对其进行集成式的综合整理出版，则不失为好的选题，也更便于学术研究之需。如元代王实甫的《西厢记》，明清以来，批点、鉴赏、笺注、译注、翻刻者众多，流传至今的版本可以说不可胜数。[②] 21 世纪以来，上海古籍出版社出版《明何璧校刻西厢记》《明闵齐伋绘刻西厢记彩图》《凌刻套板绘图西厢记》《金圣叹评点西厢记》等，惜未深入下去，并未见成套出版。而国家图书馆出版社则具有这方面的资源优势，在其 2004 年出版的"中华再造善本"明代编·集部中，就有据国家图书馆藏本出版的《西厢记》《古本董解元西厢记》《新刊合并董解元西厢记 新刊合并王实甫西厢记》等。更于 2011 年 4 月、12 月先后影印出版《古本西厢记汇集》初集、二集，汇编《西厢记》明清稀见本。初集

[①] 李竞：《全国图书馆文献缩微复制中心与古籍影印》，《古籍整理出版情况简报》1996 年第 7 期。

[②] 据伏涤修著《〈西厢记〉接受史研究》（黄山书社 2008 年版）等资料统计，明清两代《西厢记》刊本多达近 200 种，选本收录有 20 多种，其中明刊本约 80 种，清刊本 100 多种。新中国成立以来所出版《西厢记》新印本，据笔者统计，多达 110 余种（不含《古本西厢记汇集》初集、二集所录）。

共9册，收录明清有代表性的本子17种，如《新刊奇妙全相注释西厢记》5卷首1卷、明王骥德撰《新校注古本西厢记》6卷、明陆采撰《新刊合并陆天池西厢记》2卷、明陈继儒评《鼎镌陈眉公先生批评西厢记》2卷、清潘廷章评本《西来意》4卷，以及《毛西河论定西厢记》《此宜阁增订金批西厢记》等。二集则题名为《国家图书馆藏〈西厢记〉善本丛刊》，全20册16开精装，悉数收录国家图书馆藏《西厢记》善本35种，其中尤为学界珍视的明刊本达31种，如容与堂本、汪氏玩虎轩本、文秀堂本、笔峒山房本、天章阁本、书林岁寒友本、萧腾鸿师俭堂本等，另4种为清初珍稀刊本。第二集所录，绝大多数为首次影印，而且这些珍本多经郑振铎、吴梅、李一氓等名家收藏。总之，《古本西厢记汇编》是目前所见搜集整理《西厢记》版本最全面的一种，具有重要的文献价值，同时还有古籍保护方面的意义，因而成为《西厢记》版本研究的最可靠的文献资料；加之这些珍善本版画众多，且刻工精良细腻，因此又具有一定的艺术欣赏价值。该丛书将《西厢记》这一馆藏珍品的各种版本公之于众，汇编成一书，为学术界深入系统研究《西厢记》提供了文本基础，也便利了资料的择取与比较。

七 影印古籍成绩斐然

影印古籍是重要的出版形式之一，其优点可概括为出书快、投资少、成本低，可以保留古籍原貌及古籍版心、版框、藏书印等版本特征，体现古籍版本学价值，同时可减少产生新的讹错的机会（除原书本来就有的差错外，不会出现新的讹误），可为学术界提供价廉但珍贵、不可或缺的资料。新中国成立以前影印古籍，商务印书馆的《四部丛刊》初、续、三编影印宋元明清刻本、抄本、稿本约500种，若再加上《涵芬楼祕笈》《道藏·附续道藏》，罗振玉的《鸣沙石室古籍丛残》，郑振铎《玄览堂丛书》等，共影印古籍一千多种。[①]

新中国成立以来的古籍影印，其数量几乎占60年来古籍出版总量的一半，而且绝大多数是珍本、善本和大型的类书、丛书。从事古籍影印的出版社也比较集中，多限于专业古籍出版社。如中华书局著名的影印本

---

① 北京图书馆善本室编：《1911—1984 影印善本书目录》，中华书局1992年版，第288页。

第一章　中国古籍出版的总体成就与学术总结

《永乐大典》《册府元龟》《广韵校本》《职官分记》《掌故丛编》《六十种曲》《古逸丛书三编》及《中华大藏经》（底本为金刻本赵城《大藏经》）等。上海古籍出版社版《全唐诗》《全唐文》《彊村丛书》《四库全书》《读史方舆纪要》《道藏要籍选刊》等影印本也是声名远播。从古籍类别方面来说，"四库"类的文渊阁本外，文津阁本《四库全书》及《摛藻堂四库全书荟要》《四库全书存目丛书》《四库全书存目丛书补编》《四库全书未收书辑刊》《续修四库全书》《四库禁毁书丛刊》《四库禁毁书丛刊补编》等无一不是大型的影印之作。

全国各地的古籍书店，以及在古籍书店的基础上建立的出版社，也多以影印为主要的出版形式，如中国书店出版社、上海书店出版社就是以影印起家。中国书店以继承传统文化遗产、保存原始资料为宗旨，20世纪50年代开始尝试木版刷印方式，出版了一些版本珍贵、流传较少的重要古籍。60年代中期，出版工作被迫中断。直到1979年底，才组建了中国书店出版社，重新恢复古籍整理出版工作，以复制影印和线装古籍为其主要出版形式，以木版刷印和仿石印出版为基本特色，清人胡文英所撰《屈骚指掌》是中国书店出版社恢复出版工作后所出版的第一部图书。随后与故宫博物院、北京师范大学图书馆等单位合作，整理出版了如《晚晴簃诗汇》《退耕堂政书》《明清八家文钞》等线装古籍，仿石印的出版如《北堂书钞》《骈字类编》《渊鉴类函》《海王邨古籍丛刊》《百川学海》《稀见中国地方志汇刊》《营造法式》《异史》《十竹斋书画谱》《泉货汇考》《百花诗笺谱》《历代书画丛书》等一系列重要的典籍。1998年，推出50册巨制的《中国古代易学丛书》，收录先秦到清末历代易学代表著作175种。新世纪以来，新型技术在出版业运用，中国书店出版社成绩更大。上海书店出版社的情况也很类似，影印的《明实录》《宋元词话》《道藏》《四部丛刊》，以及《天一阁藏明代方志选刊》、《续编》、《左宗棠全集》（全20册）等均属精品。此外如成都、武汉、南京、长春、天津等地的古籍书店也都影印了一批值得注意的古籍。

总体上看，1978年以后成立的专业古籍出版社，无一例外都进行影印出版，如齐鲁书社的《云笈七籤》《易学精华》，中州古籍出版社的《周易参同契汇刊》，三秦出版社的《钦定钱录》，中国戏曲出版社的《盛明杂剧》共60种、《墨憨斋定本传奇》共14种等。尤其是广陵书社，其前身是 1960 年成立的江苏广陵古籍刻印社，在良好的基础上，坚持其固有的出版特色，为学术界贡献出一系列古籍精品，如《古逸丛书》《续古逸丛书》《宛委别藏》《学津讨原》《大明会典》《雍正朝汉文朱批奏折》《中国佛寺志丛刊》《福建丛书》等。

以藏书实体图书馆为基础建立的出版社如国家图书馆出版社，对国家图书馆所藏古籍进行多方面的系统整理出版，如影印国家图书馆自 1992 年至 1998 年精选馆藏善本精华所编的《北京图书馆古籍珍本丛刊》，共 120 册收书 470 多种；1999 年版《北京图书馆藏珍本年谱丛刊》，200 册，收录线装年谱多达 1212 种，谱主 1018 人。《国家图书馆出版社三十年图书总目 1979—2009》专门列出"古籍影印"一类，下分传记文献、史籍史料、书目版本、文学艺术、方志地理、哲学宗教、金石文献、综合文献、中华再造善本、民国文献十个二级类，[①] 可见其影印成绩显著。此外，全国图书馆文献缩微复制中心的古籍影印贡献也比较大，重要的影印书有如《三国志演义古版丛刊》、稀世珍本《聊斋志异》手稿本、宋版《续资治通鉴长编》、《宋会要辑稿补编》，以及《中国西北稀见方志》《〈明文海〉文渊阁本抽毁余稿》《〈日知录〉文渊阁本抽毁余稿》《明代孤本方志选》《瀛寰志略·航海琐记》《敦煌道藏》《敦煌密宗文献集成》《天津图书馆孤本秘籍丛书》等。

由多家出版社先后影印出版的大型古典戏曲作品集——《古本戏曲丛刊》，无疑是一部影印名作。20 世纪 50 年代初，郑振铎先生首先倡议编纂该丛刊，"期之以三、四年，当可有一千种以上的古代戏曲，供给我们作为研究之资"（《初集》序言）。然而，原本设想用三、四年时间成书，没料到这一宏大的文化工程竟拖了将近 70 年，全 10 集方才出版，得成完璧，亦令人十分感叹！郑振铎先生曾主持编纂了《丛刊》前四集，1958 年 10 月，他不幸殉职。1961 年，中国科学院文学研究所承担编辑任务，由吴晓铃先生主持其事，1964 年，第九集出版。之后编纂工作停止。停顿 20 年后，在李一氓先生推动下，中国社会科学院文学研究所主持，重建《丛刊》编委会，展开辑印工作。1986 年，五集编竣出版。之后再度停

---

① 国家图书馆出版社编：《国家图书馆出版社三十年图书总目 1979—2009》，国家图书馆出版社 2009 年版，第 157—376 页。

第一章　中国古籍出版的总体成就与学术总结

顿。前五集及九集出版的具体情况为：

初集　上海商务印书馆 1954 年影印本（12 函 120 册）
二集　上海商务印书馆 1955 年影印本（12 函 120 册）
三集　文学古籍刊行社 1957 年影印本（14 函 120 册）
四集　上海商务印书馆 1958 年影印本（12 函 120 册）
五集　上海古籍出版社 1986 年影印本（12 函 120 册）
九集　中华书局 1962—1964 年影印本（12 函 128 册）

以上前三集收录元、明、清南戏和传奇，每集 100 种，第四集收录元、明杂剧 377 种，九集收清代宫廷大戏 10 种，五集收明、清传奇 85 种（其中 50 余种为传世孤本。）（按：五集中极少数部分由上海书店出版社出版。）

吴晓铃先生主持《丛刊》编纂工作时，组织了新一期的编辑委员会（成员主要有赵万里、傅惜华、阿英、周贻白、周妙中等先生），除了编辑出版第九集，还拟定出了《丛刊》第五、六、七、八共四集的目录初稿，形式一致。待第五集于 1986 年出版后，因巨大的经济压力造成编纂困难，因而又一次搁浅，停顿了近 30 年，几乎成 "烂尾工程"。2012 年，时任中华书局编审的程毅中先生向全国古籍整理出版规划领导小组递交了《关于完成〈古本戏曲丛刊〉的建议》，得到规划领导小组及有关方面的高度重视，于是，《丛刊》的续编出版工作很快被列入《2011—2020 年国家古籍整理出版规划》，同时入选 2013 年度国家古籍整理出版资助项目，由中国社会科学院文学研究所主持编纂，国家图书馆出版社负责出版。2014 年初，这两个单位共同组织召开 "《古本戏曲丛刊》六、七、八集编纂启动座谈会"（即第一次编纂出版工作会议），确定编纂出版规划及具体工作方案，拟定编纂目录，确定出版时间。《丛刊》的续编工作就此拉开序幕，至 2019 年完成；同时又续出第十集，在内容上承接第八集。第六、七、八、十集影印出版、收录的具体情况如下：

六集　2016 年 3 月影印本，17 函 180 册。内容上承接《丛刊》第五集，收录清代顺、康、雍时期的传奇作品和戏曲集 77 种，合计剧目 109 种七集　2018年3月影印本，14函170册。收清代康熙至乾隆时期的传奇作品和作家戏曲集55种，合计收入传奇、杂剧共92种

　　八集　2019年10月影印本，15函160册。收录清代乾隆、嘉庆时期的传奇、杂剧集70种附2种，合计传奇、杂剧82种

　　十集　2020年12月影印本，15函160册。收入清代嘉庆至光绪时期传奇、杂剧集73种附1种，合计收入传奇、杂剧138种

以上新编四集，版式、装帧相同，共计61函421种670册；合20世纪所编六集，《丛刊》全十集共收入元明清传奇、杂剧、宫廷大戏等1193种，135函1398册。这项由多家出版社持续接力的戏曲文献出版工程圆满完成，凝聚着几代学人之心血的鸿篇巨制终成完璧，前后历时近70年之久，郑振铎等先生的宏愿终于实现。鉴于《丛刊》初集至五集及九集为线装，且印数较少，原书颇难获取，2016年，国家图书馆出版社以大32开精装本的形式对其结集出版，以便学界利用。

　　一些大型的图书馆与出版社配合影印馆藏，也是一个风气，如南京图书馆与江苏广陵古籍刻印社、上海书店出版社等合作，先后影印其馆藏珍本《土风录》《如意珠传奇》《海樵子》《犬窝谈红》等。同时，出版社之间合作影印出版也形成一道风景线，除了《中华大典》，又一个典型案例是《中国地方志集成》，凤凰出版社、上海书店出版社、巴蜀书社三家合作，详见本书第三章第四节。

　　吴格先生认为古籍影印传承文化，延续典籍，化身千百，堪称"功德无量"，他说："影印古籍的数量激增，目前已成为古籍流通的主体，书目建设的要求随之产生。为历年影印的古籍丛书编制与之匹配的目录及索引，是令'功德无量'进至'功德圆满'的必要环节。"[①] 这里所指的就是国家图书馆出版社2016年版《新中国古籍影印丛书总目》（全3册），收录新中国成立以后至2010年新编影印古籍丛书443种（按：不包括"四库"类丛书），涉及子目近5万条，所收古籍丛书按内容分为传记文献、史籍史料、书目版刻、文学艺术、方志舆地、哲学宗教、金石文献、

---

①　南江涛、贾贵荣编：《新中国古籍影印丛书总目》，国家图书馆出版社2016年版，"前言"。

第一章 中国古籍出版的总体成就与学术总结

科技军事中医、综合文献九大类。其主体包括"丛书总目"（著录丛书编号、书名及卷册、编纂者、版本信息等）和"丛书子目"（各丛书总目下依次著录其子目书名、著者及版本）；为了方便利用，下册编有书名索引，含"书名笔画字头索引"、"书名笔画索引"。该书基本涵盖了新中国成立以来60余年间影印的古籍丛书，为学界提供了极大便利。但是，影印古籍一直在继续着，而且"影印本实不止于丛书，影印本丛书亦不止于专科性丛书"，所以人们衷心期待"不久即有涵盖近代以来所有影印本古籍（包括丛书本及单刻本），或涵盖所有影印本丛书（包括汇编及类编丛书）的更理想的书目问世"（引吴格语）。

第二章　中国古籍出版的发展历程与影响因素

　　浩如烟海的纷繁古籍,是中华民族的历史瑰宝。对古籍进行校订考证、去芜存菁的研究和整理,成为一批又一批学者和出版人毕生孜孜以求的目标。

　　为了让中华优秀传统文化得以传承弘扬,国家新闻出版广电总局、全国古籍整理出版规划领导小组组织开展了首届向全国推荐优秀古籍整理图书活动(2012年3月—2013年8月)。

　　经过广泛讨论,集中评议,反复推敲,优中选优,组织方最终从1949年至2010年间出版的2.5万种古籍图书中评出91种精品。

　　该书目能代表目前我国古籍整理出版最高水平,……能作为今后古籍整理出版工作的范本和标杆。

　　这次推荐活动,更是一次推动古籍整理出版事业发展、促进全民族文化素质提高的良好契机。

　　——吴娜《树立古籍精品图书的样板和标杆:首届向全国推荐优秀古籍整理图书活动情况综述》,《光明日报》2013年10月18日第9版

中国古籍整理出版取得了辉煌的成就,新中国成立后至2011年底,整理出版各类古籍共122000多种,为保护古典文献、为传承文化遗产、为学术研究、为相关学科建设等都做出了巨大的贡献。能够取得这样傲人的成绩,必然有其深刻的社会影响因素,因为期间历经颇多曲折。总结成功的经验,吸取深刻的教训,可以为中国古籍整理出版的进一步发展提供一些学理镜鉴。

第二章　中国古籍出版的发展历程与影响因素

第一节　新中国古籍整理出版的发展历程

梁启超先生在其《中国近三百年学术史》一书中，用了四章的篇幅、总共分十一个类，以列举书名的方式说明"清代学者整理旧学之总成绩"。[①] 现今我们可以首先对近70年来的古籍出版划分阶段，由此来反映新中国成立后古籍出版的总体情况，然后再分项描述特别突出的方面，如出书结构不断调整、各类古籍得到系统的整理出版、出版领域不断深化扩大、古籍数字化的初步成就等。

结合新中国成立以来我国历史的变迁以及有关方面的因素，以1949年10月—2011年古籍出版的品种数量为参照，可以勾画出一个基本的发展历程。总体而言，古籍整理出版有顿挫，但更有繁荣。综合表1-1、表1-2所统计的数据，我国出版古籍类图书共122158种（含丛书子目，下同）。实际上，更能说明古籍出版发展历程的还是年度出版的图书数量，详见表2-1。

表2-1　　　　1949—2011各年度古籍出版数量统计　　　　单位：种

年份	数量	年份	数量	年份	数量	年份	数量	年份	数量	年份	数量
1949	2	1960	489	1971	3	1982	760	1993	3249	2004	3163
1950	12	1961	307	1972	8	1983	1106	1994	1515	2005	3825
1951	22	1962	198	1973	34	1984	5477	1995	9782	2006	3600
1952	15	1963	318	1974	37	1985	5334	1996	3036	2007	3078
1953	67	1964	509	1975	55	1986	2489	1997	4229	2008	2945
1954	449	1965	48	1976	36	1987	1057	1998	3778	2009	3002
1955	413	1966	10	1977	47	1988	3858	1999	3679	2010	3140
1956	334	1967		1978	486	1989	4745	2000	2142	2011	6778
1957	533	1968		1979	161	1990	7940	2001	2509		
1958	811	1969		1980	727	1991	3250	2002	9119		
1959	515	1970		1981	592	1992	3957	2003	2378		

根据表2-1中的统计数据，我们可绘制出新中国成立以来各年度古籍出版总量（含丛书子目），见图2-1。

[①] 梁启超：《中国近三百年学术史》，山西古籍出版社2001年版，第174—339页。

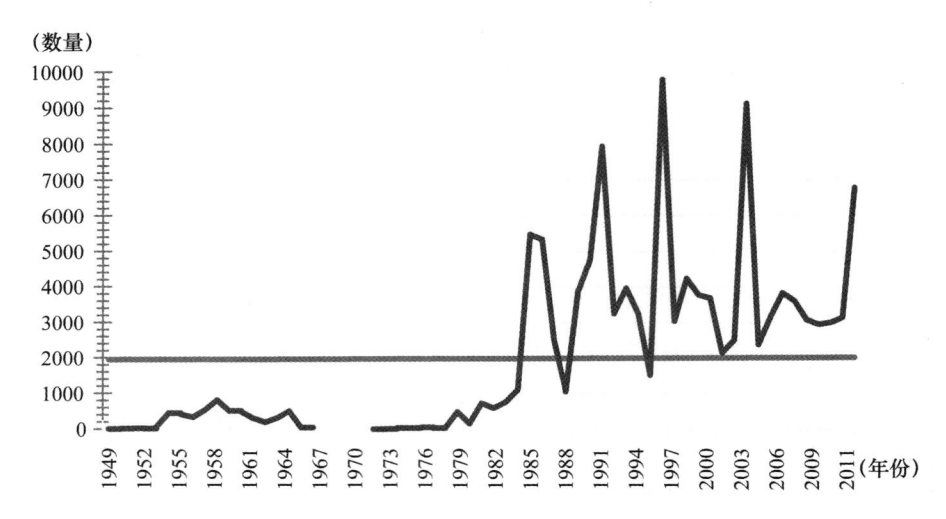

图 2-1　1949 年 10 月—2011 年 12 月中国古籍出版总量曲线（含丛书子目）

由于统计时将跨年度的丛书都归之于首次出版的年份，可能会带来错觉，那么单从表 1-1 生成的各年度出书数量曲线则更具说服力（不含丛书子目），见图 2-2。

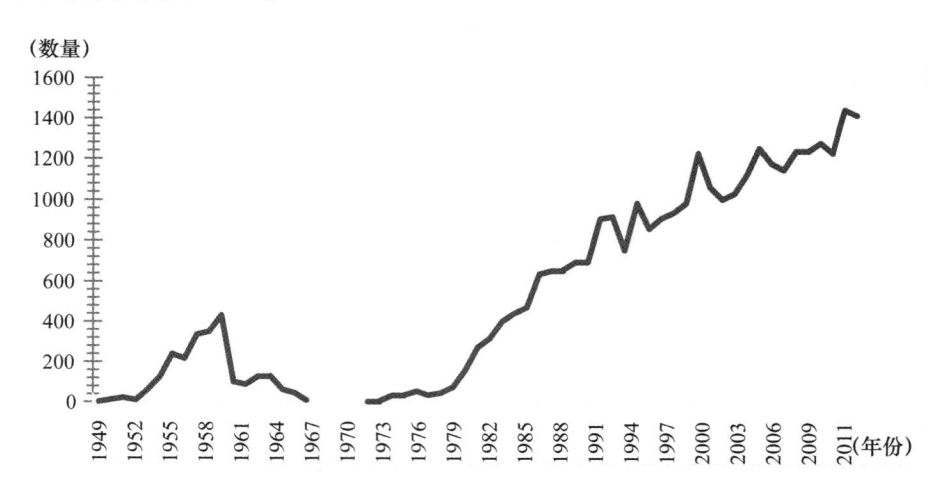

图 2-2　1949 年 10 月—2011 年 12 月各年度古籍出版数量曲线（不含丛书子目）

通过图 2-1 与图 2-2 的对比，综合而言，新中国成立以来古籍出版的趋势非常明显。因此在统计古籍出版的总量（品种）及各年度出版古籍的数量（品种）的基础上，同时结合社会发展等诸多因素考量古籍出版的

第二章　中国古籍出版的发展历程与影响因素

历程，可以 1979 年为界，将古籍出版的历史划分为两个时期、五个阶段，各阶段的成就亦大不相同。

第一个时期为新中国成立后的前 30 年的古籍出版（1949 年 10 月到 1978 年底）。

以 1979 年为界进行划分，除了考虑到古籍整理出版数量，又一重要依据是 1978 年 12 月 18—22 日，中国共产党十一届三中全会召开，中心议题是把全党的工作重点转移到经济建设上来；从各个方面进行拨乱反正，实现了新中国成立以来党的历史全局性、根本性的伟大转折，在中国历史上具有划时代的重大意义，从而使我国各项事业重新走上正轨，古籍出版业也不例外。而此前 30 年的发展却比较曲折，可分为三个阶段。

第一阶段为古籍出版的初步复兴（1949 年 10 月到 1957 年）。

新中国成立初期，百废待兴。出版业方面，在新建的中央人民政府出版总署的领导下，陆续建立了 20 多家国营出版社，同时将 356 户私营出版社（按：1952 年数据）整顿为 290 户（1953 年），到 1956 年初，完成改造。商务印书馆、中华书局、人民文学出版社、古典文学出版社、人民卫生出版社、广益书局、锦章书局等，以影印为主要出版形式，重点整理古医书和古典小说、戏剧，八年多的时间里共出版古籍 1847 种。如商务印书馆 1954—1955 年影印出版的《古本戏曲丛刊》初集、二集各 120 册，最为著名；商务印书馆同时又影印其 1936 年版《宋人画册》、1938 年版《本草纲目》、1939 年版《伪书通考》等。又如神州国光社 1951 年出版的《中国历史研究资料丛书》，收书 16 种，也引人注目。锦章书局的《公馀五种》全 5 册（1952 年）及《陈修园四十八种医书》《陈修园七十二种医书》（1954 年）、群联出版社《中国古典医学丛刊》共 6 种（1955 年）、大东书局《伤寒丛刊》全 6 册（1956 年）等，都很有名。

这一阶段的又一个特点是普及性的读物特别多，从出版年代上说，1954 年，通俗读物出版社改编中国古代小说而成系列通俗识字教育读物，如有《三国演义》里的一个故事、《西游记》里的一个故事、《水浒》里的一个故事等，各包含若干册故事。1955 年，春明出版社的《中国文学名著丛选》含《国风选译》《乐府古诗》《李杜诗选》《元明散曲》《元人杂剧》《明清传奇》《史记选译》《左传选译》等。同年，上海出版公司的"民间文学资料丛书"含《梁祝故事说唱集》《白蛇传集》《孟姜女万里寻夫集》《西厢记说唱集》《董永沉香合集》等。又通俗文艺出版社有《古代通俗小说选》。1956年，上海文化出版社出版《左传故事选》《史记故事选》《明清故事选1—4辑》《聊斋故事选1—6辑》，以及《唐宋传奇选》第一、二辑。1957年，古典文学出版社的选本有陈子展《国风选译》《雅颂选译》、叶笑雪《谢灵运诗选》、苏仲翔《元白诗选》、徐澄宇《张王乐府》、程千帆《宋诗选》、潘伯鹰《黄庭坚诗选》等。人民文学出版社的选本则有缪钺《杜牧诗选》、陈迩冬《苏轼诗选》、游国恩《陆游诗选》等。这些选本的作者皆是影响一时的专家。

第二阶段，古籍出版在曲折的道路上前进（1958年到1965年）。

从1958年开始，中国大地上展开了一系列的政治运动，1961年，又遭遇到经济建设的困难。尽管如此，古籍整理出版在十分艰难中仍小有收获，尤其是在1958年2月国务院专门成立的"古籍整理出版规划小组"的积极组织下，力排各种干扰，完成了不少填补学术空白的重大课题，对后来产生了深远的影响，其中最大的成绩莫过于中华书局"前四史"的点校出版，以及《永乐大典》《太平御览》《册府元龟》等重要类书的影印。其次，中华书局及中华书局上海编辑所还于1958—1961年影印出版《中国古代版画丛刊》，收书18种，分装44册。又如，古医书的整理出版方面，新组建的上海科学技术出版社仅1959年出版的新一版一套古医书，就多达52种，其原版（初版），或为科技卫生出版社，或为上海卫生出版社的，这两个出版社皆其前身。

第二阶段八年整理出版的古籍共计3195种，是此前八年的1.73倍，出书范围仍以医书、文学两类为主，但历史类有所增加。如上海古籍书店1961—1966年影印《天一阁藏明代方志选刊》，收书107种，分装68册。这一阶段的出版量主要集中在1958年、1959年、1964年，三年所出的1835种，占到这一阶段总数的一半还多，几乎与前八年持平。此外，普及性读物的出版仍在延续着。[①]

[①] 第二阶段的普及性读物，有如人民文学出版社1958年版的《中国古典文学读本丛书》，含余冠英选注《诗经选》《汉魏六朝诗选》、马茂元选注《楚辞选》、冯至选注《杜甫诗选》、钱锺书选注《宋诗选注》、顾肇仓选注《元人杂剧选》、罗根泽选注《先秦散文选注》等。中华书局的《历代政治人物传记译注》，1962—1986年共出版42种。《工农通俗文库》，1962—1963年收《水浒》节本5册，《三国演义》节本4册。中华书局的《中国历史小丛书》，1966年以前由吴晗主编，1959—1965年出书共149种；1974—1986年共90种。1982年以后陆续出版《中国历史小丛书合订本》。

第二章　中国古籍出版的发展历程与影响因素　○●○

第三阶段，古籍整理出版的中断及其后的恢复（1966年到1978年）。

古籍整理出版工作刚刚出现可喜的局面，却被"文化大革命"扼杀了，十年浩劫使得古籍整理出版工作陷于停顿，1966年仅出版古籍10种，1967年到1970年，四年更是空白。1971年，随着"二十四史"（按："前四史"在"文化大革命"前已出版）和《清史稿》点校工作的缓慢进行，古籍整理出版工作得以恢复。从1971年到1978年，共计出版706种，以中华书局和新组建的上海古籍出版社出书为多。最可贵的是，中华书局完成了"二十四史"和《清史稿》的点校出版任务，并且博得了海内外的一致好评。经过10年书荒之后，1978年，各出版社出版有各类文史哲选本及普及性读物，尤其形成系列的丛书，如中华书局的《中国文学史知识读物》，上海古籍出版社的《中国古典文学作品选读》《中国古典文学丛书》《中国古典文学基本知识丛书》，人民文学出版社的《文学小丛书》《中国古典文学读本丛书》及北京出版社的《中国古典文学普及读物》等。1978年12月，十一届三中全会的召开预示着新时期的到来。

第三阶段的出书结构有以下两个特点，其一是出版与时政紧密结合，如1974年，有关"法家"的出版物就有北京人民出版社的《历代法家著作选注》，天津人民出版社的《法家文选》以及"法家著作译注丛书"，山西人民出版社的《法家著作二十篇译注》，吉林人民出版社的《法家著作选译》，河南人民出版社的《法家著作选读》《商鞅 荀况 韩非批孔反儒言论选译》，湖南人民出版社的《法家著作选注》《商鞅 荀况 韩非论述选译》及《法家著作选读》（共18册），陕西人民出版社的《法家著作选译》（1—3辑），新疆人民出版社的《法家著作选读》（共4册），浙江人民出版社的《法家著作选》（共12册），云南人民出版社的《法家著作选》（共13册）。以上基本是各地的人民出版社。又如，中华书局的一套丛书"农民战争史资料选注"，包含1975年版的《陈涉世家注释》《绿林赤眉农民起义资料选注》，1976年版的《孙恩卢循传注释》《王小波李顺起义资料选注》《方腊起义资料选注》《钟相杨么起义资料选注》《黄巾起义资料选注》《黄巢传注释》，1977年版的《张献忠传注释》，亦皆属此类。

第二个特点是整理出版军事类，尤其是《孙子兵法》为多。如文物出版社1975年、1976年先后出版《孙膑兵法》《孙子兵法》，皆"银雀山汉

51

墓竹简丛书"整理小组编；上海古籍出版社1978年版的《十一家注孙子》就有四卷本、今译本，及新一版《孙子今译》；上海人民出版社1977年出版郭化若译《孙子今译》，北京人民出版社1978年版齐光评注《孙子兵法评注》等。此外，兵法的注释者多为部队，或者是部队与有关高等院校合作，兹列表举例如下，见表2-2。

表2-2　　　　　　　　1975—1978年有关兵书注译一览

书　名	编注（译）者	出版社	出版时间
《孙膑兵法注释》	辽阳部队《孙膑兵法》注释组	辽宁人民出版社	1975年9月
《孙子兵法新注》	北京大兴县红星人民公社理论小组、北京大学哲学系	人民教育出版社	1975年4月
《〈孙子〉译注》	中国人民解放军52928部队、山西大学中文系	山西人民出版社	1975年8月
《孙子兵法浅释》	广西军区0541、7332部队联合注释	广西人民出版社	1975年12月
《〈吴子〉译注》	中国人民解放军1664部队理论组编注	内蒙古人民出版社	1975年12月
《孙子兵法注译》	中国人民解放军0425部队理论组、云南大学历史系	云南人民出版社	1975年12月
《孙子兵法译注》	中国人民解放军辽宁省军区注释组	辽宁人民出版社	1976年1月
《孙子兵法译注》	中国人民解放军3071部队、黑龙江大学中文系	黑龙江人民出版社	1976年2月
《孙子兵法新注》	中国人民解放军吉林省军区注释组	吉林人民出版社	1976年7月
《〈吴子〉注译》	中国人民解放军江苏省军区司令部理论小组	江苏人民出版社	1976年1月
《孙子兵法新注》	中国人民解放军军事科学院战争理论研究部注释小组	中华书局	1977年2月
《吴子兵法注释》	83110部队理论组、江苏师范学院学报组注释	上海人民出版社	1977年11月
《尉缭子注释》	86955部队理论组、上海师范学院古籍整理研究室	上海古籍出版社	1978年8月

第二章　中国古籍出版的发展历程与影响因素

第二个时期是改革开放以来的古籍出版（1979年至今）。

改革开放为我国带来了又一次翻天覆地的变化，中国大地上，各行各业在各条战线上都取得了伟大的成就，古籍出版事业蓬勃发展，走进了欣欣向荣的春天。这一时期的古籍整理出版，我们拟以世纪之交作为界线，分为前后两个阶段，各20多年。

第四阶段，1979年到1999年，古籍整理出版全面发展。

这一阶段是古籍整理出版的重要收获时期，21年共整理出版古籍70721种，占近60年来古籍出版总和的57.89%。1979年12月，国家出版局适时地在长沙市召开了全国出版工作座谈会，对清算"左"的思想和扭转"书荒"的局面起到了非常重要的作用，对20世纪80年代古籍整理出版事业的持续发展产生了积极的影响。1983年6月，中共中央、国务院发布《关于加强出版工作的决定》，其指导意义更为重大，标志着我国的出版事业进入全新的发展时期。一个重要表现就是全国出版的各类图书种数呈直线上升的态势，古籍整理出版图书数量亦复如此（见图2-2）。全国的出版社也从1978年底的105家发展到1996年的564家，现有的22家专业古籍出版社也多建立于这一阶段，如1979年创办北京古籍出版社、齐鲁书社、中州古籍出版社、北京图书馆出版社（按：该社的前身为书目文献出版社，今名为国家图书馆出版社），1982年创办了岳麓书社、黄山书社，1983年成立巴蜀书社、浙江古籍出版社，1984年建立江苏古籍出版社（今名为凤凰出版社），1985年成立三秦出版社等。创建比较早的中华书局、文物出版社、江苏广陵古籍刻印社（今名为广陵书社）、中国书店出版社、上海古籍出版社等，或在原有的基础上继续拓展，或在1979年前后恢复正常的出版工作。作为古籍出版的主力军，这些专业出版社皆能够发挥其所长，也都做出了其应有的贡献。[①] 就古籍年度出版数量而言（不计丛书子目），呈现出每年都在上升的趋向（见表1-1、图2-2），尤其是1985年递增到637种以后，出版势头越发向好，1998年、1999年两年更是超过1000种。20世纪最后十年的古籍出版有两个现象值得注意，一是专业古籍出版社和非专业出版社群集古籍出版领域，遂形成名动一时的古籍出版热潮，乃是伴随着国学热而行的（详见本书第二章第二节）。

---

① 王育红：《建国50年来中国古籍出版之总成就》，《渭南师范学院学报》2002年第3期。

二是受市场经济的冲击，出版产业化提上日程，专业古籍出版社面临两难选择，古籍出版有所降温，图书市场一度低迷不振。此二者其实形成了一个矛盾现象，如果将专业古籍出版社与其他出版社区分开来分析，则是不难理解的。

从出书结构来说，各类古籍均得到不同程度的挖掘与整理出版，尤其以传统学科文史哲及古医书为最。以古医书的出版为例说，显得更加集中，既有单行本，更有成系列成套的丛书，涉及的出版社也比较多，如中医古籍出版社1981年版《珍本医籍丛刊》《中医珍本丛书》，中国中医药出版社的《明清中医临证小丛书》（1991年）、《明清中医名著丛刊》（1994年）、《明清名医全书大成》（1998年）等，人民卫生出版社的《中医古籍整理丛书》（1984—1998年）；上海科学技术出版社的《中国医学珍本丛书》（1984年）、《明清中医珍善孤本精选十种》（1988年），以及《中国医学大成》（1990年）等；江苏科学技术出版社的《江苏中医集成》（1980年）、《中医古籍小丛书》（1981年）等。其他如福建科学技术出版社的《新校注陈修园医书》（1982年），学林出版社的《何氏历代医学丛书》（1983年），江苏广陵古籍刻印社的《广陵医籍丛刊》（1984年），中国书店出版社的《中医基础丛书》（1984年），延边大学出版社的《中国少数民族古籍丛书》（1988年），上海三联书店的《历代中医珍本集成》（1990年），上海古籍出版社的《四库医学丛书》（1991年）等。此外，如上海古籍书店出版有《中医古籍善本丛刊》（1983年），该社还于1990年影印出版《天一阁藏明代方志选刊续编》，收书109种，分装72册，影响巨大。

就整理方式来说，也呈现出多样化的特点，如1997年，时事出版社的"白话系列"包括《白话姜子牙兵法》《白话六韬》《白话司马法》《白话尉缭子》《白话三略》《白话诸葛亮兵法》《白话唐李问对》等；同年，九洲图书出版社有"中国传统兵法聚珍丛书"[①]，共10册。又如，汇辑诸书为一书者，有上海人民美术出版社1982年出版的于安澜编《画品丛

---

① 该套书十册，各册编者不同，所取书名也很别致，子目如册一《兵学圣典：孙子兵法》，册二《兵林奇策：吴子兵法、司马法》，册三《兵海奇韬：六韬兵法》，册四《兵战奇谋：孙膑兵法、黄石公三略》，册五《兵家奇计：尉缭子兵法》，册六《兵帅奇略：诸葛亮兵法》，册七《兵争诡道：三十六计》，册八《兵算奇术：李卫公问对》，册九《兵交奇法：百战奇略》，册十《兵解奇方：曾胡治兵语录》。

第二章　中国古籍出版的发展历程与影响因素

书》，将六朝至元代有关品评撰述 13 种汇为一册。① 于安澜先生辑录前代的画学、画史等著述非常著名，此前还有他编辑的两种：一是人民美术出版社 1960 年版《画论丛刊》上下卷，收书共 52 种，分为上下册；二是上海人民美术出版社 1963 年版《画史丛书》，辑录唐代至清代画史凡 22 种，线装 2 函 10 册，平装分订 5 册。

第五阶段，自 2000 年以来，古籍整理出版进一步走向成熟与繁荣。

进入 21 世纪，经过新技术和图书市场的淬炼，古籍出版趋于成熟，古籍图书市场繁荣。2000—2011 年，12 年间古籍类图书出版共计 45679 种，占近 60 年来古籍出版总量的 37.39%；年度出版数量（按：不计丛书子目），每年都稳定在 1000 种以上，2010 年、2011 年两年，皆超过 1400 种。需要说明的是，以上统计数据，如果与全国相应年份的图书出版总数相比，古籍出版所占的份额还是非常微弱的，基本上每年的出版数量不及全国的百分之一。2011 年之后这 10 年，随着技术手段的更先进，古籍出版的数量和质量持续提升。第五阶段除传统出版形式而外，光盘版、网络版古籍出版有如雨后春笋。还表现出以下几个特点。

第一，各类古籍进一步得到系统出版，古籍整理细化，挖掘也越来越深入。且如"术数"类典籍，自 2003 年以来整理出版多达 180 种以上，而且比较集中在华龄出版社的套书，如在 2006 年、2007 年、2009 年，先后出版谢路军主编、郑同点校的《四库全书术数初集》《四库全书术数二集》《四库全书术数三集》，共计 9 册；2008—2009 年，该社还出版《古今图书集成术数丛刊》《中国古代术数典籍丛刊》《故宫藏本术数丛刊》等，同时有"图解国学"系列，如《四库全书白话图解·术数》《古今图书集成白话图解·堪舆》等，对这类书给予系统的点校整理，形成一定的规模。其他出版社的如内蒙古人民出版社《传统数术名家精粹》（2010 年）、世界知识出版社《故宫博物院术数丛刊》（2011 年）等。

第二，丛书、丛刊的系列化趋向更加鲜明，收书数量越来越大，新品种不断问世。如上海古籍出版社《清代学者文集丛刊》及《中国历代书目

---

① 该书收录南齐谢赫《古画品录》、陈姚最《续画品》，唐代裴孝源《贞观公私画史》、释彦悰《后画录》、李嗣真《续画品录》、朱景玄《唐朝名画录》，宋代刘道醇《五代名画补遗》《圣朝名画评》、李唐《德隅斋画品》、米芾《画史》、董迪《广川画跋》、周密《云烟过眼录》，元代汤重《画鉴》。

题跋丛书》（1—4 辑），学苑出版社《中医古籍校注释译丛书》（2001年），福建人民出版社《宋元闽刻精华》（2008 年），贵州人民出版社《黔南丛书》（2009 年），中国中医药出版社《唐宋金元名医全书大成》（2005年），上海科学技术出版社《两宋名家方书精选》（2003 年）及《明清医案精选》（2010 年）等，都是显例。

第三，出版的各类古籍多以各级各类项目的形式进行，除大批的国家古籍整理出版规划项目、国家社会科学基金项目、全国高校古委会项目外，名目繁多。如2011 年，三秦出版社《史记文献研究集刊》属于国家"211 工程"建设项目"长安文化与中国文学"。又如，山东大学出版社的古籍整理出版重大工程——《两汉全书》，经过10 年编纂，2009 年出齐全36 册，属于教育部人文社会科学研究之"九五"、"十五"、"十一五"规划项目。中州古籍出版社"中州名家集"系列中的《王越集》（2009 年），是"郑州大学中原文化资源与发展研究中心立项成果"。有的整理成果还同时署两个以上项目，如三秦出版社 2010 年版《雍大记校注》，为国家古籍整理出版专项经费资助，又是陕西省"十一五"古籍整理出版规划重点项目。再如黄山书社2019 年版《方以智全书》（全 10 册），黄德宽、诸伟奇主编，是对方以智著作的第一次全面系统的辑校整理，收书 35 种。该书从立项到出版延宕 30 多年，期间列入诸多项目。1989 年安徽省古籍整理出版规划制定伊始，该书即被省出版规划委员会列入规划重点项目，1992 年，列入中国古籍整理出版"八五"规划，其后顺延至"九五"、"十五"、"十一五"、"十二五"规划，2009 年，列入教育部全国高校古籍整理研究重大项目，2010 年，列入 2011—2020 年国家古籍整理出版规划，2017 年，列为国家出版基金资助项目。至于《全书》出版一再延期的原因，主要是方以智一生著述宏富，加之其明遗民的特殊身份与清廷文字狱的酷烈，其书多被禁毁，三百年来，除了《通雅》《物理小识》等，多遭散佚，间有湮没，所以其版本搜集难度大。

第四，专人研究持续深入，并与地方文化特色相结合。最著名的莫过于曾国藩与相关湖湘文化的整理研究，如《岳麓书院学术文库》《湖湘文化研究系列》等；而关于曾国藩的出版物更是巨细兼有，涉及《曾国藩全集》、《曾国藩全书》、《曾文正公全集》、传世文典、诗文集、诗文系年、信稿真迹、手札、家书、日记、年谱、奏折书系、治家全书、治家方略、

第二章　中国古籍出版的发展历程与影响因素

家训、挺经、治兵语录、兵鉴、冰鉴、心鉴、心法、心镜、智谋，以及《经史百家杂钞》《十八家诗钞》等二十多个维度，出版社则多达上百个。仅如《经史百家杂钞》的译注本，就有中国书店出版社 2015 年版《经史百家杂钞今注》全 3 册（1995 年西南师范大学出版社初版）、中华书局 2011 年版"三全本"《经史百家杂钞》（全 8 册）、贵州人民出版社 1999 年版《经史百家杂钞全译》（全 10 册）、昆仑出版社 1997 年版《全注全译经史百家杂钞》（全 8 册）等多个版本。对曾国藩其他著述的整理出版也存在这个现象。

第五，新出古籍的装帧形式大多精美，层次丰富。以上海古籍出版社"图文本三百首系列"为例，已然形成著名的三百首系列。[①] 如其 2000 年版，采用长大 32 开，5 册套装，2001 年版为礼盒装等。如此多样的品种，在传承文化遗产、满足不同层次读者的需求的同时，也为其带来可观的经济效益。中华书局在这方面也做得很好，如 2008 年版《古文观止》，由葛兆光、戴燕注，以该社 1993 年版《名家精译古文观止》为基础删改修订而成，采用提要、古文与注释双栏分开的版式，美观大方，被认为是现行的《古文观止》各版本中阅读最为方便的。又如其 2005 年开发的"中华经典诵读工程丛书"，以"读圣贤书，立君子品，做有德人"为宗旨，收录常见常用之书作为诵读经典，便于青少年在诵读时能感受到中华传统文化的绵延传承。当年出版有《论语》《孟子》《周易》《大学 中庸 孝经》《礼记》《道德经 黄帝内经》《三字经 百家姓 千字文》《弟子规 龙文鞭影》《声律启蒙 笠翁对韵》等，共 9 册 17 种。其他出版社，如军事科学出版社 2000 年版"通俗军事文库·中国古代著名兵法系列丛书"，收录《六韬导读》《尉缭子导读》《司马法导读》《吴子导读》等。

[①] 上海古籍出版社《图文本三百首系列》含五种，且有单行本：(1)《古诗三百首》（2000 年版；2002 年 4 次印）；(2)《唐诗三百首》二种（1999 年版，2004 年 22 次印；2001 年版，2005 年 4 次印）；(3)《唐宋词三百首》（1999 年版，2004 年 10 次印；2001 年版，2005 年 3 次印）；(4)《宋词三百首》（2000 年版，2001 年 4 次印）；(5)《元曲三百首》（1999 年版，2001 年 6 次印）。2001—2003 年又有图文本：2001 年《元明清三百首》《律诗三百首》《情诗三百首》《趣味三百首》；2002 年《元明清三百首》《情诗三百首》《千家诗》《花间集》；2003 年《绝句三百首》《旅游诗三百首》；2004 年《近代诗词三百首》。此外还有 2003 年版的"袖珍诗词曲图文本系列"，含《古诗三百首》《唐诗三百首》《唐宋词三百首》《宋词三百首》《元曲三百首》《心之约——情诗三百首》《灵之舞——情词三百首》等书。

以上通过概览的方式，综合各方面的因素，将新中国成立以来古籍出版的发展历程划分为两个时期五个阶段，并总结出各阶段的出版成就及其特点。下文拟从历史的角度，深入其里，描述新中国成立以来古籍整理出版的影响因素。

第二节　新中国古籍整理出版的影响因素

新中国成立以来，古籍整理出版事业经历了一个从小到大的发展过程，期间有艰难挫折，更有辉煌的成就。为了直观地表达出这个过程，我们据表1-1将1949年10月至2011年各年度出版的古籍数量曲线图描绘出来（见图2-2），由此可以清晰地反映新中国成立以来古籍出版业的艰难历程。古籍出版作为我国出版事业的一个有机组成部分，势必受到多种因素的影响。我们可以图2-2所绘的曲线和古籍出版物数量为参照，通过一些具体事例来阐发政治经济、文化政策、社会学术思潮等因素对我国古籍出版的影响，其中既有积极的推动，也有消极的制约；并从多个角度概括出国家古籍整理出版规划领导小组的重大作用。[①]

一　政治经济因素

从新中国成立以来的历史发展可以看出政治与经济的步调基本一致，也就是说政治环境好的时候，国家经济则良性发展，因此，将政治和经济二者合为一个因素，也是对古籍出版影响最大的一个方面。

首先，政治、经济的演进使古籍整理出版成为新中国成立后社会演化的缩影，考察各年度古籍出版数量的多少和曲线图所反映的起伏，正与中国政治、经济的发展状况基本合拍。正是基于新中国成立70年来中国政治、经济的变化，并结合其他相关因素，我们才将新中国成立以来的古籍出版划分为两个时期五个阶段。新中国成立以来政治、经济的变化人所共知，这里只针对最主要的有影响的几点加以论述。

1949年10月到1957年，在全国上下致力于国民经济的恢复时期，在中央人民政府出版总署的组织下，除对私营出版社进行社会主义改造外，

---

① 王育红：《我国古籍出版50年概说》，《出版广场》2002年第3期。

第二章　中国古籍出版的发展历程与影响因素

新建了 20 多家国营出版社，古籍整理出版的任务也多由他们承担。经过头三年的复兴，从 1953 年到 1957 年，与全国图书出版的总量相比，古籍的年出版量虽然不是很多，但却呈现出直线上升的出版态势。1956 年 5 月，毛泽东主席提出了"百花齐放、百家争鸣"的方针，对中国出版业的影响很大。1957 年后半年，反右派斗争扩大化，中国的政治运动由此拉开序幕，历经 1958 年的"大跃进"，1959 年的"反右倾"、"拔白旗"、批判"厚古薄今"、批判"资产阶级学术思想"，以及 1963 年的文艺整风，1964 年的"四清"运动，到 1966 年 5 月，为时十年的"文化大革命"在中国大地全面爆发，令人痛心的政治运动对经济（按：1961 年经济建设又遭遇困难）、对出版事业的冲击是不言而喻的。仅如"大跃进"时期，1958 年 7 月，文化部举办"大跃进"展览会，当时与会的部属 23 个出版、印刷、发行单位都提出各自的"大跃进"目标，如人民出版社提出"苦战两年，改变面貌，争取成为世界上宣传共产主义思想的最好的政治书籍出版社之一"，当年 7 月的发稿种数要完成计划的 600%，发稿字数完成计划的 450%；人民文学出版社提出"苦战三年，出版一批足以震动世界的'巨著'"，"装帧、印刷质量三年内超过日本，赶上德国"，原计划"苦战五昼夜，出书 40 种"，结果完成了 88 种；中华书局提出要在 10 年内，"用马克思主义观点，从 5 万种古籍中选出 5000 种汇编成 100 套丛书"；商务印书馆要在五天之内出书 11 本，字数共计 121 万。① 然而，这些触目惊心的数字却是事实，今天是难以想象的，且不说数量，关键是质量成问题，正如 1959 年 3 月中共中央《关于报刊书籍出版发行工作几个问题的通知》所指出的，去年（按：1958 年）图书出版部门片面追求数量忽视质量，以致粗制滥造的情形很严重。② 同样，古籍整理出版举步维艰，出版数量从 1964 年以后直线下降，一直到 1967—1970 年四年降为 0，之后的 1971—1977 年，七年间才出古籍 220 种。虽然 1958 年 2 月国务院成立古籍整理出版规划小组专门负责古籍整理出版工作，小组也能力排干扰，做出了一定的努力，但终究难以避免政治大气候的影响。

从出版品种来说，也与时政密切结合，如 1975 年，《论语》《孟子》

---

① 刘杲、石峰：《新中国出版五十年纪事》，新华出版社 1999 年版，第 62 页。
② 刘杲、石峰：《新中国出版五十年纪事》，新华出版社 1999 年版，第 66 页。

《大学》《中庸》《白虎通》《三字经》《千字文》《增广贤文》《名贤集》《朱子家训》《弟子规》《神童诗》《孝经》《幼学琼林》《治家格言》等都作为批判的材料；尤其《〈女儿经〉批判》，同题书名即有上海人民出版社、河北人民出版社、陕西人民出版社、江西人民出版社、湖南人民出版社、广东人民出版社、四川人民出版社、湖北人民出版社等所出的。又如天津人民出版社《批判几本儒家反动小册子》，青海人民出版社《批判宣扬孔孟之道的几本坏书》，其中的"几本坏书"就是指《三字经》《神童诗》《改良女儿经》《名贤集》《弟子规》等书而言的。

1978年12月，十一届三中全会召开，国家政治经济形势开始扭转，出版业进入发展的新时期。在政治经济的良好环境下，古籍出版出现前所未有的好局面。1979年12月召开的长沙会议对清算"左"的思想和扭转"书荒"局面起了重要作用，1979年以后10多家专业古籍出版社相继建立。1981年，古籍整理出版规划小组恢复工作，强化了指导古籍整理出版的职能。1983年6月的《关于加强出版工作的决定》对出版业有着全面的指导意义。从图2-2曲线图可清楚看出，1979—1991年，古籍出版走势是直线上升，1992年、1994年有所下降，1995—1997年，每年稳定出版900多种，1998年上升到1000多种，2010年、2011年出现峰值。

其次，新中国成立以来，几乎所有的大型整理出版工程都与国家政府的组织、有关领导人对整理古代文化遗产的重视是分不开的。1958年2月，国务院成立古籍整理出版规划小组专门负责这项工作，组织进行了很多重大的课题，如中华书局"二十四史"、《清史稿》的点校出版，及《永乐大典》《太平御览》《册府元龟》等类书的影印。又如《中华大典》的编修，也是经国务院特批、由中宣部和新闻出版署组织的，对保护和弘扬祖国文化遗产具有重要意义。

国家领导人重视整理中国的古代文化遗产，对古籍出版有着重大的影响。1958年，毛泽东主席指示历史学家吴晗、范文澜等标点"前四史"，之后，国务院古籍规划小组决定扩大为点校全部"二十四史"，具体由中华书局负责组织点校、出版。1959年9月，《史记》出版发行，到1965年底，《三国志》《汉书》《后汉书》陆续出版。其余各史的点校、整理工作因"文化大革命"而陷于停顿。1971年，在毛泽东主席的关怀、周恩来总理的亲自部署下，这项工程才得以恢复，到1977年底，"二十四史"和

第二章　中国古籍出版的发展历程与影响因素　○●○

《清史稿》的点校出版全部完成。1971年以后的古籍出版，中华书局的贡献尤大，1971—1978年，八年间中华书局共出91种，占全国古籍出版总数的30.7%（不含丛书子目）。又如1972年2月26日，周恩来总理召集吴德和国务院业务组成员开会，批评王府井新华书店对几部古典小说不卖给中国人、光卖给外国人的发行方法，并指示要想办法尽快再版古典小说。所以到当年4月中旬，《红楼梦》《三国演义》《水浒传》印完20万部，公开发行。之后两年，人民文学出版社还出版《封神演义》《戚蓼生序本石头记》《脂砚斋重评石头记》《儒林外史》《三国志通俗演义》等。

中央政府及有关领导对古籍整理出版工作的重视，再如1981年5月22日、7月7日，陈云同志曾两次指示，要求抓紧并搞好古籍整理工作，对古籍单作标点校勘，还不行；为使后人能看懂，还要把一些重要古籍译成现代语言；提出古籍整理出版规划小组要有一个一百年的规划，要不惜人力财力，花个七八亿元都可以，每年整理出版一些古籍。基于此，才有古籍小组组长匡亚明先生的1982—2082年古籍整理出版规划这一设想。[①] 还如1992年5月，全国第三次古籍整理出版规划会议召开，中央领导人江泽民、李鹏分别题词，宋平、李瑞环发贺信，李铁映、王丙乾、王忍之等同志出席开幕式，反映了中央对古籍整理出版的高度重视。近年来，习近平总书记多次强调祖国优秀文化遗产的传承，极大推动了古籍整理出版，因而出现了繁荣局面。

最后，经济对古籍整理出版的影响不言而喻，尤其是经济投入，事实证明，随着市场的冲击，出版产业化的加剧，如果离开了国家、政府部门的有力资助，一些大型的古籍整理项目就不会顺利完成，同样，一些优秀的作品可能永远都出版不了。比如1995年，国家古籍整理出版规划小组决定给予十三家专业古籍出版社1996年度的18个项目出版补贴，从最终结果来看，18个项目完成了17个，由此可见国家资助的重要。21世纪以来，随着国家经济的持续向好，对古籍整理的支持力度加大，出版范围也更为宽广，突出表现在近10年来许许多多的古籍整理成果都是以项目的形式出版。如国家古籍整理出版资助项目，"十一五"时期，政府专项资

[①] 参见"匡亚明同志1995年12月23日的谈话要点"，《古籍整理出版情况简报》1997年第2期。

金共资助 508 个项目，资助金额 8344 万元（其中 2009 年 2000 万元，2010 年 2500 万元），实现了规划项目全覆盖，推出了一系列优秀成果。《中国古籍总目》的编纂出版，摸清了我国现存古籍的家底；荣获第二届中国出版政府奖的《新中国出土墓志》《新获吐鲁番出土文献》《敦煌经部文献合集》《中国家谱总目》《太平寰宇记》《两汉全书》《中医古籍孤本大全》等出版物，代表着当今古籍整理的最高水平。"十一五"期间，古籍规划项目的完成率达到 95%（其中 2009 年度资助项目完成率为 88%），共出版古籍整理图书 3500 种，比"十五"期间增加了 30%。总之，中国古籍整理出版，"以国家古籍重点规划为引导，以国家古籍整理出版专项经费为支撑，强化质量管理和资金管理，充分体现历史规律、国家意志的古籍整理出版机制已经形成"。[①]

  另外，经济又势必对古籍出版形成冲击，这在 20 世纪 90 年代初曾一度引起业内强烈的争论，如认为"古籍整理项目的出版从市场及文化需求的角度看，已不再是古籍出版工作的主导方向和主体性任务"，"古籍出版的选题结构应按客观文化需求进行调整，选题的视点应该是'文化'，而不是'学术'"，"古籍出版从内容到形式，都应有时代的特征"。[②] 对此，程弘的《古籍出版何去何从》，曹道衡、傅刚的《也谈当前的古籍出版工作》予以驳斥，展开了讨论。由于古籍出版社具有专业特征，在市场经济转型的浪潮中，古籍出版社势必面临一个坚持固有出版方向与出路选择的两难之境。1997 年后，受到经济因素和逐利思想的驱动，绝大多数的出版社，包括部分专业古籍出版社跟风逐热，纷纷离开古籍出版这一领域，而投入少儿或教辅图书的出版热潮中去，致使古籍出版萎靡不振；而继续坚守这一阵地的出版社，虽然也策划出版了一些优秀的作品，但泥沙俱下，许多伪劣残次品涌向图书市场，无论是图书的内在质量，还是外在物质形式都大打折扣。尽管如此，之后经过经济冲击、市场淬炼，古籍整理出版工作趋于成熟，尤其是近 10 年来保持着持续发展的势头，在新版古籍的出书品种、版式编排、装帧设计等方面均有突出的成就。

[①] 庄建：《"十二五"国家古籍整理出版五大工程确定》，《光明日报》2011 年 3 月 30 日第 9 版。
[②] 涧农：《市场经济中的古籍出版发展趋势》，《中国出版》1993 年第 10 期。

第二章　中国古籍出版的发展历程与影响因素　○●○

二　文化政策因素

新中国成立以来，中共中央、国务院及相关部门制定颁发了很多有关于文化方面的政策，尤其是图书出版政策（方针），对指导、促进我国出版事业的发展具有重大的作用，与古籍整理出版有关的重要政策（文件）主要有以下几个。

1960年1月，中央宣传部部长会议后，起草了《关于加强和改进出版中国古籍和翻译出版外国学术和文艺著作问题的意见（草稿）》，提出要在10年左右（1960—1970年）时间内，把中外历代有价值的哲学、社会科学和文艺作品全部整理和翻译出版，并将充实中华书局和商务印书馆的力量，分别承担这两项任务。这对于两家出版社以及相关品种图书的出版无疑具有重要的促进作用。1981年9月17日，中共中央发布《关于整理我国古籍的指示》〔1981〕37号文件，要求：（1）加强大学的文科教育，并从小学开始，就让学生读点古文；（2）整理古籍，仅作标点、注释、校勘、训诂还不够，要有今译；（3）组成古籍整理出版规划小组，直属国务院；（4）由出版规划小组提出一个为期30年的古籍整理出版规划；（5）保护和抢救现有的古籍孤本、善本；（6）古籍整理工作，可以依托高等学校；（7）国家给予经费支持。

由此可见，中共中央这一指示全面地规定了涉及古籍整理出版的各个方面，具有长期的指导意义。在指示精神的引领下，高等院校的古籍整理机构与古文献专业相继建立，以至于人才培养初见成效，缓解了古籍整理出版人才的青黄不接、后继乏人之尴尬局面。

1984年，国务院办公厅下发国办发〔1984〕30号文件，指示重视我国少数民族古籍的整理出版，重在"抢救、整理"，引起全国各地有关出版社的高度重视。经过多年努力，已经整理出版了数量极为可观的少数民族古籍。为进一步做好这项工作，国家民委全国少数民族古籍整理研究室于1998年决定编写《中国少数民族古籍总目提要》，并拟定编纂指导思想、编写目的及重要意义、原则、方法、收录范围、撰稿要求、编排方法、计划安排及版式等事项。研究成果方面，中央民族大学朱崇先教授历时数载，出版了研究少数民族古籍的专门著作《中国少数民族古籍文献整理研究》（商务印书馆2017年版）。

20世纪80年代初，卫生部中医司成立"中医古籍整理出版办公室"（办公地点设在人民卫生出版社），该办公室随后制定了《中医古籍整理出版九年规划》。在此规划指导下，中医古籍整理工作在全国范围内大规模地展开，经过十年努力，到80年代末，一大批整理成果问世。另一个很重要的成果是人民卫生出版社为中医古籍的出版专门建立了繁体字印刷厂，使中医古籍繁、简字体的排印本得以顺利出版，同时也造就和培养了一批中医专业人才。1992年5月，第三次全国古籍整理出版规划会议上，在全面规划文史哲古籍整理的同时，将科技古籍纳入其中，从而形成了文、史、哲、科技古籍全方位的统筹格局，这是新中国成立后第一次对科技古籍的重视①。值得欣慰的是，我们将科技古籍专门列为一大类。

1992年，新闻出版总署制定下发了《关于调整部分选题管理规定的通知》（新出图字〔1992〕第1109号），其中明确规定："凡我署核定的出版范围中有文学图书的出版社，可按一般选题管理程序出版。古旧小说中，确有文学价值、可供学术研究工作参考，但有较多性描写内容、不适合青少年阅读的，仍需专题报我署审批。"该《通知》对于古旧小说选题的放开，旨在广大古典小说的流传，这一良好动机和愿望带来了古典小说出版的热潮，同时也造成古旧小说重复出版的加剧，更甚者，则是质量低劣作品的泛滥。

1997年3月3日，新闻出版总署发布《图书质量管理规定》（新出图字〔1997〕第79号），明确界定了图书质量的分级标准和管理办法，将图书的出版过程质量和图书的成品质量分为四级，即"优质品"、"良好品"、"合格品"、"不合格"，并规定了明确的分级考核标准及管理、奖励办法。对于古籍出版物的质量管理，作为一种激励措施或制度，图书评奖是对获奖图书的质量及其编纂者、出版者所付出的辛勤劳动的认可，在一定程度上可以调动出版者、整理者的工作热情，对于古籍整理图书精品的产生可以起到很大的促进作用。目前，我国设立的图书奖项比较多，但规格最高的是"国家图书奖"，由新闻出版总署负责；2005年以后，成为"中国出版政府奖"的一个子项。现列出前四届古籍类的获奖情况，见表2-3。

---

① 呼素华：《中医古籍整理出版的现状与展望》，《古籍整理出版情况简报》1997年第11期。

第二章　中国古籍出版的发展历程与影响因素

表 2-3　　　　国家图书奖第 1—4 届古籍类图书获奖一览

届次	评选范围	评奖时间	送评总数	获奖总数	古籍类获奖图书		
					荣誉奖	国家图书奖	提名奖
首届	1980—1992 年	1994 年	1105 种	135 种	《乾隆大藏经》（文物出版社）《甲骨文合集》（中华书局）	《永乐大典》（影印汇辑本，中华书局）《大唐西域记校注》（中华书局）《华阳国志校补图注》（上海古籍出版社）	4 种
二届	1993—1994 年	1995 年	654 种	92 种	《殷周金文集成》（中华书局）	《英藏敦煌文献》（汉文佛经以外部分，四川人民出版社）	3 种
三届	1995—1996 年	1997 年	672 种	109 种	《中华大藏经》（中华书局）	《船山全书》（岳麓书社）《李白全集校注汇释集评》（百花文艺出版社）	4 种
四届	1997—1998 年	1999 年	1800 种	148 种	《全宋诗》（北京大学出版社）	《郭店楚墓竹简》（文物出版社）《尔雅诂林》（湖北教育出版社）	7 种

从表 2-3 中可见，古籍类图书有 5 种获荣誉奖，8 种获国家图书奖，提名奖 17 种。国家图书奖奖项是按学科分类编排的，所以，其他各类抑或有与古籍整理相关的，分散在各类的古籍图书，第三届有江苏美术出版社《敦煌石窟艺术》，第四届有北京出版社《黄帝内经研究大成》、四川民族出版社《藏传历算学大全》等。还可看到一个交错现象，即古籍图书不都出自专业古籍出版社，其他出版社榜上也有名，同样，专业古籍出版社也并不专以古籍出版为要务，所以在其他各类奖项中均可见到它们的佳作。但也有专门设立的古籍图书奖，如"全国优秀古籍图书奖"，自 1991 年首届以来，定期举办。如今回头看表 2-3 中所列的获奖图书，无一例外地都在相关领域对学术研究起着重要的推动作用，是名副其实的古籍整理精品。

事实上，各类古籍图书奖的设立，作为一种荣誉，对出版社尤其是专业古籍出版社之产出精品有一定的激励作用。如 2021 年 8 月 20 日，文物出版社在其网站公布该社所出图书的获奖情况：在第五届（2021 年 7 月）中国出版政府奖评奖活动中，《长沙走马楼三国吴简　竹简》《子弹库帛书》分别获得图书奖、提名奖。由文物出版社出版的出土文献类图书，在历届国家级大奖评选中屡获佳绩。如《睡虎地秦墓竹简》获首届国家图书奖提名奖；《吐鲁番出土文书（壹至肆）》获第三届国家图书奖提名奖；《郭店楚墓竹简》获第四届国家图书奖；《吐鲁番柏孜克里克石窟出土汉文佛教典籍》获 2007 年度全国优秀古籍图书奖一等奖；《长沙东牌楼东汉简牍》获 2007 年度全国优秀古籍图书奖荣誉奖；《新中国出土墓志》（共 10 卷）获第二届中国出版政府奖图书奖；《银雀山汉墓竹简（贰）》获第三届中国出版政府奖图书提名奖等。历次获奖精品集中展现了文物出版社出土文献整理出版成果。①

三　社会学术思潮因素

社会学术思潮对于古籍出版影响也很大，以下所举二例可以说明两个问题，一是从积极方面讲，有推动作用，二是在客观上均造成了大量的重版出现。

第一，"国学热"带来古籍出版热。1991 年，辽宁教育出版社推出一套《国学丛书》，旨在弘扬文化遗产，展示传统学术的现实价值。自此后，以"国学"为题名的丛书如雨后春笋般出现，不计其数。20 世纪 80 年代以来，古籍出版的走势存在几个"热峰"，按其出现的时间序列为"鉴赏热"、"白译热"、"翻印热"、"黄金版、收藏版热"等。② 我们认为这些热点的背后存在着又一个热点，即就是"国学热"。"国学"之说，兴起于 20 世纪初期，大盛于 30 年代前后。90 年代初，"国学热"复勃兴于中华大地，传统的文化典籍备受青睐，"国学"刊物风行于世，"国学"丛书更是目不暇接，大学里的国学研究机构及"国学概论"等课程纷纷开设。③ 1984 年，中国友谊出版公司推出台湾学者柏杨的《现代语文版资治通鉴》

---

① 文物出版社有限公司网站"新闻资讯"《致力简牍保护整理　深入挖掘史学价值——文物出版社出土文献整理出版成果丰硕》（https://www.wenwu.com/newsinfo/1847778.html）。
② 周雁：《古籍类出版物"精化"谈》，《中国出版》1998 年第 10 期。
③ 罗检秋：《也说"国学"谈》，《文史知识》2000 年第 1 期。

第二章　中国古籍出版的发展历程与影响因素

（1993年出齐全72册）之后，在90年代前后，与"国学热"共同造就了"古籍今译热"，许多名著或大部头著作的全译本、选译本、精华本、图画本、故事本等纷纷出现，如《史记》《左传》《论语》《孟子》《老子》《庄子》等，均被"白话"，大有将所有古籍全部白话之势，尽管不乏佳作，但鱼龙混杂，图书质量再一次受到考验。比较典型的如贵州人民出版社推出一套"中国历代名著全译丛书"，从20世纪80年代初期的《诗经全译》《楚辞全译》，直到2007年版《唐宋传奇集全译》，规模实在是宏大；2009年，该套书中有些又推出修订版，如《周易全译》《四书全译》《老子全译》《庄子全译》《荀子全译》等20种左右。《中国青年报》1991年12月29日，刊登了几位著名学者对古籍今译和整理出版的意见，如季羡林认为，目前出版界一窝蜂地用白话翻译文言文，尤其是大部头的《资治通鉴》、"二十四史"等，是否合适，值得研究。搞历史的无疑应该懂文言，而一般人不必去读"二十四史"。邓广铭提出希望，校点古籍，一不要毁坏了这部书，二不要毁坏了自己的学术前途，三不要贻害读者。金克木指出，各出版社重复出版，特别是将几百万字几千万字的古籍重复翻成白话，是一种很大的浪费。张中行说，欣赏文言文，最好读文言。译成白话，弄不好就错，轻点儿就没原来的味儿了。由此可知，这些学者都对这股"白译热"表示出不满。然而，古籍翻译却一直在进行着，如2011年，中华书局推出一套"中华经典名著全本全注全译丛书"，是为"三全本"，评价较高，全套收书105种分装165册，内容含经史子集四部书，包括《周易》《论语 大学 中庸》《老子》《周礼》《墨子》《荀子》《孙子兵法》《六韬》《尔雅》《黄帝内经》《商君书》《吕氏春秋》《说文解字》《文心雕龙》《文选》《中说》《史通》《齐民要术》《古文观止》等名作，对于经典普及，有一定的积极作用。

第二，"名人效应"与古籍出版（按：这里仅以毛泽东主席的读书事例说明）。1975年8月，北京大学中文系芦荻为毛泽东读古典文学书籍，13日，向毛泽东求教如何评价《水浒传》的问题，毛泽东回答：这部书好就好在投降，做反面教材，使人民都知道投降派；又称赞鲁迅对《水浒传》的评论评得好。[①] 毛泽东的话被姚文元利用，于是在全国上下掀起

---

① 刘杲、石峰：《新中国出版五十年纪事》，新华出版社1999年版，第157页。

"评《水浒》，批宋江"运动，① 北京、上海等地很快大量出版《水浒传》的一百回本、一百二十回本、七十回本，除少年儿童版，还有金圣叹批的七十四回本（影印）、一百回的大字本等。如果排除政治方面的考虑，那么政治的是非也影响着某些古籍的出版，其正负面的效应不言自明。

毛泽东主席生前喜爱读《容斋随笔》《菜根谭》，到20世纪90年代遂出现此二书的出版热。我们对其1991—2000年的出版情况进行统计，《容斋随笔》有28个版本，涉及出版社23家；《菜根谭》有47个版本，涉及35家出版社。按出版方式，则有校订本、点校本、选评本、全译本、白话本、文白对照本、豪华大字珍藏本、影印本、（彩色）图文版等名目。如此跟风逐热难免会有失误，即使用力甚勤的上海古籍出版社的标点本，也有11处标点错误。②

又如，毛泽东读《资治通鉴》更为瞩目，一生勤读通阅七次之多。1953年，毛泽东亲自委托范文澜、吴晗标点整理《资治通鉴》，1956年，古籍出版社的校点本出版后，毛泽东又反复阅读、浓圈密点、作批写注，共达三千余处。1997年，中国档案出版社将中央档案馆珍藏的毛泽东阅点过的标点整理版原书影印出版（全10册）。1998年，九洲图书出版社《名家评点〈资治通鉴〉》，将王夫之的《读通鉴论》与《资治通鉴》每段原文对照编排，并集纳了宋、元、明、清和近现代与当代的名人名家研读《资治通鉴》的评点言论。1997年后出版《资治通鉴》及毛泽东评点过的其他图书风行一时，仅如1998年，就有中国档案出版社的《毛泽东评点唐诗三百首》《毛泽东珍藏名家画集》两种，天津古籍出版社的《毛泽东鲁迅评四部古典名著》，中国言实出版社推出"毛泽东评阅古典文学名著

---

① 按：1975年，除了人民文学出版社《水浒》（七十一回本）、煤炭工业出版社《水浒后五十回》，多数名著都成为批判材料。如《水浒传》，以《开展对〈水浒〉的评论》为书名的出版社有人民出版社及北京人民、河北人民、山西人民、内蒙古人民、黑龙江人民、陕西人民、甘肃人民、宁夏人民、新疆人民、山东人民、江苏人民、浙江人民、湖北人民、广东人民、广西人民、四川人民、贵州人民、西藏人民等出版社；又有《一部宣扬投降主义的反面教材》，涉及中华书局、山西人民、云南人民、辽宁人民、陕西人民等出版社，甘肃人民、山东人民两社有同名书《〈水浒〉是宣扬投降主义的反面教材》。又如《红楼梦》，有人民教育出版社《政治历史小说〈红楼梦〉》，北京人民出版社、黑龙江人民出版社的同名书《〈红楼梦〉是一部政治历史小说》，江西人民出版社《论红楼梦的政治历史意义》等。

② 孔凡礼：《〈容斋随笔〉标点疏失十一例》，《古籍整理出版情况简报》2000年第12期。

第二章　中国古籍出版的发展历程与影响因素

丛书",两批书共八种,即《毛泽东评阅三国演义》《毛泽东评阅水浒全传》《毛泽东评阅西游记》《毛泽东评阅红楼梦》《毛泽东评阅金瓶梅》《毛泽东评阅西厢记》《毛泽东评阅聊斋志异》《毛泽东评阅封神演义》。

再以"二十四史"为例。1997年,中国档案出版社据毛泽东阅读批点的武英殿本"二十四史"原版影印出版《毛泽东评点二十四史》,精装175册(1997年国家主席江泽民访美,将其作为国礼送给哈佛大学);1998年该社又出版普及本,全套3箱27卷。值得注意的是,新中国成立以后线装书出版的最大工程,即线装书局出版的《毛泽东评点二十四史》线装本,以毛泽东生前珍藏、阅读、批点的"二十四史"为稿本,突出学术价值和文献价值。全套80函850册,全球限量发行500套,1997年7月出版200套,12月在人民大会堂举行"毛泽东与二十四史学术研讨会",当时的政协主席李瑞环与会并讲话,强调要借出版《毛泽东评点二十四史》的时机,学习毛泽东读史用书、爱书读书的精神,使勤读书多读书成为习惯(《光明日报》1997年12月12日)。50周年国庆前夕,开通了毛泽东评点"二十四史"网站。2000年出版300套,全500套的出版计划完成。中国历史悠久,"二十四史"举世瞩目,中国出版集团出版的《点校本二十四史》《大中华文库》亦曾作为国礼,由国家主席习近平同志赠送给斯里兰卡政府。[①]

四　全国古籍整理出版规划领导小组的组织与指导

在中国古籍整理出版的历史上,全国古籍整理出版规划领导小组的作用举足轻重,1958—1966年以及1981年以来(按:小组在"文化大革命"中停止工作,1981年恢复工作),在全国范围内有计划、有组织、有系统地进行古籍整理出版,着实得力于古籍小组的成立及其组织与积极推动。1958年2月9—11日,原国务院科学规划委员会召开"古籍整理出版规划小组"成立大会,任命齐燕铭同志为组长,成员共19人。十年动乱期间,小组的工作陷于停顿。1981年12月10日,国务院通知恢复"古籍整理出版规划小组",由李一氓同志负责,小组成员共50人。

[①] 参见中国出版集团公司党组书记王涛《积极倡导做响主题出版》,《中国新闻出版广电报》2015年11月3日第2版。

1991年6月,国务院任命匡亚明同志为组长。1993年10月,根据国务院国发〔1993〕27号文件精神,国务院古籍整理出版规划小组改名为"国家古籍整理出版规划小组"。1997年,任继愈同志负责小组工作。1999年5月,根据国务院《关于议事协调机构和临时机构设置的通知》(国发〔1998〕7号)和国务院办公厅《关于国家新闻出版署(国家版权局)职能配置内设机构和人员编制的规定》(国办发〔1998〕91号)两个文件,国务院决定组建"全国古籍整理出版规划领导小组",任命于友先为组长,杨牧之为常务副组长。从以上小组先后的不同称谓可以看出,现在的名称中有"全国"和"领导"四个字,这意味着进一步强化了小组的组织工作和管理职能。古籍规划小组的职能实际是通过小组办公室实现的,具体表现为:制定、落实古籍整理出版规划,并检查规划的执行情况,做好古籍整理出版方面的调查研究和信息沟通工作,组织有关重点项目的评审、资助、出版协调工作,组织有关的学术活动和学术交流工作等。总体上说,全国古籍整理出版规划领导小组所起的作用可从以下方面说明。

(1)主持制定、落实古籍整理出版规划,并检查规划执行情况。齐燕铭为组长时,主持制定过文、史、哲三大类的整理规划,宗旨是抓重点项目。[1] 李一氓负责小组工作时,在他的主持下,1982年召开了全国古籍整理出版规划会议,制定《古籍整理出版规划(1982—1990)》,主要为古籍整理选题规划。匡亚明领导小组工作时,主持制定,并经国务院批准颁布实施《中国古籍整理出版十年规划和"八五"计划》(按:据1996年统计结果,完成项目接近50%),1992年5月,他主持召开了第三次全国古籍整理出版规划会议,极大地推动了全国古籍整理出版工作。1996年8月,古籍小组主持制定《中国古籍整理出版"九五"重点规划》(1996—2000年),规划包括全国45家出版社承担的393种古籍整理项目。2000年5月底,这45家出版社上缴了规划执行的汇报材料,共计完成项目167种,占规划项目的42.5%。表2-4详细列出项目类别、规划种数及完成种数,以及各类完成项目所占的比例。

---

[1] 傅璇琮:《齐燕铭同志与古籍整理出版》,《古籍整理出版情况简报》1995年第3期。

第二章　中国古籍出版的发展历程与影响因素

表2-4　　国家古籍整理出版"九五"规划项目及完成情况统计①

项目类别	文学	语言文字	历史	出土文献	哲学	宗教	科技	综合	普及读物
规划种数	119	15	79	36	37	14	27	54	12
完成种数	60	6	33	13	20	7	3	21	4
完成比例	50.4%	40%	41.8%	36.1%	54%	50%	11.1%	39.6%	33.3%

通过比较分析，可以获知规划项目成功的经验、未能完成的原因，以及下一步的工作方案和工作重心等。2000年7月，古籍小组组织制定了"十五"（2001—2005）重点规划，并对"九五"规划项目予以清理。2006年2月，新闻出版总署与古籍小组颁布《国家古籍整理出版"十一五"（2006—2010）重点规划》。2011年，颁布实施《"十二五"时期国家重点图书、音像、电子出版物出版规划》，其中的古籍整理出版规划项目共85个。2012年7月，古籍规划小组主持制定《2011—2020年国家古籍整理出版规划》，其中九大门类共列出491个项目。次年7月17日，发布《关于调整2011—2020年国家古籍整理出版规划的通知》，分别列出"增补项目"、"撤销项目"、"调整项目"。以上可见，管理项目是小组的一项重要职责。

（2）加强古籍整理出版管理，组织有关学术活动和学术交流工作，引导古籍整理出版从无序化走向有序化的状态。古籍规划领导小组一向注重学术导向的作用，指导整理出版具有较高文献价值和学术价值的古籍，强调要对古籍珍善本，尤其是孤本和稿本多做抢救性的工作，不断强化对古籍整理出版的质量、古籍整理的方式，如今译、白话、注译等方面的监管力度。小组还负责组织"全国优秀古籍图书奖"的评选工作，坚持以古籍质量为先，激励古籍精品生产。

（3）召集各种相关会议，研究并推动古籍整理出版工作，如1962年、1982年、1992年，相继组织召开了全国古籍整理出版规划会议。1996年12月，古籍小组办公室召集18家专业古籍出版社召开了1996年全国古籍

---

① 按：资料来源《"九五"规划执行情况的简要分析》，《古籍整理出版情况简报》2000年第7期。

整理出版工作座谈会。又如，为了征询学术界、出版界对国家古籍整理出版"十五"重点规划的意见和建议，小组办公室自 2000 年 4 月下旬至 6 月下旬，先后召开 6 次座谈会，广泛听取有关高等院校、研究所（室）、专业古籍出版社的专家学者们的意见（单位如中国社会科学院文学研究所古代文学研究室，中国社会科学院语言学研究所，中华书局等专业古籍出版社，中国科学院，以及北京大学、清华大学、北京师范大学等高等院校），获得了许多有益的建议。2000 年 10 月 23—25 日，组织召开国家古籍整理出版"十五"规划项目审议会，确立"十五"规划立项的选题特色，通过了审议工作的原则，最终确定 190 个项目拟列入《国家古籍整理"十五"重点图书出版规划（草案）》，有 64 个项目拟列入新闻出版署"十五"国家重点图书出版规划。可以说，每个《规划》的出台都经过详细论证，集思广益。

（4）负责管理古籍整理出版补贴。20 世纪 90 年代以来，古籍规划小组多在前一年就制订出下一年的出版补贴计划，如 1999 年 8 月 2 日，小组办公室与新闻出版署图书出版管理司（按：小组办公室与新闻出版署图书出版管理司为一个机构）发出《关于申请 1999—2000 年古籍整理出版补贴的通知》（图管字〔99〕第 554 号）；又如 2000 年 11 月 7 日，发出《关于申报 2001 年度古籍整理出版补贴的通知》（图管字〔2000〕第 575 号）。古籍整理出版补贴对于古籍专业出版社的作用不言而喻，但也离不开科学管理，需要有古籍规划小组的监督与指导。正是因为获得古籍整理出版补贴，许多整理项目才能按部就班地进行。

（5）注重古籍整理出版的队伍建设，这是古籍小组一贯重视的任务。例如，20 世纪 50 年代，在古籍小组的设计下，组长齐燕铭和办公室主任金灿然，以及吴晗、翦伯赞、魏建功等同志取得了教育部和北京大学的支持，委托北京大学中文系创办古典文献专业，培养古籍整理和编辑出版人才。十一届三中全会以后，各地高等院校陆续建立古典文献专业，设立古文献研究所或古籍所，皆以此为基地，一方面培养、输送了大批人才，一方面加强古籍研究，贡献出许多整理成果。培养和储备人才的另一个举措是，2001—2004 年，小组办公室每年举办一次全国古籍出版社编辑培训班，聘请全国各地古籍整理出版方面的专家授课，这得到了业内良好的反响；2005 年小组办公室决定把举办培训班作为一种制度。而且将前四期培

第二章　中国古籍出版的发展历程与影响因素　○●○

训班专家的讲稿各编为一册，予以出版。① 2002—2006 年，先后出版《古籍整理出版十讲》《古籍编辑工作漫谈》《古籍整理出版漫谈》《古籍整理出版丛谈》《古籍影印出版丛谈》共 5 册。

（6）编印《古籍整理出版情况简报》。《简报》创刊于 1958 年，1966 年停刊，八年之间共出版了 78 期；1979 年 7 月复刊，从 1982 年 6 月第 90 期开始，由古籍规划小组负责，小组办公室编印，此前由中华书局编发。到 2021 年第 8 期，印发总第 606 期，仍属内部发行的月刊。《简报》主要研究古籍整理出版在 21 世纪面临的形势和任务，所遇到的问题与对策，及时反映古籍整理研究的新成果及出版信息、出版动态，总结成功经验，指正已出版本的失误，介绍海外研究成果等。《简报》登载的文章，理论、史料、信息三者并重，学术导向性非常鲜明。主要栏目有"古籍整理出版论坛"、"学术动态"、"出版信息"、"学者书评"、"古籍研究"、"古籍整理专家评传"及"每月新书要目"等。从创刊至今几十年的历史证明，《简报》对我国古籍整理出版的贡献非常卓著。②

---

① 全国古籍整理出版规划领导小组办公室编：《古籍整理出版丛谈》，广陵书社 2005 年版，"前言"。
② 王记录：《〈古籍整理出版情况简报〉与中华人民共和国的古籍整理出版事业》，《枣庄学院学报》2017 年第 6 期。

第三章　各类古籍的整理出版与学术传承

　　我们现在整理的古籍，在当今要立得住，还要能传之后世。所以，不追求显赫一时，而要追求永远存在。

　　如果我们能在我们这一代，策划出像《史记》《汉书》《三国志》那样的选题，编选出像《诗经》《古文观止》《唐诗三百首》那样优秀的读物，千百年后，高尚的人们将为我们的努力洒下热泪。

——1999年7月18—21日，杨牧之在第十四届全国古籍出版社社长年会上的讲话，《当前古籍整理出版工作的十项任务》，《古籍整理出版十讲》，岳麓书社2002年版

　　书籍是人类学术文化最重要的载体，新中国成立以来各类古籍的整理出版无疑推动着相关学科的发展，比如每当一部文学总集出版后，就会带动该研究领域突飞猛进，取得若干重要成果，诗如《先秦汉魏晋南北朝诗》《全唐诗》《全宋诗》，文如《全唐文》《全宋文》《全元文》等，莫不如此。所以将古籍出版与当代的传统学科如中国古代哲学、古代文学、古代历史、古典文献学等联系起来，就会清楚地看到古籍出版对传统学科建设的促进作用。

　　中国古代典籍的部类是按四部分类法，《四库全书》收录图书，经部共695种，史部564种，子部925种，集部1277种，其中，集部最多，占全书的36.90%，子部次之，占26.73%，经部再次之，约占20.07%，史部最少，比例为16.30%。如果将新中国成立以来新出古籍还原到四部分类体系之中，出书结构则与《四库全书》略同。从第一章所列新中国成立以来古籍出版的统计数据可以明显地看出各类古籍的出版量，即文学类所

第三章　各类古籍的整理出版与学术传承　○●●○

占的比重仍然最大，这主要体现在对古典文学名著，尤其是古代小说的重复出版方面；其次为历史类，是因为对史料笔记、野史别史、地方旧志等的系统出版，也可见新中国成立以来史学的发达；再次是哲学类，由于原来的子部书的归并，此类遂膨胀起来；最后是中医类，因其实用价值而得以充分整理出版。其余各类不复赘言。这从一个侧面反映出古代文学、史学、哲学、医学的相对发达程度以及它们在现代社会中的学术价值或实用性。新中国成立以来各类古籍基本得到系统整理，但由于历史原因，抑或与现代学科分类体系有关，各部类古籍的出版数量不均衡，具体到各部类内也是如此。从总体上来说，古籍出版成绩卓越，要将如此众多的古籍新印本采用穷尽式列举的方式反映出来是不可能的，也无此必要，以下择其突出的方面阐述，以期收到举一隅而见其余之功效。

第一节　经学文献的整理出版

古代中国的学术体系萌芽于西汉，发展于魏晋，成熟于唐宋。据东汉班固的《汉书·艺文志》可知西汉刘向、刘歆父子校理群书的学术背景，他们所面对的正是当时中国学术之全体。刘歆按学术性质分类，撰成中国第一部官修图书分类目录《七略》，将当时天下学术分为六大类（六艺略、诸子略、诗赋略、兵书略、术数略、方技略）。其"六艺略"收书九类（易、书、诗、礼、乐、春秋、论语、孝经、小学），此乃后世经部的开端。西晋荀勖《中经新薄》部次群书为四部，一曰甲部，纪六艺及小学等书，可谓后世经部之祖。《隋书·经籍志》以经、史、子、集为四部之名，四部分类法定型，确立了中国学术体系——四部之学（经学、史学、子学、文学）。中国古代尊经，经学一直处于首位，而且稳步发展。余嘉锡有云："（荀）勖之甲部，即《七略》《汉志》之六艺，后世之经部。盖历代惟经学著述极富，未尝中辍，旧书虽亡，新制复作，故惟此一部，古今无大变更。"[①] 至清代《四库全书总目》，集四分法之大成，其经部下设十类：易类、书类、诗类、礼类、春秋类、孝经类、五经总义类、四书类、乐类、小学类。经学是中国传统学术的核心和根基，顾永新认为，"经学

[①] 余嘉锡：《目录学发微》，中华书局1963年版，第136页。

文献的主体是儒家经典的原典以及以之为核心的历代章句、注释、评论、考据、校勘、辑佚、编纂、刊布等研究、整理成果";并把经学文献分为三大系统，即"正经注疏"、"五经四书"两大主干加上辅翼系统。① 据此，我们姑且以十三经（注疏）和"五经四书"等为例，分述新中国成立以来的整理出版情况。

一 十三经及其注疏

考《隋书·经籍志》经部类目承传，可见古文经学兴盛，经学由章句之学、训诂之学，发展为义疏之学。义疏之学，曹魏以后出现，南北朝流行，唐代完备，延及两宋，最大的成就便是"十三经注疏"的出现。② 南宋前，十三经的注和疏是独立于经传而单行，南宋光宗绍熙年间始有合刊经、注、疏为一套之举，成为《十三经注疏》，选取正经及最具权威性的汉、魏、晋古注和唐、宋人的疏：

（一）《周易正义》十卷：魏王弼、晋韩康伯注，唐孔颖达正义

（二）《尚书正义》二十卷：旧题汉孔安国传，唐孔颖达等正义

（三）《毛诗正义》七十卷：汉毛亨传，郑玄笺，唐孔颖达正义

（四）《周礼注疏》四十二卷：汉郑玄注，唐贾公彦疏

（五）《仪礼注疏》五十卷：汉郑玄注，唐贾公彦疏

（六）《礼记正义》六十三卷：汉郑玄注，唐孔颖达正义

（七）《春秋左传正义》六十卷：晋杜预集解，唐孔颖达正义

（八）《春秋公羊传注疏》二十八卷：汉何休解诂，唐徐彦疏

（九）《春秋穀梁传注疏》二十八卷：晋范宁集解，唐杨士勋疏

（十）《论语注疏》二十卷：魏何晏注，宋邢昺疏

---

① 顾永新：《经学文献与经学文献学刍议》，《北京大学学报》（哲学社会科学版）2019 年第 4 期。

② 按：汉代立《诗》《书》《礼》《易》《春秋》于学官，为五经；唐代增加《周礼》《仪礼》，并分《春秋》为三传，成九经，文宗开成年间刻石于国子学，又加《论语》《孝经》《尔雅》，凡十二经；宋代自神宗熙宁中《孟子》增列十三经，哲宗元祐中以《论语》《孟子》取士。南宋绍熙间合刊《十三经注疏》。随着《孟子》地位上升，南宋陈振孙《直斋书录解题》将《孟子》从子部儒家类升入经部，专设"语孟类"。

第三章　各类古籍的整理出版与学术传承

（十一）《孝经注疏》九卷：唐玄宗御注，宋邢昺疏

（十二）《尔雅注疏》十卷：晋郭璞注，宋邢昺疏

（十三）《孟子注疏》十四卷：汉赵岐注，旧题宋孙奭疏

《十三经注疏》一出，后世多次据以刊刻，因而版本涌现，有如南宋闽刻十行本、元递修本、明嘉靖闽本、明万历监本、明崇祯年间的毛氏汲古阁本、清武英殿本等。清嘉庆时，阮元主持重刻，衷集宋本，校以唐开成石经等，并撰《校勘记》附于诸经卷末，成为最通行完善的本子。新中国成立后也多据此本整理出版，以中华书局、上海古籍出版社为著名。

中华书局版《十三经注疏》，至今版本也比较多。中华书局1936年辑校出版的《四部备要》为"聚珍仿宋版洋装本"，其中第3册至6册为《十三经注疏》，据阮元刻本排印。1957年据此重印，用《四部备要》本纸型重新排版印制40册，双行加注，印制清晰，读来悦目。2020年书局出版《聚珍仿宋版十三经注疏》，繁体竖排，精装20册；据《四部备要》本，单页放大影印，便于批点阅读。

中华书局又于1980年影印阮元校刻本，出版了《十三经注疏：附校勘记》（上下册），至2008年8次印刷。2009年出版阮元校刻《十三经注疏》（清嘉庆刊本），繁体竖排，精装5册，字大可读。至2021年第8次印刷。同年11月，书局终于出版阮元校刻、方向东点校的《十三经注疏》，简体横排，全式标点，精装25册。读者一直希望看到中华版的点校本，总算是遂了心愿。此次点校，以道光丙戌年（1826年）朱华临重校本为底本，以阮刻系统的南昌府学本等版本对勘，以阮刻系统之外的乾隆武英殿本等四个版本和众多的各经单注、单疏本参校，称得上是对阮刻本系统的一次深度整理。编排上，经文大字加粗，注疏文字小字不加粗；书中的人名、地名、国名、朝代名、年号加专名线，文献名加书名线；原位于卷后的阮元校勘记分别移至相应的各段原文后，用【阮校】字样提领，并依次标注序码；整理校记放在当页底部。针对《公羊》《穀梁》底本中经传混排，不作区分的情况，于经文之下加标圆圈，以示区别。① 这在

---

① 参见中华书局网"图书列表"《十三经注疏》（精）全25册之"内容简介"（http://www.zhbc.com.cn/zhsj/fg/book/bookinfo.html? bookid=40288596777a4227017d79d6ead641c8）。

《十三经注疏》整理出版的历史上是空前的。

据阮元校刻本出版的还有其他出版社,上海古籍出版社1990年版《十三经注疏》(附校勘记),黄侃经文句读;1997年据世界书局缩印阮元刻本影印《十三经注疏》,套装2册。北京大学出版社出版李学勤主编《十三经注疏》(标点本),1999年版简体横排本,2000年版繁体竖排本,套装26册。其他据阮刻本的同名书有江苏广陵古籍刻印社1995年版(附校勘记,16开2册)、上海书店出版社1997年版(2册)、浙江古籍出版社1998年版(2册,收入《新编小四库》)、中州古籍出版社2015年版(套装12册,收入《国学经典丛书》)等。

其次,阮元刻本之前十三经版本的整理出版。从时代上说,比较早的是唐文宗开成年间的石刻儒家经典12部,史称"唐石经"或"开成石经"。民国十五年,皕忍堂据石刻本,依原拓字体影摹刻版印刷。1997年,中华书局据皕忍堂刻本影印《景刊唐开成石经》(附贾刻孟子严氏校文,全4册);2018年,天津古籍出版社又出版虞万里主编《唐开成石经》,16开精装全22册。

历代注疏十三经的著作很多,有汉魏晋的古注、唐宋的义疏、宋元明的新注等。中华书局1998年据其1936年版《四部备要》本,影印出版《汉魏古注十三经》(附《四书章句集注》)、《唐宋注疏十三经》(全4册)。齐鲁书社2013年出版明代金蟠、葛鼐编校的《十三经古注》(全3册),明崇祯年间永怀堂刻本,收汉魏晋古注,共290卷。① 2014年,中华书局也出版《十三经古注》,繁体竖排,16开套装11册,仅保留汉魏晋古注,内容上就比《十三经注疏》简洁很多,字大,可读性强。2019年,上海古籍出版社出版元刻明修本《古本十三经注疏》,影印线装22函148册。② 此外,2011年,东方出版社影印《明版闽刻十三经注疏》,套装

---

① 按:与《十三经注疏》不同,《十三经古注》仅收汉魏晋古注,且卷数略有差异:《周易》10卷,魏王弼、晋韩康伯注;《尚书》20卷,汉孔安国传;《毛诗》20卷,汉毛亨传;《仪礼》17卷、《周礼》42卷、《礼记》49卷,汉郑玄注;《春秋左传》30卷,晋杜预集解;《春秋公羊传》28卷,汉何休解诂;《春秋穀梁传》20卷,晋范宁集解;《尔雅》11卷,晋郭璞注;《论语》20卷,魏何晏集解;《孝经》9卷,汉郑玄注;《孟子》14卷,汉赵岐注。前九种保留唐陆德明音义。

② 按:此书虽号称元刻明修本,但其中《仪礼注疏》(3函20册)用清嘉庆十一年张敦仁刻本,《礼记注疏》(3函24册)用乾隆六十年和珅影宋刻本,其余诸经注疏皆为元刻明修本。

8 册；此书原版为明代李元阳校勘元十行本刊刻而成。整理本以日本东京大学东洋文化研究所及京都大学藏本为主，并参校国内藏本，具有独特的版本价值。

乾隆四年刊《武英殿十三经注疏》，共计 347 卷，影响大，但流传未广。此本是经学历史上唯一的经、注、疏、释文四者俱全的《十三经注疏》刻本，校刻精良，首开为《十三经注疏》施加断句之先例；各卷末多附考证，亦是创举。2013 年，线装书局原大影印，线装 16 函 100 册。2018 年，学苑出版社影印 45 册。2019 年，齐鲁书社编辑出版，16 开精装 8 册。这些影印本自有其校勘价值。此外有，线装书局 2001 年出版《十三经》，据清乾隆年间御制仿宋本影印，上海古籍出版社 1990 年版《十三经注疏》，据清同治六年江西书局重刊宋版注疏本影印。

还有所谓"白文十三经"，即只存经典原文而无注疏者。上海大学出版社 2017 年出版《明吴勉学精刻白文十三经》，16 开精装 10 册。近代著名学者黄侃曾批校、断句白文十三经，用三十多种符识圈点，并勘误补阙，是为《黄侃手批白文十三经》，上海古籍出版社 1983 年初版，2008 年 2 版；中华书局 2006 年出版，收入《黄侃文集》，除文献价值外，对于十三经文字的校订也有参考价值。

从撰注角度说，宋人义疏《十三经注疏》中的四种（即《论语注疏》《孝经注疏》《尔雅注疏》《孟子注疏》），理学家们也为一些经籍作注，常常大谈义理，发挥心得，别创新解，发表其哲学思想。元明时出现直解，用白话释解经书，如元贯云石《孝经直解》、明张居正《书经直解》《四书集注直解》等。江西人民出版社 1993—1996 年出版了《十三经直解》4 卷 6 册。

再次，十三经清人注疏版本的整理出版。清代考据之学大盛，学者注释古籍成为风气，注疏之作数量大增，几乎每部典籍均有注释，十三经当然也不例外。中华书局 1998 年据其《四部备要》本影印《清人注疏十三经》（全 5 册）。但更著名的是书局自 1983 年开始出版的《十三经清人注疏》，详见表 3-1。

表 3–1　　　　中华书局《十三经清人注疏》出版情况①

书名	原著者	整理者	版本状态及出版时间
《大戴礼记解诂》	（清）王聘珍撰	王文锦点校	1983年初版，2021年第11次印
《尚书今古文注疏》（上下）	（清）孙星衍撰	陈抗、盛冬铃点校	1986年初版，2021年第2版第12次印
《周礼正义》（全14册）	（清）孙诒让撰	王文锦、陈玉霞点校	1987年初版，2021年第2版第7次印
《孟子正义》（上下）	（清）焦循撰	沈文倬点校	1987年初版，2021年第2版第15次印
《诗三家义集疏》（上下）	（清）王先谦撰	吴格点校	1987年初版，2021年第9次印
《春秋左传诂》（上下）	（清）洪亮吉撰	李解民点校	1987年初版，2021年第10次印
《毛诗传笺通释》（全3册）	（清）马瑞辰撰	陈金生点校	1989年初版，2020年第12次印
《今文尚书考证》	（清）皮锡瑞撰	盛冬铃、陈抗点校	1989年初版，2018年第8次印
《礼记集解》（全3册）	（清）孙希旦撰	沈啸寰、王星贤点校	1989年初版，2020年第11次印
《论语正义》（上下）	（清）刘宝楠撰	高流水点校	1990年初版，2020年第13次印
《周易集解纂疏》	（清）李道平撰	潘雨廷点校	1994年初版，2021年第13次印
《春秋穀梁经传补注》	（清）钟文烝注	骈宇骞、郝淑慧点校	1996年初版，2013年第2版第3次印
《礼记训纂》	（清）朱彬撰	饶钦农点校	1996年初版，2019年第7次印
《礼书通故》（全6册）	（清）黄以周撰	王文锦点校	2007年初版，2019年第6次印
《尚书孔传参正》（上下）	（清）王先谦撰	何晋点校	2011年初版，2019年第3次印

---

① 按：资料来源于中华书局官网（http://www.zhbc.com.cn/zhsj/fg/home/searchcontent.html?conds）。并查阅中华书局2012年版《中华书局百年总书目1912—2011》等资料。

第三章　各类古籍的整理出版与学术传承

续表

书名	原著者	整理者	版本状态及出版时间
《穀梁古义疏》（上下）	（清）廖平撰	郜积意点校	2012年初版，2013年第2次印
《大戴礼记补注》	（清）孔广森补注，王树枏校正	王丰先点校	2013年初版，2021年第5次印
《孝经郑注疏》	（清）皮锡瑞撰	吴仰湘点校	2016年初版，2017年第2次印
《公羊义疏》（全6册）	（清）陈立撰	刘尚慈点校	2017年初版，2018年第2次印
《尔雅义疏》	（清）郝懿行撰	王其和等点校	2017年初版，2021年第3次印
《尔雅正义》（全3册）	（清）邵晋涵撰	李嘉翼、祝鸿杰点校	2018年1月初版，10月第2次印

综上，中华书局版《十三经清人注疏》，至2018年已出21种，共57册，渐成规模；所选皆一时名家之作，而且版本精善，体现出丰厚的学术研究价值。且如孙星衍《尚书今古文注疏》，对《尚书》原文及历代名家之注一一诠释，内容包括语词训诂、名物制度考订、地理考证及经义的串解等，引证宏富。点校本以《平津馆丛书》本为底本，并查考《皇清经解》本，核对引书原著，订正讹误。又如王先谦《尚书孔传参正》，书取参正孔传《尚书》之意，采辑前人考证，兼及马郑传注，旁征诸家义训，又多所按断发明，全面考证阐发了《尚书》多方面的问题，学术价值为世推重，可谓清代《尚书》研究的集成之作。此外，自1993年起，上海古籍出版社影印出版《清人十三经注疏》，收录刘宝楠《论语正义》、皮锡瑞《孝经郑注疏》、焦循《孟子正义》、洪亮吉《春秋左传诂》、李道平《周易集解纂疏》等。清人直解方面，华东师范大学出版社2010年出版《清人十三经注疏直解丛编》，收录清孔广森撰、杨新勋校注《经学卮言》；同年出版《十三经清人注疏丛编》，收录清冯登府撰、房瑞丽校注《三家诗遗说》。

最后，《十三经注疏》校勘记的整理、十三经的普及与其他出版物。关于校勘记的整理，1983年，齐鲁书社出版清孙诒让撰、雪克辑点《十三经注疏校记》，据藏于杭州大学图书馆的孙诒让批校本。2009年，中华书局出版雪克辑校《十三经注疏校记》，是孙诒让以江西刻阮元刊本为底本进行的校勘之作，收入中华版《孙诒让全集》。2016 年，北京大学出版社推出刘玉才《十三经注疏校勘记》，套装 11 册，以阮氏文选楼刊本为底本标点整理，并与南昌府学本对校。

众所周知，20 世纪六七十年代中华书局组织点校"二十四史"，一举成为经典之作。人们不禁要问：为什么"十三经"没有做同样的工作？2012 年，时任中华书局总编辑徐俊先生回答了这个问题，是就可与"二十四史"点校本比肩的《十三经注疏汇校》而言的，汇校具体工作步骤是"以北监本与单疏本、八行本、十行本、李元阳本、汲古阁本、武英殿本、《四库》本、阮元本分头对校，形成八份校勘记。再将八份校勘记合成一份校勘记，也就是所谓的'汇校'"。[①] 2018 年中华书局出版首个品种《尚书注疏汇校》（20 卷全 9 册），杜泽逊先生主持；底本为万历北京国子监刻《十三经注疏》本，校本有唐开成石经本、宋刻单疏本、宋刻八行本等 18 种，并吸收 15 家前人的校勘成果，史料价值与学术价值都极高。等这套书全部出齐，想来又是书局打造的一部经典、一个精品。

新中国成立以来，"十三经"的普及读物更多，如同名书《文白对照十三经》，就有九州出版社 2001 年版李翰文主编 12 册，三秦出版社 2004 年版陈铁民等编 3 册，2005 年，广东教育出版社、陕西人民教育出版社、广西教育出版社联合出版许嘉璐主编 2 册。又如上海古籍出版社 2004 年 7 月出版《十三经译注》丛书，13 种单独出版、单独定价；10 月整套推出 15 册，盒装 388 元。该书云集黄寿祺、程俊英、张善文、金良年、杨天宇、李梦生、李民、汪受宽、胡奇光等专家注释、今译，积十年之功告成。自 2007 年起，上海古籍出版社又推出一套整理本《十三经注疏》，列为国家古籍整理出版专项经费资助项目，如金良年整理《孝经注疏》，以明代泰定本为底本；王世伟整理《尔雅注疏》，以宋刊单注本、单疏本及宋刊《尔雅音义》三本合一作底本；彭林整理《周礼注疏》，以国家图书馆藏宋元递修的《周礼疏》50 卷八行本为底本，补入国家图书馆藏唐陆德明《经典释文·周礼音义》；其他尚有黄怀信整理《尚书正义》、吕友

---

① 吴昂：《四问〈十三经注疏汇校、点校〉》，《中华读书报》2012 年 3 月 28 日第 5 版。按：此文为《中华读书报》专访中华书局总编辑徐俊的文稿。

仁整理《礼记正义》、王辉整理《仪礼注疏》等。

著名的读物还有中华书局 2018 年聚合推出"三全本"《十三经》，收入其《中华经典名著全本全注全译丛书》，套装 13 种 17 册，此前则是各书单独出版、陆续推出的，译注者有杨天才、王世舜、彭林、胡平生、陈晓芬等人。其他出版社的"十三经"丛书，如北京燕山出版社 1991 年版吴树平等的点校本，实际收书就是十三经注疏本，中共中央党校出版社 1996 年出版《宋元明清十三经注疏汇要》，线装书局 2006 年出版《国学十三经》，2016 年重印，16 开精装。

为便于利用"十三经（注疏）"，人们为之编制索引，如中华书局 1957 年出版叶绍钧编《十三经索引》，据开明书店 1934 年版重印，1983 年修订重排。又如 1997 年，中国广播电视出版社推出李波、李晓光、富金壁主编《十三经新索引》，2003 年修订版，收入该社《大型古籍索引丛书》。中国社会科学出版社 2004 年出版栾贵明、田奕主编《十三经索引》（精装全 4 册），以阮元校刻本为底本，实现了逐字索引、分经索引，并附《十三经》原文，查检方便。

二 五经四书

通常所说的"五经四书"，其经文实际都包含在"十三经"之内，只是因解经注释的方式不同而形成了独立于正经注疏这一系统之外的理学思想体系。中国学术史在北宋随着理学思潮的兴起走向理学阶段，对于儒家经典的注释出现了全新面貌，尤其是程朱的系统注释，借鉴吸收了汉唐章句注疏，但更多的是蕴含着新见解。在理学学术背景下，新注"五经"有宋朱熹《周易本义》《诗集传》、宋蔡沈《书集传》、元陈澔《礼记集说》、宋胡安国《春秋传》等；南宋孝宗时，朱熹为构筑其理学思想体系，将《大学》《中庸》《论语》《孟子》编辑在一起，撰成《四书章句集注》（《大学章句》《中庸章句》《论语集注》《孟子集注》），作为经书以刊行，与"五经"并列，通称"五经四书"。自元代被钦定为科举考试的教科书，明清沿用，其地位在中国古代思想史、学术史和文化史上真可谓神圣不可侵犯，而且全方位深刻地影响着中国人的人生哲学。其流传之广、影响之深，亦可谓妇孺皆知。新中国成立以来，"五经四书"自然也成为国学研究的核心，除各种研究著述不断涌现外，中小学教材亦多有选篇。从出版方面说，各种整理本、普及本纷纷面世，举例如表3-2所示。

表3-2　　　　新中国成立以来"四书五经"出版情况举例①
（按初版年代排序）

书名	出版社	出版年	备注
《四书五经》3册	中国书店出版社	1985年	宋元人注。据国学整理社、上海世界书局1936年版《铜版四书五经》
《四书五经》6册	巴蜀书社	1989年	据王利器旧藏清怡府藏本影印
《四书五经》	中国友谊出版公司	1993年	吴根友点校，《家藏精品书系》
《四书五经》	北京古籍出版社	1993年	
《新刊四书五经》	中国书店出版社	1994年	朱熹注四种及元人注《春秋三传》《礼记集说》，共6种7册
《白话四书五经》	岳麓书社	1994年	杨伯峻等译。《古代名著今译读本》
《四书五经》	新疆人民出版社	1996年	《中国古典名著文库》
《四书五经》	京华出版社	1998年	安平秋、杨忠等主编。《中华古典名著读本》
《四书五经》	宗教文化出版社	1999年	管曙光等主编，精华本
《五经四书全译》4册	中州古籍出版社	2000年	陈襄民等注译
《四书五经》白话本	四川文艺出版社	2000年	
《四书五经》4册	内蒙古人民出版社	2002年	丁春生编，线装16开典藏本
《四书五经》4册	内蒙古人民出版社	2002年	夏于全编译。《皇家藏本》
《四书五经》4册	喀什维吾尔文出版社	2002年	钱海水主编
《四书五经》图文版	青海人民出版社	2002年	文白对照，田晓娜主编
《四书五经》2册	内蒙古人民出版社	2003年	曲梨编注。《中华传统文化经典》
《四书五经》	岳麓书社	2003年	校注本，陈成国撰
《四书五经》	青海人民出版社	2003年	
《四书五经》3册	京华出版社	2003年	彩色图文版。纪江红主编
《四书五经》12册	中国华侨出版社	2003年	常万里主编

---

① 按：资料来源于《全国总书目》（1949—2011年）等资料。

第三章 各类古籍的整理出版与学术传承

续表

书名	出版社	出版年	备注
《四书五经白话全本》	京华出版社	2004 年	最新图文版 3 册。臧瀚之译
《四书五经》3 册	北京出版社	2005 年	纪江红主编
《精注全译四书五经》	线装书局	2006 年	徐寒主编 4 册。《中华典籍珍藏书系》
《四书五经》	中国戏剧出版社	2007 年	崔建林主编。《中国传统文化大系》
《四书五经详解》	金盾出版社	2008 年	罗少卿等编著，书分原文对译、注释、讲评三个栏目
《四书五经》	中华书局	2009 年	白文普及本。《中华经典普及文库》
《四书五经》	北京出版社	2009 年	四书、五经分册装。《书香门第》
《四书五经》	北京燕山出版社	2009 年	
《白话四书五经》	新世界出版社	2009 年	插图珍藏本 3 册。杨伯峻等译
《四书五经》	重庆出版社	2010 年	
《四书五经译注》	上海古籍出版社	2010 年	程俊英等撰
《四书五经》4 册	吉林出版集团	2011 年	杨杰主编，线装礼盒装。《锦绣藏书》
《四书五经全注全译》	百花洲文艺出版社	2011 年	典藏本 2 册，金涛编
《四书五经》6 册	光明日报出版社	2011 年	白对照珍藏版，何亚辉编。《传世经典》
《四书五经》6 册	辽海出版社	2012 年	《礼品装家庭必读书》编委会编
《四书五经》8 册	凤凰出版社	2012 年	李翰文译注，线装繁体竖排，《崇贤馆经部》
《四书五经》影印本	线装书局	2013 年	5 函 36 册。《中国典籍影印大系》
《四书五经》2 册	江苏美术出版社	2014 年	思履主编
《四书五经》	中华书局	2014 年	大字线装本，函装 11 册
《古香斋四书五经》	线装书局	2018 年	影印本 10 册
《四书五经》4 册	北京工艺美术出版社	2019 年	李楠编译
《四书五经》6 册	辽海出版社	2019 年	李楠主编
《四书五经全本》10 册	北京联合出版公司	2019 年	文白对照，李伯钦主编
《四书五经》	中华书局	2019 年	全本全注全译大字本，9 种 21 册
《四书五经》4 册	福建人民出版社	2020 年	《线装书系》

85

这里仅列举了成套出版的40多个版本，而新中国成立以来所出版的远不止此数。可见影印本、校注本、注译本、典藏本、文白对照本等一应具有，而且涉及出版社众多，其中不乏精品。如上海古籍出版社2010年版《四书五经译注丛书》，全套9册，多为相关领域专家撰稿，即金良年撰《大学译注 中庸译注 论语译注》《孟子译注》、黄寿祺与张善文撰《周易译注》、李民与王健撰《尚书译注》、程俊英撰《诗经译注》、杨天宇撰《礼记译注》、李梦生撰《春秋左传译注》。

还有一个现象是，中华书局多次对此套书进行集中的出版，如2009年版《四书五经》虽然为白文普及本，列入《中华经典普及文库》，但以中华书局权威版本为底本进行核校，确保了该书的准确性与可靠性，至2021年已14次印刷，可见发行量之大。又如2011年，推出《中华经典名著全本全注全译丛书》（简称"三全本"），其中的《论语·大学·中庸》《孟子》《周易》《尚书》《诗经》五本，至2021年印次分别为22次、18次、19次、15次、15次，中华版图书之受欢迎可见一斑。2011年版《四书章句集注》，整理本以嘉庆十六年吴县吴氏父子校刻本为底本，校以康熙内府仿刻宋淳祐二年大字本，从而保证了版本质量。中华书局又于2012年出版《中华经典素读本·四书五经编》，按年级分册，各上下册，共8册，列入《中华诵·经典素读教程系列》。2014年版《四书五经》（大字线装本，函装11册），以中华版影印本《十三经注疏》为底本，精心核校标点整理，宣纸印制，繁体竖排，字大清晰悦目。还有2019年版《四书五经》普及本，更为人瞩目，列入《全本全注全译大字本》系列。"三全本"加大字本组合，共9种21册，16开简体横排，大字排版，疏朗有致。由郭丹、方勇、王世舜、胡平生、杨天才、王秀梅、陈晓芬等译注。

《四书五经》成套出版的情况已如上述。或因朱熹对《四书》所用功夫更深，四十余年"改犹未了"，文字训诂，文理疏通，义理阐发，整体上把握儒学精义，其《四书章句集注》堪称经典之作，故而影响力更大、读者群更为广泛，加之其体量比《五经》小，所以新中国成立以来的版本甚多，举例见表3-3中的40多个版本，内含以《四书集注》为中心的评本、整理本和普及本。有所谓读本、全解、全鉴、精编、注译、译评、图解、彩图全解等，不一而足。相对来说，《五经》成套所出的就比较少，如中州古籍出版社1991年版葛培岭等注译《五经全译》丛书，为注译本，

1993 年 2 版 6 册；山东友谊出版社 2001 年版孔令和编《五经注译》；中国华侨出版社 2016 年版思履主编《五经》等。

表 3-3　新中国成立后以《四书集注》为中心的四书出版举例①
（按出版年代排序）

书名	出版社	出版年	备注
《四书集注》	巴蜀书社	1986 年	影印版
《四书章句集注》	齐鲁书社	1988 年	据海源阁藏明朱墨套印本影印，1 函 6 册
《四书大全》影印 1—3	山东友谊书社	1989 年	明胡广等纂修。《孔子文化大全》
《袖珍本四书集注》	中州古籍出版社	1990 年	据世界书局本缩印
《四书评》5 册	凤凰出版社	1993 年	明李贽评点，影印本
《四书》	上海古籍出版社	1995 年	朱熹集注，顾美华标点。《十大古典哲学名著》
《四书集注》	三秦出版社	1998 年	《插图注解中国古典诗文十大名著》
《四书章句集注》	辽宁教育出版社	1998 年	陈立校点。《新世纪万有文库》
《四书集注》	北京古籍出版社	2000 年	《中国古典名著普及读本》
《四书集注全译》	巴蜀书社	2002 年	李申译注。《中国古代哲学名著全译丛书》
《四书》	中国文史出版社	2003 年	朱熹著。《中国古典文化精华丛书》
《四书集注》6 册	广陵书社	2004 年	据王伯沆手批校注本影印。《冬饮丛书》
《四书集注》	凤凰出版社	2005 年	王浩整理，以清代嘉庆精校本为底本
《四书章句集注》	上海古籍出版社	2006 年	金良年今译
《四书章句集注》	北京图书馆出版社	2006 年	影印 8 册。《中华再造善本》

---

① 按：《四书集注》是《四书章句集注》的简称。本表资料来源于《全国总书目》（1949—2011 年）等。

续表

书名	出版社	出版年	备注
《四书章句集注》	岳麓书社	2008年	郭齐勇导读，曾军整理
《四书大全校注》2册	武汉大学出版社	2009年	《历代科举文献整理与研究丛刊》
《钦定四书文校注》	武汉大学出版社	2009年	《历代科举文献整理与研究丛刊》
《四书直解》	九洲图书出版社	2010年	副书名：两朝帝师张居正白话讲本
《四书章句集注》	中华书局	2011年	《中华国学文库》
《四书新解》	中国致公出版社	2011年	民国沈知方主编，蒋伯潜注释
《四书章句集注》	浙江人民出版社	2018年	中华善本百部经典再造·经部十种
《四书章句集注今译》	中华书局	2020年	李申译。《中国古典名著译注丛书》

附：普及读物举例

书名	出版社	出版年	备注
《白话注解四书》	华岳文艺出版社	1988年	郗政民校勘。《中国传统语言文化普及丛书》
《白话四书》	岳麓书社	1989年	杨伯峻译。《古代名著今译读本》
《白话四书》	三秦出版社	1990年	黄朴民译。《中国传统文化丛书》
《四书译注》	吉林文史出版社	1990年	乌恩溥译注。《中国古代名著今译丛书》
《白话注解四书》	陕西人民出版社	1991年	吴陵等编。《中国传统语言文化普及丛书》
《四书译注》	辽宁民族出版社	1996年	杜宏博、高鸿译注。《中华文化传统丛书》
《四书注译》	花城出版社	1998年	陈蒲清注译。《新注今译中国古典名著丛书》
《四书》丝绸版	九洲图书出版社	1999年	朱熹编，司晨标点
《四书译评》	吉林文史出版社	2002年	刘琦等译评。《学生版中国古典名著》
《四书详解》	吉林文史出版社	2003年	刘琦等译注详解
《白话四书》	三秦出版社	2003年	黄朴民等注译。《传统文化经典读本》
《四书》	吉林文史出版社	2004年	刘琦、韩维志、程艳杰注译
《四书》文白对照	中华书局	2007年	王国轩译。2011年2版。《传世经典 文白对照》
《四书全译》修订版	贵州人民出版社	2009年	刘俊田等译注。《中国历代名著全译丛书》

第三章　各类古籍的整理出版与学术传承

续表

书名	出版社	出版年	备注
《四书精华解读》	齐鲁书社	2009 年	贾庆超注解
《四书注译》	广陵书社	2011 年	钱白平、钱建中、于英注译
《四书》上下册	辽宁民族出版社	2019 年	吴元丰编
《四书译注》	华东师范大学出版社	2019 年	杨逢彬译注
《四书》	岳麓书社	2019 年	陈戍国导读、校注。《国学经典文库》
《杨伯峻四书全译》	中华书局	2020 年	杨伯峻著

虽然以《五经》为书名出版的较少，但表 3-3 中所列的几种丛书尚包含《五经》单经本，如岳麓书社 1993 年版《古代名著今译读本》含《白话易经》《白话尚书》《白话诗经》《白话左传》等，吉林文史出版社 1995 年版《中国古代名著今译丛书》含《尚书译注》《诗经译注》等。又如贵州人民出版社的《中国历代名著全译丛书》含《周易全译》《今古文尚书全译》《礼记全译》《诗经全译》《左传全译》等，另外有《仪礼全译》《孝经全译》《尔雅全译》等。2018 年浙江人民出版社的"中华善本百部经典再造"含《周易注疏》《尚书正义》《诗集传》《周礼疏》《礼记正义》《春秋左传正义》《孝经》等，连同《四书章句集注》《说文解字注》等，全部为国家特级、一级文物。

如此说来，"五经四书"中每一部在新中国成立后都有很多的单行本出版，就中以《论语》为多，但最系统、成规模的还是《周易》，颇类似于《孙子兵法》的出版情况。无愧于"群经之首"、"大道之源"的称号。《周易》的单行本姑且不论，光是丛书就不在少数。如上海古籍出版社 1989 年版《四库易学丛刊》全套 28 本、2006 年版《当代易学研究丛刊》，九州出版社 2003 年版《周易邵氏学》丛书、2004—2008 年版《九州易学丛刊》，光明日报出版社 2004 年版《易学思维精华系列》，巴蜀书社 2004 年版《易学要籍丛书》、2005 年版《易学精华书系》等。长春出版社 2009 年出版杨军主编《十八名家解周易》，共五辑，收录汉郑玄、魏王弼、晋韩康伯、唐孔颖达、宋张载、宋胡瑗、宋程颐、宋司马光、宋苏轼、宋杨万里、宋朱熹、清惠栋等十八位著名学者注解《易》类的著述 16 种。此外，长春出版社 2010 年出版杨军、王成玉、袁永锋、马卫东、陈鹏等翻译的《程颐讲周易：白话〈伊川易传〉》《司马光讲周易：白话〈温公易说〉》《苏轼讲周易：白话〈东坡易传〉》《朱熹讲周易：白话〈周易本义〉》等书，也可视为丛书。最值得一提的还是中华书局自 2007 年以来陆续出版的《易学典籍选刊》，至 2021 年已出版 33 册，收录易类著作 36 种，详见表 3-4。

表 3-4　　　　　　中华书局《易学典籍选刊》出版情况①
（按出版年代排序）

《选刊》子目	原著者	整理者	出版时间	备注
《周易述》23 卷	（清）惠栋撰	郑万耕点校	2007 年 9 月	附《易汉学》8 卷、《易例》2 卷
《易图明辨》10 卷	（清）胡渭撰	郑万耕点校	2008 年 2 月	辨定河图、洛书专著
《周易函书》52 卷	（清）胡煦著	程林点校	2008 年 8 月	附《卜法详考四卷》等 4 种
《周易原旨 易源奥义》	（元）保巴撰	陈少彤点校	2009 年 1 月	《周易原旨》8 卷
《周易本义》4 卷	（宋）朱熹撰	廖名春点校	2009 年 11 月	据世界书局影印武英殿本点校
《六十四卦经解》8 卷	（清）朱骏声著		2009 年 3 月	繁体竖排版
《毛奇龄易著四种》	（清）毛奇龄撰	郑万耕点校	2010 年 1 月	《推易始末》4 卷、《河图洛书原舛编》《太极图说遗议》各 1 卷、《易小帖》5 卷
《易学象数论》6 卷	（清）黄宗羲撰	郑万耕点校	2010 年 10 月	外二种：黄宗炎《周易寻门馀论》2 卷、《图学辩惑》1 卷
《易象正》16 卷	（明）黄道周撰	翟奎凤整理	2011 年 5 月	以崇祯十六年刻本为底本
《周易程氏传》4 卷	（宋）程颐撰	王孝鱼点校	2011 年 5 月	据同治十年涂宗瀛刻《二程全书》

---

① 按：资料来源于《中华书局百年总书目 1912—2011》、《全国总书目》（1949—2011 年）等。

第三章　各类古籍的整理出版与学术传承

续表

丛书子目	原著者	整理者	出版时间	备注
《周易注》	（魏）王弼撰	楼宇烈注释	2011年6月	附《周易略例》
《三易洞玑》16卷	（明）黄道周撰	翟奎凤整理	2013年11月	以上海图书馆藏明刻本为底本
《周易集解》17卷	（唐）李鼎祚撰	王丰先点校	2016年1月	以明嘉靖三十六年朱睦㮮所刻聚乐堂本（足本）为底本
《周易经传校异》		杨军校	2018年10月	据清代五位学者的校异成果
《宋本周易注疏》13卷	（魏）王弼、（晋）韩康伯注，（唐）孔颖达疏	于天宝点校	2018年10月	整理底本为日本足利学校遗迹图书馆藏八行本
《孙氏周易集解》10卷	（清）孙星衍撰	黄冕点校	2018年7月	据《丛书集成》收岱南阁家刻本
《周易集注》16卷	（明）来知德撰	王丰先点校	2019年9月	又名《易经集注》《易经来注》等
《易学启蒙通释 周易本义启蒙翼传》	（宋）胡方平、（元）胡一桂撰	谷继明点校	2019年8月	各以《中华再造善本》影印国家图书馆藏元刻明修本、以日本内阁文库藏元皇庆二年刻本为底本
《周易时论合编》15卷	（明）方孔炤、方以智撰	郑万耕点校	2019年6月	以《续修四库全书》本为底本
《汉上易传》11卷	（宋）朱震撰	种方点校	2020年9月	据《四部丛刊续编》影宋刊本
《周易玩辞集解》10卷	（清）查慎行撰	范道济点校	2020年8月	据国家图书馆藏丰府藏书本
《周易观象校笺》12卷	（清）李光地撰	梅军校笺	2021年6月	以文渊阁《四库全书》本为底本

以"十三经（注疏）"和"五经四书"为核心的经学文献的整理出版情况已如上述。进一步扩展开来看，学术传承方面，新中国成立后对宋明理学家著述的出版亦为大观，如中华书局自20世纪80年代陆续推出的《理学丛书》，至2021年已收录40多种，其中一些名作印数亦很可观，如《张载集》《周敦颐集》《二程集》《朱子语类》《阳明先生集要》《孟子字

91

义疏证》等数种，印数都在 10 次以上。再从载体形态上说，随着出土文献不断面世，有关经学文献也得到整理出版，如中华书局 2008 年版《马王堆帛书周易经传校读》，完整地呈现出张政烺先生对于帛书《六十四卦》《二三子问》《系辞》《易之义》《要》《缪和》《昭力》等各篇的释文与校注，并附帛书原始照片，同年书局出版张涌泉主编《敦煌经部文献合集》（全 11 册）；又如北京图书馆出版社 2005 年版贾贵荣辑《历代石经研究文献辑刊》（全 8 册），收录明清至民国时期著名学者编撰的有关历代石经的研究资料 50 余种。

近十年来，学术界还有一件盛事，可以用说不尽的"儒藏"来概括。这就是北京大学《儒藏》编纂与研究中心编纂的《儒藏》及其"精华编"（共 282 册，含"海外编"则为 330 册），北京大学出版社陆续出版。另一部是四川大学古籍整理研究所编纂的《儒藏》（全 644 册），四川大学出版社出版，《儒藏精华》260 册 35 函，齐鲁书社出版。比较两部《儒藏》，皆是汇集中国历史上有关儒学著述为一套的大型儒学文献丛刊，它们的区别有三，"其一，分类体系不同。川大《儒藏》的分类体系前文已述及（笔者按：即'三藏二十四目'的编纂体例），而北大《儒藏》采用的是经、史、子、集四部分类法。目录体例既殊，学术旨趣自然各异。……其二，整理方式不同。川大《儒藏》为'影印加点校'与'叙录加提要'，而北大《儒藏》为'总目'加'精华编'……其三，收书多寡不同。川大《儒藏》收书五千余部，而北大《儒藏》仅撷取部分精华加以整理"。[1] 这两套书收录之广、体量之大、好评之众，足使人错愕而失步。中国历史上，儒学著作和儒学史料何其多也。怪不得有人撰文，题名即是"应以《儒家文献总目》代替《儒藏》编纂"[2]，也不失为良策。不由想起山东友谊书社 1988—1992 年版的大型丛书《孔子文化大全》，分为经典类、论著类、史志类、述闻类、杂纂类等类收录，亦可谓"煌煌儒藏"。[3] 中华传统文化博大精深，历史悠远绵长，儒学垂范两千多年，应该是收之不尽的，所以就经学文献的整理

---

[1] 袁捷、何静：《回首千古儒学 传承文化宝藏——记〈儒藏〉出版 15 年》，"四川大学出版社"微信公众号（2019 年 3 月 17 日），儒藏网（http：//gj.scu.edu.cn/news/ruzang/15528817032185.html）。

[2] 曹景年：《应以〈儒家文献总目〉代替〈儒藏〉编纂》，儒家网（https：//www.rujiazg.com/article/7705）。

[3] 黄伟中：《煌煌儒藏——评〈孔子文化大全〉》，《发展论坛》1997 年第 2 期。

出版而言，编纂一部《经学文献总目》可能是个好的选题。

第二节　总集别集的整理出版

新中国成立以来的古籍出版，文学类古籍数量最多、范围亦最广，要想不避重复地进行分析，最好的办法是先确定一个坐标。如以文学体裁作为标准，已整理出版的总集（含影印前代的）中，"诗"类整理出版的如《诗经》《楚辞》《先秦汉魏晋南北朝诗》《全唐诗》《全唐诗外编》《全唐五代诗》《宋诗钞》《全宋诗》《全辽金诗》《全元诗》《全明诗》等，以及《唐诗别裁集》《宋诗别裁集》《元诗别裁集》《明诗别裁集》《清诗别裁集》《晚晴簃诗汇》等。

"词"类整理出版则有《全唐五代词》（两种）、《全宋词》、《全金元词》、《全元词》、《全明词》、《全清词》（"顺康卷"、"雍乾卷"、"嘉道卷"），以及《景刊宋金元明本词》、《景汲古阁钞宋金词七种》、《宋六十名家词》、《宋词别集丛刊》、《彊村丛书》、《全清词钞》、《清词综补》、《词林集珍》等。

"文"类出版的有《文选》《六臣注文选》《全上古三代秦汉三国六朝文》《全唐文》《全宋文》《全辽文》《金文最》《全元文》《元文类》《明文海》，以及《唐文粹》《宋文鉴》《明文衡》《古文观止》等。

以上三类，基本将历代诗、词、文囊括较全面，系统性清晰可见。至于戏曲，如《全元曲》《全元散曲》《元曲选》《元曲选外编》《六十种曲》《盛明杂剧》《遏云阁曲谱》《明清传奇选刊》等，亦复如此，兹不列举。

纵观新中国成立以来总集的出版，除新编的之外（按：版权所有），对于前代已有的如《全唐诗》《全唐文》《唐诗三百首》等一大批总集，往往是多个出版社、多次的出版、重印，加剧了重复出版现象，尽管如此，对于读者而言，学术界总有几个公认的好版本。如果考虑到价格因素，那么读者的选择自有不同。

再以时代而论，势必与体裁相关涉之处重复，这里仅以唐代文学文献为例（按：包括别集），不避重复说明之，其余各代不再论及。1949—1966年，唐代作家作品主要的整理出版成果如《全唐诗》《唐诗纪事》《唐五代词》《敦煌变文集》《敦煌曲子词集》等，皆有校点本出版；《文苑英华》

《万首唐人绝句》《宋本杜工部集》等影印出版。另外有《唐戏弄》《韩昌黎诗系年集释》《教坊记笺订》《刘禹锡年谱》《元次山年谱》等校点出版。自 1978 年以来，唐代文学古籍出版的主要成绩可总括如下：（1）唐诗，《全唐诗外编》《全唐诗补编》以及《全唐诗》重修版、《全唐五代诗》（初盛唐部分）等；（2）唐五代词，如《敦煌歌辞总编》及《全唐五代词》（两种）等；（3）唐文，如《全唐文》《全唐文补遗》及《全唐文补编》（160 卷），以及《隋唐五代墓志汇编》《唐代墓志汇编》等；（4）唐代小说等，如《全唐小说》《唐五代志怪传奇叙录》《古小说编目》等；（5）别集的校定、注释，已出唐集注本达百余家，李、杜、韩、柳、元、白等人的全集新注本达到更高水平（如凤凰出版社 2016 年版《李太白全集校注》），以往无注的中小别集也有了新注本，而且数量、质量均可观。

说到别集，情况更为复杂，大概没有一个出版社没出过别集，而质量也是参差不齐的。别集单行本且不说，以丛书形式出版的，专业古籍出版社程度不同地都有出版，有的还不止一套，但就使用情况来看，影响最大、普及面最广的无疑是中华书局的《中国古典文学基本丛书》，其出版情况详见表 3－5。

表 3－5　　中华书局《中国古典文学基本丛书》出版情况①

书名	原著者	整理者	整理方式	版本状态及出版时间
《诗经注析》		程俊英、蒋见元	注析	初版 18 次印 2016 年；新排本 2017 年
《楚辞补注》	（宋）洪兴祖撰	白化文、许德楠	点校	初版 16 次印 2021 年；典藏本 2016 年
《楚辞校释》		王泗原著	校释	初版 6 次印 2021 年；典藏本 2016 年
《屈原集校注》（全 2 册）	（战国）屈原撰	金开诚、董洪利、高路明	校注	初版 1996 年，2021 年 7 次印
《毛诗传笺》	（汉）毛亨传，郑玄笺，（唐）陆德明校	孔祥军	点校	初版 2018 年，2020 年 3 次印

---

①　按：资料来源于中华书局官网 http：//www.zhbc.com.cn/zhsj/fg/home/searchcontent.html?conds。并查阅中华书局 2012 年版《中华书局百年总书目 1912—2011》等资料。

第三章　各类古籍的整理出版与学术传承

续表

书名	原著者	整理者	整理方式	版本状态及出版时间
《古诗源》	（清）沈德潜选	闻旭初	点校	初版1963年；2版26次印2017年；全式标点新排本2018年
《乐府诗集》	（宋）郭茂倩撰	中华书局编辑部	点校	初版4册1979年，13次印2016年；新版5册2017年，3次印2020年
《说苑校证》	（汉）刘向撰	向宗鲁	校证	初版1987年，10次印2019年
《古诗十九首集释》		隋树森	集释	初版2018年，5次印2020年
《王粲集》	（汉）王粲撰	俞绍初	校点	初版1980年，5次印2016年
《建安七子集》		俞绍初	辑校	初版1989年；2版8次印2016年；修订本2014年；典藏本2017年
《曹操集》	（三国魏）曹操著	中华书局编辑部	校点	初版2018年，3次印2020年
《曹植集校注》（全2册）	（三国魏）曹植著	赵幼文	校注	初版2016年；典藏本2017年
《嵇康集校注》（全2册）	（三国魏）嵇康撰	戴明扬	校注	初版2014年，典藏本2017年
《阮籍集校注》	（三国魏）阮籍撰	陈伯君	校注	初版1987年；修订2版6次印2015年；典藏本2015年
《陆机集》	（晋）陆机撰	金涛声	点校	初版1982年
《陆云集》	（晋）陆云撰	黄葵	点校	初版1988年
《搜神记》	（晋）干宝撰	汪绍楹	校注	初版1979年
《搜神记辑校、搜神后记辑校》（全2册）	（晋）干宝撰，（晋）陶渊明撰	李剑国	辑校	初版2019年

95

续表

书名	原著者	整理者	整理方式	版本状态及出版时间
《陶渊明集》	（晋）陶渊明撰	逯钦立	校注	初版16次印2017年；新排本2018年
《陶渊明集笺注》	（晋）陶渊明撰	袁行霈	笺注	初版2册2018年附诗文句索引
《鲍照集校注》（全2册）	（南朝宋）鲍照撰	丁福林、丛玲玲	校注	初版2012年；典藏本2016年
《玉台新咏笺注》（全2册）	（南朝陈）徐陵编，（清）吴兆宜注	穆克宏	点校	初版1985年，8次印2015年；修订本2017年；典藏本2017年
《世说新语校笺》	（南朝宋）刘义庆撰	徐震堮著	校笺	初版1984年，17次印2017年
《世说新语笺疏》（全3册）	（南朝宋）刘义庆撰	余嘉锡笺疏，周祖谟等整理	笺疏	典藏本2015年；平装本2016年
《世说新语校笺》	（南朝宋）刘义庆撰，（南朝梁）刘孝标注	杨勇	校笺	初版2册19次印2021年；修订本4册2019年
《谢朓集校注》	（南朝齐）谢朓撰	曹融南	校注	初版2019年
《江文通集汇注》	（南朝梁）江淹撰，（明）胡之骥注	李长路、赵威	点校	初版1984年，6次印2021年
《何逊集校注》	（南朝梁）何逊撰	李伯齐	校注	初版1980年；修订版2010年
《徐陵集校笺》（全4册）	（南朝陈）徐陵撰	许逸民	校笺	初版2008年
《庾子山集注》（全3册）	（北周）庾信撰，（清）倪璠注	许逸民	校点	初版1980年，10次印2020年
《杨炯集、卢照邻集》	（唐）杨炯、卢照邻撰	徐明霞	点校	1980年
《卢照邻集校注》	（唐）卢照邻撰	李云逸	校注	初版1998年，4次印2021年
《杨炯集笺注》（全4册）	（唐）杨炯撰	祝尚书	校注	初版2016年；典藏本2017年
《沈佺期宋之问集校注》	（唐）沈佺期、宋之问撰	陶敏、易淑琼	校注	初版2006年；修订版4次印2017年

续表

书名	原著者	整理者	整理方式	版本状态及出版时间
《张说集校注》	（唐）张说撰	熊飞	校注	初版4册2013年
《张九龄集校注》	（唐）张九龄撰	熊飞	校注	初版3册2008年，4次印2020年
《王维集校注》（全4册）	（唐）王维撰	陈铁民	校注	初版9次印2017年；修订本2018年
《孟浩然诗集校注》	（唐）孟浩然撰	李景白	校注	初版2018年
《李颀诗歌校注》	（唐）李颀著	王锡九	校注	初版2册2017年
《常建诗歌校注》	（唐）常建著	王锡九	校注	初版2017年
《李太白全集》	（唐）李白撰，（清）王琦注	中华书局编辑部	校点	初版3册13次印2013年；修订本5册5次印2021年；典藏本2015年
《李白全集编年笺注》（全4册）	（唐）李白撰	安旗、薛天纬、阎琦、房日晰	笺注	初版2015年；典藏本2018年
《高适诗集编年笺注》	（唐）高适撰	刘开扬	笺注	初版1981年，8次印2017年
《岑嘉州诗笺注》	（唐）岑参撰	廖立	笺注	初版2册2004年
《岑参诗笺注》	（唐）岑参撰	廖立	笺注	初版2册2018年
《杜诗详注》	（唐）杜甫撰，（清）仇兆鳌注	中华书局编辑部	点校	初版5册10次印2013年；2版8册2015年；典藏本8册2015年
《读杜心解》	（清）浦起龙著		点校	初版2册1961年，9次印2019年
《刘长卿诗编年笺注》	（唐）刘长卿撰	储仲君	笺注	初版2册1996年；2版4次印2021年
《韦应物诗集系年校笺》	（唐）韦应物撰	孙望	校笺	初版2002年，4次印2021年
《韩愈文集汇校笺注》（全7册）	（唐）韩愈撰	岳珍、刘真伦	笺注	初版2010年，5次印2021年；典藏本2018年
《韩昌黎诗集编年笺注》（全2册）	（唐）韩愈撰，（清）方世举笺注	郝润华、丁俊丽	整理	初版2012年，4次印2018年；典藏本2017年

97

续表

书名	原著者	整理者	整理方式	版本状态及出版时间
《五百家注韩昌黎集》	（唐）韩愈撰，（宋）魏仲举汇纂	郝润华、王东峰	集注	初版 4 册 2019 年
《柳宗元集》	（唐）柳宗元撰	吴文治	点校	初版 4 册 1979 年，8 次印 2021 年
《柳宗元集校注》	（唐）柳宗元撰	尹占华、韩文奇	校注	初版 10 册 2013 年
《刘禹锡集》	（唐）刘禹锡撰	卞孝萱	校订	初版 2 册 1990 年，3 次印 2004 年
《刘禹锡全集编年校注》	（唐）刘禹锡撰	陶敏、陶红雨	校注	初版 6 册 2019 年，3 次印 2021 年
《白居易集》	（唐）白居易撰	顾学颉	校点	初版 4 册 1979 年，6 次印 2001 年
《白居易诗集校注》	（唐）白居易撰	谢思炜	校注	初版 6 册 2006 年，8 次印 2021 年；典藏本 2018 年
《白居易文集校注》	（唐）白居易撰	谢思炜	校注	初版 4 册 2011 年；典藏本 2018 年
《元稹集》（全 2 册）	（唐）元稹撰	冀勤	点校	初版 1982 年；修订本 5 次印 2021 年
《张籍集系年校注》	（唐）张籍撰	徐礼节、余恕诚	校注	初版 3 册 2011 年；典藏本 2016 年
《李长吉歌诗编年笺注》（全 2 册）	（唐）李贺撰	吴企明	笺注	初版 2012 年，4 次印 2020 年；典藏本 2017 年
《丁卯集笺证》	（唐）许浑撰	罗时进	笺证	初版 2 册 2012 年
《杜牧集系年校注》（全 4 册）	（唐）杜牧撰	吴在庆	校注	初版 4 次印 2017 年；典藏本 2016 年
《李商隐文编年校注》	（唐）李商隐撰	刘学锴、余恕诚	校注	初版 5 册 2002 年，3 次印 2014 年
《李商隐诗歌集解》（全 5 册）	（唐）李商隐撰	刘学锴、余恕诚	著	初版 1998 年；增订重排本 10 次印 2017 年；典藏本 2016 年
《温庭筠全集校注》	（唐）温庭筠撰	刘学锴	校注	初版 3 册 2007 年；典藏本 2021 年

第三章 各类古籍的整理出版与学术传承

续表

书名	原著者	整理者	整理方式	版本状态及出版时间
《贯休歌诗系年笺注》	（唐）贯休撰	胡大浚	笺注	初版3册2011年
《韩偓集系年校注》	（唐）韩偓撰	吴在庆	校注	初版3册2016年；典藏本2016年
《松陵集校注》	（唐）皮日休、陆龟蒙等撰	王锡九	校注	初版5册2018年
《罗隐集》	（唐）罗隐撰	雍文华	辑校	初版1983年
《花间集校注》	（后蜀）赵崇祚编	杨景龙	校注	初版4册2014年；典藏本2015年
《南唐二主词校订》	（南唐）李璟、李煜撰，（宋）无名氏辑	王仲闻	校订	初版2007年，10次印2017年
《南唐二主词笺注》	（南唐）李璟、李煜著	王仲闻校订，陈书良、刘娟笺注	笺注	初版2013年，5次印2019年；典藏本4次印2019年
《徐铉集校注 附徐锴集》	（宋）徐铉撰	李振中	校注	初版4册2018年
《西昆酬唱集注》	（宋）杨亿编	王仲荦	集注	初版2018年
《乐章集校注》	（宋）柳永撰	薛瑞生	校注	初版1994年，4次印2007年；增订本2012年；典藏本2015年
《欧阳修全集》	（宋）欧阳修撰	李逸安	点校	初版6册2001年
《欧阳修诗编年笺注》	（宋）欧阳修撰	刘德清、顾宝林	笺注	初版4册2012年，3次印2020年
《欧阳修词校笺》	（宋）欧阳修撰	欧阳明亮	校笺	初版2019年
《王安石文集》	（宋）王安石撰	刘成国	点校	初版5册2021年
《王安石诗笺注》	（宋）王安石撰，李壁笺注，刘辰翁评点	董岑仕	点校	初版5册2021年
《苏诗补注》	（宋）苏轼撰，（清）查慎行补注	范道济	点校	初版6册2019年
《苏轼诗集》	（宋）苏轼撰，（清）王文诰辑注	孔凡礼	点校	初版8册1982年，13次印2020年
《苏轼文集》	（宋）苏轼撰，（明）茅维编	孔凡礼	点校	初版6册1986年，14次印2019年

续表

书名	原著者	整理者	整理方式	版本状态及出版时间
《苏轼词编年校注》	（宋）苏轼撰	王宗堂、邹同庆	校注	初版 3 册 2002 年，2 版 9 次印 2020 年；典藏本 2017 年
《苏辙集》（全 4 册）	（宋）苏辙撰	陈宏天、高秀芳	点校	初版 1990 年；2 版 4 次印 2017 年
《曾巩集》	（宋）曾巩撰	陈杏珍、晁继周	点校	初版 2 册 1984 年，7 次印 2021 年
《黄庭坚诗集注》	（宋）黄庭坚撰，（宋）任渊等注	刘尚荣	校点	初版 5 册 2003 年，6 次印 2020 年
《黄庭坚全集》	（宋）黄庭坚撰	刘琳、李勇先等	点校	初版 8 册 2021 年
《张耒集》	（宋）张耒撰	李逸安、孙通海	点校	初版 2 册 1990 年，3 次印 2005 年
《后山诗注补笺》	（宋）陈师道撰，（宋）任渊注	冒广生补笺，冒怀辛整理	校笺	初版 2 册 1995 年，4 次印 2021 年
《苏过诗文编年笺注》	（宋）苏过撰	舒星校补，蒋宗许、舒大刚等注	笺注	初版 3 册 2012 年
《清真集》	（宋）周邦彦撰	吴则虞	校点	初版 1981 年
《清真集校注》（全 2 册）	（宋）周邦彦撰	孙虹	校注	初版 2002 年；2 版 5 次印 2021 年
《重辑李清照集》	（宋）李清照撰	黄墨谷	辑校	初版 6 次印 2017 年；典藏本 2019 年
《李清照集校注》	（宋）李清照撰	王仲闻	校注	2020 年
《陈与义集》	（宋）陈与义撰	吴书荫、金德厚	点校	初版 2 册 1982 年；2 版 4 次印 2013 年
《朱淑真集注》	（宋）朱淑真撰，魏仲恭辑，郑元佐注	冀勤	辑校	初版 2008 年，5 次印 2019 年；典藏本 2016 年
《吕本中诗集校注》	（宋）吕本中撰	韩酉山	校注	初版 5 册 2017 年
《张孝祥词校笺》	（宋）张孝祥撰	宛敏灏	校注	初版 2010 年
《张孝祥集编年校注》	（宋）张孝祥著	辛更儒	校注	初版 5 册 2016 年
《杨万里集笺校》	（宋）杨万里撰	辛更儒	笺校	初版 10 册 2007 年

第三章 各类古籍的整理出版与学术传承

续表

书名	原著者	整理者	整理方式	版本状态及出版时间
《辛弃疾集编年笺注》	（宋）辛弃疾著	辛更儒	笺注	初版6册2016年
《诗集传》	（宋）朱熹撰	赵长征	点校	初版3次印2021年；典藏本2019年
《姜白石词笺注》	（宋）姜夔撰	陈书良	笺注	初版7次印2020年；典藏本2016年
《梦窗词集校笺》	（宋）吴文英撰	孙虹、谭学纯	校笺	初版6册2016年；典藏本2018年
《刘克庄集笺校》	（宋）刘克庄撰	辛更儒	笺校	初版16册2011年
《蒋捷词校注》	（宋）蒋捷撰	杨景龙	校注	初版2010年，6次印2019年
《山中白云词》	（宋）张炎撰	吴则虞	校辑	初版2册1983年；2版2019年
《文天祥诗集校笺》	（宋）文天祥撰	刘文源	校笺	初版4册2018年
《元好问诗编年校注》	（金）元好问著	狄宝心	校注	初版4册2011年；典藏本3册2019年
《元好问文编年校注》	（金）元好问撰	狄宝心	校注	初版3册2012年，4次印2021年
《中州集校注》	（金）元好问编	张静	校注	初版8册2018年
《汇校详注关汉卿集》（全3册）	（元）关汉卿撰	蓝立蒌	校注	初版2006年；2版4次印2016年；典藏本2018年
《关汉卿集校注》	（元）关汉卿撰	蓝立蒌	校注	初版4册2018年；典藏本3册2019年
《袁桷集校注》	（元）袁桷著	杨亮	校注	初版6册2012年
《王恽全集汇校》	（元）王恽撰	杨亮、钟彦飞注	汇校	初版10册2013年
《徐渭集》（全4册）	（明）徐渭撰	中华书局编辑部	编校	初版1983年，9次印2021年
《顾亭林诗笺释》	（清）顾炎武撰	王冀民	笺释	初版1998年；2版3次印2017年
《顾亭林诗文集》	（清）顾炎武撰	华忱之	点校	初版1983年；2版4次印2016年

续表

书名	原著者	整理者	整理方式	版本状态及出版时间
《王船山诗文集》	（清）王夫之撰	中华书局编辑部	点校	初版2册8次印2018年
《吴梅村诗集笺注》	（清）吴伟业撰，程穆衡原笺，杨学沆注	张耕	点校	初版2册2020年
《吕留良诗笺释》	（清）吕留良撰	俞国林撰	笺释	初版4册2018年
《钱遵王诗集校笺》	（清）钱曾撰	谢正光	校笺	初版2018年
《魏叔子文集》	（清）魏禧撰	胡守仁、姚品文	校点	初版3册2003年
《戴名世集》	（清）戴名世撰	王树民	编校	初版2册1986年；2版2019年
《戴名世遗文集》	（清）戴名世撰	韩明祥、王树民	编校	初版2002年
《吴敬梓集系年校注》	（清）吴敬梓撰	李汉秋、项东升	校注	初版2011年；典藏本2017年
《饮水词笺校》	（清）纳兰性德撰	赵秀亭、冯统一	笺校	2005年修订本，13次印2016年
《船山诗草》	（清）张问陶撰	中华书局编辑部	整理	初版2册1986年，3次印2008年
《洪亮吉集》	（清）洪亮吉撰	刘德权	点校	初版5册2001年
《梁佩兰集校注》	（清）梁佩兰著	董就雄	校注	初版6册2019年
《顾太清集校笺》	（清）顾太清撰	金启孮、金适	校笺	初版2册2012年；典藏本2015年
《龚自珍己亥杂诗注》	（清）龚自珍撰	刘逸生注	校注	初版8次印2017年；2版2018年

中华书局的这套《中国古典文学基本丛书》还在续出着，一是添加新的品种，一是重印原版本，或修订再版。表3-5中列出了每种书的详细出版情况，特别是通过最新统计的版次，尤其是印次，完全可以说明该套书的影响力与读者需求度，也就不难理解中华书局本何以为名著了。这套书包含着诗、文、词诸体，某一作家的作品有分体编集，也有诸体合编的。还有一种情况是，同一作家的集子，因整理方式的不同，有时会出现两个或两个以上的版本。再就整理方式来看，也各具特色，而整理者本身多是这方面的专家，或是专门研究某作家的。如果翻看各书的校勘经过，其搜罗版本丰富，选定底本，多本互参，甄别异同，校注说明，一一毕

现，用力之勤，费时之多，功夫之深等，无一不成其打造精品的因素。总之，这套书为学术界做出了巨大的贡献。

人民文学出版社以出版古今中外文学书籍为专业，下设有古典文学编辑室，专门负责编辑出版中国古典文学作品和文学理论的如整理本、重印本、今译本、影印本等，以及今人的古典文学理论研究著作和专题研究资料。对中国古典诗、词、曲、赋、散文、戏剧、小说等都有系统出版，尤其著名的是《中国古典文学理论批评专著选辑》，一向得到学界的欢迎，而其别集丛书，如《中国古典文学读本丛书》《新注古代文学名家集》等也是读者不错的选择。

其他专业古籍社的这类书不再赘述，这里仅以上海古籍出版社所出同类书《中国古典文学丛书》为例说明，其具体出版情况详见表3-6。

表3-6　上海古籍出版社《中国古典文学丛书》出版情况

书名	原著者	整理者	整理方式	出版时间
《诗经今注》		高亨	笺注	1980年
《楚辞今注》	（战国）屈原著	汤炳正等注	笺注	1996年
《司马相如集校注》	（汉）司马相如著	金国永	校注	1993年
《扬雄集校注》	（汉）扬雄著	张震泽	校注	1993年
《张衡诗文集校注》	（汉）张衡著	张震泽	校注	1986年
《阮籍集》	（三国魏）阮籍著	李志钧等	校点	1978年
《陶渊明集校笺》	（晋）陶潜著	龚斌	校笺	2011年修订
《世说新语笺疏》	（南朝宋）刘义庆著，（南朝梁）刘孝标注	余嘉锡笺疏，周祖谟等整理	笺疏	1993年修订
《世说新语校释》（全3册）	（南朝宋）刘义庆撰，（南朝宋）刘孝标注	龚斌	校释	2011年
《鲍参军集注》	（南朝宋）鲍照著	钱仲联增补集校	集注	1980年
《谢宣城集校注》	（南朝齐）谢朓著	曹融南校注集说	校注	1991年
《文心雕龙义证》（全3册）	（南朝梁）刘勰著	詹锳	义证	1989年
《文选》（全6册）	（南朝梁）萧统编，（唐）李善注	李培南等	标点	1986年

续表

书名	原著者	整理者	整理方式	出版时间
《诗品集注》（全2册）	（南朝梁）钟嵘著	曹旭	集注	1994年增订
《玉台新咏汇校》（全2册）	（南朝陈）徐陵编	吴冠文、谈蓓芳等	汇校	2013年
《陈子昂集》	（唐）陈子昂撰	徐鹏	标校	2013年修订
《王梵志诗校注》（全2册）	（唐）王梵志撰	项楚	校注	2010年增订
《卢照邻集笺注》	（唐）卢照邻著	祝尚书	笺注	1994年增订
《骆临海集笺注》	（唐）骆宾王著，（清）陈熙晋注	上海古籍出版社	重印	1985年新版
《王子安集注》	（唐）王勃著，（清）蒋清翊注	汪贤度	校点	1995年
《王右丞集笺注》	（唐）王维著，（清）赵殿成笺注	上海古籍出版社	标点	1984年
《孟浩然诗集笺注》	（唐）孟浩然著	佟培基	笺注	2000年增订
《高适集校注》	（唐）高适著	孙钦善	校注	1984年
《李白集校注》（全4册）	（唐）李白著	瞿蜕园等	校注	1980年
《钱注杜诗》（全2册）	（唐）杜甫著，（清）钱谦益笺注	上海古籍出版社	重印	1979年新版
《杜诗镜铨》（全2册）	（唐）杜甫著，（清）杨伦笺注	上海古籍出版社	标点	1980年新版
《杜诗赵次公先后解辑校》（全3册）	（唐）杜甫撰，（宋）赵次公注	林继中	辑校	2012年修订
《岑参集校注》	（唐）岑参著	陈铁民、侯忠义	校注	1981年
《韦应物集校注》	（唐）韦应物著	陶敏、王友胜	校注	1998年
《白居易集笺校》（全6册）	（唐）白居易著	朱金城	笺校	1988年
《元稹集校注》（全3册）	（唐）元稹撰	周相录	校注	2011年
《韩昌黎诗系年集释》（全2册）	（唐）韩愈著	钱仲联	集释	1984年
《韩昌黎文集校注》（全2册）	（唐）韩愈著，马其昶校注	马茂元	整理	1986年

第三章　各类古籍的整理出版与学术传承

续表

书名	原著者	整理者	整理方式	出版时间
《刘禹锡集笺证》（全3册）	（唐）刘禹锡著	瞿蜕园	笺证	1989年
《柳宗元诗笺释》	（唐）柳宗元著	王国安	笺释	1993年
《柳河东集》（全2册）	（唐）柳宗元著，（唐）刘禹锡辑	上海古籍出版社	重印	2008年
《权德舆诗文集》（全2册）	（唐）权德舆著	郭广伟	校点	2008年
《戴叔伦诗集校注》	（唐）戴叔伦撰	蒋寅	校注	2010年
《三家评注李长吉歌诗》	（唐）李贺著，（清）王琦等评注	上海古籍出版社	标点	1998年新版
《李贺诗歌集注》	（唐）李贺著，（清）王琦等注	上海古籍出版社	排印	1977年
《樊川文集》	（唐）杜牧著	陈允吉	校点	1978年
《樊川诗集注》	（唐）杜牧著，（清）冯集梧注	上海古籍出版社	标点	1978年
《长江集新校》	（唐）贾岛著	李嘉言	校点	1983年
《姚合诗集校注》（全2册）	（唐）姚合撰	吴河清	校注	2012年
《温飞卿诗集笺注》	（唐）温庭筠著，（清）曾益等笺	王国安	标点	1980年
《玉溪生诗集笺注》（全2册）	（唐）李商隐著，（清）冯浩笺注	蒋凡	标点	1979年
《樊南文集》（全2册）	（唐）李商隐著，（清）冯浩详注	钱振伦、钱振常	笺注	1988年
《郑谷诗集笺注》	（唐）郑谷著	严寿澂、赵昌平	笺注	1991年
《皮子文薮》	（唐）皮日休著	萧涤非、郑庆笃	整理	1981年
《韦庄集笺注》	（五代）韦庄著	聂安福	笺注	2002年
《二晏词笺注》	（宋）晏殊、晏几道著	张草纫	笺注	2008年
《张先集编年校注》	（宋）张先撰	吴熊和、沈松勤	校注	2012年
《欧阳修诗文集校笺》（3册）	（宋）欧阳修著	洪本健	校笺	2009年
《梅尧臣集编年校注》（3册）	（宋）梅尧臣著	朱东润	校注	1980年

105

续表

书名	原著者	整理者	整理方式	出版时间
《苏舜钦集》	（宋）苏舜钦著	沈文倬	校点	1981年新版
《嘉祐集笺注》	（宋）苏洵著	曾枣庄、金成礼	笺注	1993年
《苏轼诗集合注》（全6册）	（宋）苏轼著，（清）冯应榴辑注	黄任轲、朱怀春	校点	2001年
《王荆文公诗笺注》（全3册）	（宋）王安石撰，（宋）李璧笺注	高克勤	点校	2010年
《东坡乐府笺》	（宋）苏轼著，朱孝臧编年校注	龙榆生、朱怀春	校笺标点	2009年
《栾城集》（全3册）	（宋）苏辙著	曾枣庄、马德富	校点	1987年
《山谷诗集注》（全2册）	（宋）黄庭坚著，（宋）任渊等注	黄宝华	点校	2003年
《山谷诗注续补》	（宋）黄庭坚撰	陈永正、何泽棠	校注	2012年
《山谷词校注》	（宋）黄庭坚撰	马兴荣、祝振玉	校注	2011年
《淮海集笺注》（全3册）	（宋）秦观著	徐培均	笺注	2000年
《淮海居士长短句笺注》	（宋）秦观著	夏承焘	笺注	2008年
《王令集》	（宋）王令撰	沈文倬注解	校点	2011年2版
《清真集笺注》（全2册）	（宋）周邦彦著	罗忼烈	笺注	2008年
《陈与义集校笺》（全2册）	（宋）陈与义著	白敦仁	校笺	1990年
《李清照集笺注》	（宋）李清照著	徐培均	笺注	2002年
《芦川词笺注》	（宋）张元干撰	曹济平	笺注	2010年
《石林词笺注》	（宋）叶梦得撰	蒋哲伦	笺注	2014年
《樵歌校注》	（宋）朱敦儒撰	邓子勉	校注	2010年
《于湖居士文集》	（宋）张孝祥著	徐鹏	校点	2009年
《稼轩词编年笺注》（定本）	（宋）辛弃疾著	邓广铭	笺注	1993年增订
《范石湖集》	（宋）范成大著	富寿荪	标校	1981年
《剑南诗稿校注》（全8册）	（宋）陆游著	钱仲联	校注	1985年

第三章　各类古籍的整理出版与学术传承

续表

书名	原著者	整理者	整理方式	出版时间
《放翁词编年笺注》	（宋）陆游著	夏承焘、吴熊和	笺注	1981 年
《姜白石词编年笺校》	（宋）姜夔著	夏承焘	笺校	1981 年
《后村词笺注》	（宋）刘克庄撰	钱仲联	笺注	2012 年
《雁门集》	（元）萨都剌著	殷孟伦、朱广祁	整理	1982 年
《揭傒斯全集》	（元）揭傒斯著	李梦生	点校	1985 年
《高青丘集》（全2册）	（明）高启著，（清）金檀辑注	徐澄宇、沈北宗	校点	1985 年
《海浮山堂词稿》	（明）冯惟敏著	凌景埏、谢伯阳	整理	1981 年
《唐寅集》	（明）唐寅撰	周道振、张月尊	辑校	2013 年
《文徵明集》（全3册）	（明）文徵明撰	周道振	辑校	2014 年增订
《震川先生集》（全2册）	（明）归有光著	周本淳	校点	1981 年
《沧溟先生集》（全2册）	（明）李攀龙著	包敬第	标校	1992 年
《沈璟集》（全2册）	（明）沈璟著	徐朔方	辑校	1991 年
《谭元春集》	（明）谭元春著	陈杏珍	标校	1998 年
《汤显祖诗文集》（全2册）	（明）汤显祖著	徐朔方	笺校	1982 年
《汤显祖戏曲集》（全2册）	（明）汤显祖著	钱南扬	校点	1982 年
《袁宏道集笺校》（全3册）	（明）袁宏道著	钱伯城	笺校	1981 年
《珂雪斋集》（全3册）	（明）袁中道著	钱伯城	点校	1989 年
《白苏斋类集》	（明）袁宗道著	钱伯城	标点	1989 年
《隐秀轩集》	（明）钟惺著	李先耕、崔重庆	标校	1992 年
《梁辰鱼集》	（明）梁辰鱼撰	吴书荫	编集校点	2010 年
《张岱诗文集》	（明）张岱撰	夏咸淳	校点	2014 年增订
《陈子龙诗集》（全2册）	（明）陈子龙著	施蛰存、马祖熙	标校	1983 年
《顾亭林诗集汇注》（全2册）	（清）顾炎武著	王蘧常、吴丕绩	辑校汇注	1983 年
《归庄集》（全2册）	（清）归庄撰	上海古籍出版社	整理	1984 年新版

107

续表

书名	原著者	整理者	整理方式	出版时间
《牧斋初学集》（全3册）	（清）钱谦益著，（清）钱曾笺注	钱仲联	标校	1985年
《牧斋有学集》（全3册）	（清）钱谦益著，（清）钱曾笺注	钱仲联	标校	1985年
《牧斋杂著》（全2册）	（清）钱谦益著，（清）钱曾笺注	钱仲联	标校	2007年
《牧斋初学集诗注汇校》（全2册）	（清）钱谦益撰，钱曾笺注	卿朝晖	辑校	2012年
《吴梅村全集》	（清）吴伟业著	李学颖	集评标校	1990年
《李玉戏曲集》（全3册）	（清）李玉著	陈古虞、陈多	点校	2004年
《敬业堂诗集》（全3册）	（清）查慎行著	周劭	标点	1986年
《方苞集》（全2册）	（清）方苞著	刘季高	校点	1983年
《两当轩集》	（清）黄景仁著	李国章	标点	1983年
《忠雅堂集校注》（全4册）	（清）蒋士铨著	邵海清、李梦生	校注	1993年
《樊榭山房集》（全3册）	（清）厉鹗著，（清）董兆熊注	陈九思	标校	1992年
《刘大櫆集》	（清）刘大櫆著	吴孟复	标点	1990年
《纳兰词笺注》	（清）纳兰性德著	张草纫	笺注	2000年
《瓶水斋诗集》（全2册）	（清）舒位著	曹光甫	点校	2009年
《安雅堂全集》	（清）宋琬著	马祖熙	标校	2008年
《渔洋精华录集释》（全3册）	（清）王士禛著	李毓芙等	整理	1999年
《吴嘉纪诗笺校》	（清）吴嘉纪著	杨积庆	笺校	1980年
《秋笳集》	（清）吴兆骞著	麻守中	校点	2009年
《惜抱轩诗文集》	（清）姚鼐著	刘季高	标校	1992年
《小仓山房诗文集》（全4册）	（清）袁枚著	周本淳	标校	1988年
《茗柯文编》	（清）张惠言著	黄立新	校点	1984年

第三章　各类古籍的整理出版与学术传承

续表

书名	原著者	整理者	整理方式	出版时间
《瓯北集》（全2册）	（清）赵翼著	李学颖等	校点	2007年
《儒林外史汇校汇评》	（清）吴敬梓撰	李汉秋	辑校	2010年
《陈维崧集》（全3册）	（清）陈维崧撰	陈振鹏、李学颖	点校	2010年
《聊斋志异汇校汇注汇评本》（全4册）	（清）蒲松龄撰	张友鹤	辑校	1978年新版
《水云楼诗词笺注》	（清）蒋春霖撰	刘勇刚	笺注	2011年
《恽敬集》（全2册）	（清）恽敬撰	万陆、林振岳等	标校集评	2013年
《龚自珍全集》	（清）龚自珍著	王佩诤	校点	1999年新版
《龚自珍诗集编年校注》（全2册）	（清）龚自珍撰	刘逸生、周锡䪖	校注	2013年
《岭云海日楼诗钞》	（清）丘逢甲著	丘铸昌	整理	1982年
《人境庐诗草笺注》（全2册）	（清）黄遵宪著	钱仲联	笺注	1981年

　　与上述中华书局本大同小异，上海古籍出版社这套书也包含唐前、唐宋，乃至元明清时期的古典文学作品，但不包括近代（按：该社另有一套《中国近代文学丛书》）。以文体而论，收书有总集、文论、笔记、小说、戏曲、词集，但绝大多数是诗文别集，这一点与中华书局版不大一样。再从整理方式来看，有标点、校点、校笺、笺注、校注、集注、集释等各种形式，但其中以笺注、笺校、集注、集释为多，占到总数的2/3，这与中华书局版的多校注本略有不同。就整理者来说，有出版前人旧注的，但更多的是今人所撰，而且是学有专长的，这与中华书局版整理者情况相同。上海古籍出版社版同一书往往同时推出精装本和平装本，而中华书局版的精装本则难得一见。

　　再就这两套丛书所收别集看，重合率还是很高的。即同一别集为两套丛书都收录，对这种情况通过具体比对进行分析，可看出各有侧重，或表现在原本旧注，或因整理者不同而具体操作方式亦自不同。总之，这两套书各有千秋，堪为精品，也可成为古籍点校整理的范例，但也不排除有例外的情况。

第三节　关于正史的整理出版

新中国成立以来新出的史籍，也存在着首先是以类型，还是以朝代区分的问题。以类型而言，纪传体正史"二十四史"及《清史稿》早有出版，而且是不同出版社多有出版，其装帧、包装形式也是各具特色，反正像正史类古籍都是无版权的。再说，编年体史书已经出版有《资治通鉴》《续资治通鉴》《续资治通鉴长编》《明通鉴》等，纪事本末体史籍则从《左传纪事本末》《通鉴纪事本末》《续通鉴纪事本末》《宋史纪事本末》《辽史纪事本末》《元史纪事本末》，直到《明史纪事本末》，均得到系统整理。又如"三通"（《通典》《通志》《文献通考》）亦不断有新版面世。而地志类已出的名著有《大唐西域记校注》《太平寰宇记》《肇域志》《读史方舆纪要》等；江苏广陵古籍刻印社的《中国佛寺志丛刊》（全120册）和《中国道观志丛刊》（全36册），又有汇编本《中国地方志集成》，收录了从现存九千多种方志中遴选的三千余种。出土文献（文物）的整理结集如《郭店楚墓竹简》《尹湾汉墓简牍》《吐鲁番出土文书》《九店楚简》等。史书的系统化整理还体现在国史、杂史、霸史、别史、野史、外史、稗史、逸史、学术史、文化史、起居注、日历、实录、会要、政书等各类。其次，如果按朝代考一代的史书整理成果，朝代之下又当分列以上类型，不复赘言。

关于正史的出版，也很成问题，各出版社有认真编校的，也有草率而为的，各种版本充斥市场，但能为人接受的有几多？而像北京古籍出版社这样认真负责的出版态度则值得提倡。为了重现《百衲本二十四史》之原貌，该社汇集当时史学界名流，历时六载精心勘辑，于2001年推出全手工宣纸的《百衲本二十四史》，全书820册，3301卷。说到点校本，中华书局版无疑是最好用的本子。其版本情况详见表3-7。先是1958年，毛泽东主席指示史学家吴晗、范文澜标点"前四史"，中华书局当时的总经理兼总编辑金灿然同志请示古籍规划小组组长齐燕铭之后，决定扩大为标点校勘"二十四史"，并在全国范围内聘请数十位专家学者进行。1959年《史记》出版发行，到1965年5月，"前四史"标点出版，其余各史也程度不同地得到点校整理。"文化大革命"爆发，点校工作停顿。直到1971

第三章 各类古籍的整理出版与学术传承

年,在周恩来总理部署下,整理出版工作恢复,并增加对《清史稿》的整理。1977年底,点校本"二十四史"和《清史稿》整理出版工作全部完成,历时20年,先后参与的老一辈史学家和中青年学者达100余人,主要分布在中国社会科学院、北京大学、北京师范大学、复旦大学、华东师范大学、上海历史研究所、南开大学、山东大学、武汉大学、内蒙古大学、西北大学、中华书局等单位。中华书局版点校本享誉海内外,使之成为"二十四史"流传过程中的最具有权威性、最通行的定本。其深远影响的一个表现就是不断地被重印,尤其"前四史"累计印次更多,见表3-7。之后,中华书局对其点校本翻新,考虑一般家庭之需,以免卷帙繁多之难,将平装本241册缩印,于1997年12月推出缩印本,精装为20册,并配套发行《二十四史人名索引》2册,又有4册缩印本《清史稿附人名索引》;考虑到"前四史"需求量大,1998年,推出缩印本,精装全4册16开,又有礼品装;考虑到现代读者的阅读习惯,于2000年推出简体横排系列"二十四史"全63册。

表3-7 中华书局点校本"二十四史"与《清史稿》的分版本情况

书名	著者	点校版本	初版及出版情况
《史记》130篇	(汉)司马迁撰,(宋)裴骃集解,(唐)司马贞索隐,(唐)张守节正义	据清同治间金陵书局本为底本,据武英殿本格式编排大小题;顾颉刚等分段标点	1959年9月(平装10册 精装6册);1977年4月(线装本6函52册);2011年2版第25次印(全10册)
《汉书》120卷	(汉)班固撰,(唐)颜师古注	以清王先谦《汉书补注》为底本,参校北宋景祐本、明毛晋汲古阁本、清武英殿本、同治金陵书局本等	1962年6月(线装本20册 精装8册 平装本12册);2010年第15次印(全12册)
《后汉书》130卷	(南朝宋)范晔撰,(唐)李贤等注	以绍兴本为底本,对校明汲古阁本、清武英殿本;校记参考前人成果,重编总目录	1965年5月(线装18册 精装6册 平装12册);1976年10年(线装10函60册);2011年第13次印(全12册)
《三国志》65卷	(晋)陈寿撰,(南朝宋)裴松之注,陈乃乾校点	据百衲本、清武英殿刻本、金陵活字本、江南书局本互相勘对;用梁章钜、卢弼所汇集前人的校释成果复勘	1959年12月(精装4册 平装5册);1960年4月(线装8册);1977年10月(线装5函26册);2011年2版第25次印(全8册)

续表

书名	著者	点校版本	初版及出版情况
《晋书》130卷	（唐）房玄龄等撰	以金陵书局本为工作本，互校宋本（百衲本）、武英殿本，参考元大德本、明南北监本、吴本、周本、毛本	1974年11月（精装5册平装10册）；1976年10月（线装本8函65册）；2011年第11次印（全10册）
《宋书》100卷	（南朝梁）沈约撰	以三朝递修本、明北监本、汲古阁本、清武英殿本、金陵书局本、百衲本互校	1974年10月（精装4册平装8册）；2011年第11次印（全8册）
《南齐书》59卷	（南朝梁）萧子显撰	以宋蜀刻大字本（百衲本）为底本，参校明南监本、北监、汲古阁本、清武英殿本、金陵书局本等标点校勘	1972年1月（精装2册平装3册）；1976年9月（线装本2函18册）；2011年第11次印（全3册）
《梁书》56卷	（唐）姚思廉撰	以百衲本及明南监本、北监本、汲古阁本、清武英殿本、金陵书局本等互校	1973年5月（精装2册平装3册）；2011年第10次印（全3册）
《陈书》36卷	（唐）姚思廉撰	以百衲本为底本，互校明南监本、北监本、汲古阁本、清武英殿本、金陵书局本	1972年3月（精装1册平装2册）；2011年第10次印（全2册）
《南史》80卷	（唐）李延寿撰	以百衲本（即元大德本）为工作本，通校汲古阁本、武英殿本，参校南监本、北监本、金陵书局本	1975年6月（精装3册，平装6册）；1978年11月（线装本5函34册）；2011年第9次印（全8册）
《魏书》130卷	（北齐）魏收撰	通校百衲本、明南监本、清武英殿本、金陵书局本，参校明北监本、汲古阁本	1974年6月（精装5册平装8册）；1977年4月（线装本8函52册）；2011年第10次印（全8册）
《北齐书》50卷	（唐）李百药撰	以三朝本、南监本、武英殿本互校，参考北监本、汲古阁本、金陵书局本、百衲本	1972年11月（精装1册平装2册）；2010年第10次印（全2册）
《周书》50卷	（唐）令狐德棻撰	以清武英殿本为底本，互校南宋刻元明递修本、明南监本、北监本、汲古阁本、清金陵书局本、百衲本	1971年11月（精装2册平装3册）；2011年第10次印（全3册）
《北史》100卷	（唐）李延寿撰	以百衲本（元大德本）为工作本，通校南监本、武英殿本，参校北监本、汲古阁本	1974年10月（全10册）；1978年8月（线装9函63册）；2008年第8次印（全10册）

第三章 各类古籍的整理出版与学术传承

续表

书名	著者	点校版本	初版及出版情况
《隋书》85卷	（唐）魏徵、令狐德棻撰	以宋小字本、元十行本、九行本互校，参校宋中字本、明南监本、北监本、汲古阁本、武英殿本、淮南书局本	1973年8月（精装3册平装6册）；2011年第11次印（全6册）
《旧唐书》200卷	（后晋）刘昫等撰	以道光间扬州岑氏惧盈斋本为工作本，参校残宋本、闻人诠刻本、武英殿本、浙江书局本、广东陈氏刻本	1975年5月（全16册）；2010年第9次印（全16册）
《新唐书》225卷	（宋）欧阳修、宋祁撰	以百衲本（即影印北宋嘉祐十四行本）为工作本，参校北宋闽刻十六行本、南宋闽刻十行本、汲古阁本、武英殿本、浙江书局本	1975年2月（精装10册平装20册）；2011年第9次印（全20册）
《旧五代史》150卷	（宋）薛居正等撰	以南昌熊氏影印的四库本为底本，参校殿本、刘氏嘉业堂刊本及其他三种抄本	1976年5月（全6册）；2010年第9次印（全6册）
《新五代史》74卷	（宋）欧阳修撰，（宋）徐无党注	以百衲本（影印南宋庆元本）为工作本，对校贵池本、殿本、南昌本，参校明汪文盛本、南北监本、汲古阁本、鄂本、徐注本、刘校本等	1974年12月（全3册）；1986年5月（精装本）；2011年第10次印（全3册）
《宋史》496卷	（元）脱脱等撰	以百衲本为底本，吸取叶渭清《元椠宋史校记》和张元济《宋史校勘》稿本的成果，参校武英殿本、浙江书局本	1977年11月（精装20册平装40册）；2010年第7次印（全40册）
《辽史》160卷	（元）脱脱等撰	以百衲本为工作本，通校乾隆殿本，参校南北监本、道光殿本，用永乐大典本校对	1974—10（精装3册平装5册）；2011年第10次印（全5册）
《金史》135卷	（元）脱脱等撰	以百衲本影印元至正刊本为底本，参校北监本、殿本，参考《大金国志》《大金吊伐录》《大金集礼》等书	1975年7月（精装4册平装8册）；2011年第9次印（全8册）
《元史》210卷	（明）宋濂等撰	以百衲本（即九十九卷残洪武本和南监本合配影印）为底本，参校北监本、乾隆武英殿本、道光四年刊本	1976年4月（精装8册平装15册）；2011年第9次印（全15册）

续表

书名	著者	点校版本	初版及出版情况
《明史》332卷	（清）张廷玉等撰	以乾隆四年武英殿原刊本标点分段；以《明实录》《明史稿》《明会典》等校勘	1974年4月（精装14册 平装28册）；2011年第10次印（全28册）
《清史稿》536卷	赵尔巽等撰	以关外二次本为工作本进行标点、分段	1976年7月（全48册）；2010年第8次印

从表3-7所列各史累计的印次就可以看出此点校本的不同凡响，这里结合诸史的点校版本重点考察中华点校本的标点校勘工作，有三个特点，其一是慎选底本，不囿于殿本与百衲本，而是精选底本，精心校勘，如《史记》底本用金陵书局本而不用宋庆元黄善夫本，《汉书》底本用清王先谦《汉书补注》而不用现存较早的北宋景祐本和明代毛晋汲古阁本；《晋书》用金陵书局本，《周书》用殿本，《旧唐书》用清道光年间扬州岑氏惧盈斋本，《旧五代史》用南昌熊氏影库本，都不以百衲本为底本；而《后汉书》《南齐书》《陈书》《南史》《北史》《新唐书》《新五代史》，及宋辽金元诸史则以百衲本为底本。其二是视具体情况，采用不同校勘方法，如《三国志》《宋书》《梁书》《魏书》《北齐书》《隋书》《明史》并无底本，而是以多种版本对勘互校，选有底本的，则用本校、他校、理校等法。其三是除《史记》外，各史都有校勘记附于每卷之末。

这里提到清末王先谦的《汉书补注》，皆以为是精善之本，最为完备，孰料近人杨树达的《汉书札记》《汉书补注补正》《汉书窥管》，又后来居上，对此，张舜徽先生说：

> 一部《汉书》，从宋代刘敞、刘攽（敞弟）、刘奉世（敞子）作《刊误》以来，清代学者，继起校勘。其中以钱大昕的《汉书考异》、钱大昭的《汉书辨疑》、王念孙的《汉书杂志》、沈钦韩的《汉书疏证》、周寿昌的《汉书注校补》最为专门。清末王先谦，便荟萃群言和其他笔记、专著中阐明《汉书》旧义的见解，再加以自己数十年间钻研校订的心得，写成《汉书补注》一百卷，精刊行世。照理讲，今天阅读《汉书》，自以王氏《补注》为最完备了。但是近人杨树达，

第三章 各类古籍的整理出版与学术传承

一生读《汉书》最为精熟,在王氏《补注》的基础上,复有所订正。早年写成《汉书札记》,一九二四年复由商务印书馆出版《汉书补注补正》。近年又有所增益,刊行了《汉书窥管》。有些地方,较过去学者们用心更细、校勘更密了。①

通过这个例子,可见同校一书、后出转精的道理。中华书局点校本固然已成名著,但毕竟时隔数十年,史学研究不断进步,成果日新,何况点校本本身还存在问题,也多为学人指出,所以,中华书局在2006年4月启动了此点校本的修订工程,② 相信在不久的将来,会以全新的面貌问世,极大地促进学术进步。

第四节 方志文献的整理出版

方志是记录一地之史的百科全书,新中国成立以来方志的整理出版规模浩大、系列整齐,蔚为壮观。各个有关的出版社不遗余力,总志方面,如中华书局的《中国古代地理总志丛刊》,汇集重要的地理总志,经点校整理,质量可嘉。《元和郡县图志》(1983年)是研究唐代地理及经济的要籍,宋刻早已不传,今本颇有阙卷;贺次君先生根据清代各种刻本、抄本,参证两《唐书》及《括地志》《唐会要》《唐六典》《通典》《太平寰宇记》《舆地纪胜》等,辨明错讹,价值重现,研究引用亦可放心。他还撰有《括地志辑校》(1980年)。《嘉庆重修一统志》又称《大清一统志》560卷,清代四次修订,征引资料丰富(截至嘉庆二十五年),考订精审,原有商务印务馆《四部丛刊》影印本,中华书局1986年再版35册。此外尚有1984年版《元丰九域志》、1992年版《舆地纪胜》等。

旧编方志,新中国成立以来影印的如《天一阁藏明代方志选刊》,上海古籍书店1981年重印本68册107种;该刊《续编》,上海书店出版社1990年出版72册109种。中国书店出版社还有1992年版《稀见中国地方

---

① 张舜徽:《中国古代史籍校读法》,华中师范大学出版社2004年版,第322页。
② 按:点校本"二十四史"(修订版)繁体竖排,新修订本已出2013年《史记》,2015年《旧五代史》《新五代史》,2016年《辽史》,2017年《魏书》《南齐书》,2018年《宋书》,2019年《隋书》,2020年《梁书》《金史》,2021年《陈书》。每种分精装、平装。

115

志汇刊》全50册。又如线装书局2001年版《清代孤本方志选》30册76种，2003年版《明代孤本方志专辑》全73册。

在地方志的搜集、整理、汇编、出版方面，表现突出的还有北京图书馆出版社。该社于1990—1992年影印出版《日本藏中国罕见地方志丛刊》（全34册近百种），2003年版《日本藏中国罕见地方志丛刊 续编》（全20册16种）；其他规模较大的地方志丛刊按出版时间胪列如下：

2001年版《地方志人物传记资料丛刊 西北卷》全20册288种；
2001年版《地方志人物传记资料丛刊 东北卷》全12册100种；
2002年版《地方志人物传记资料丛刊 华北卷》全66册450种；
2005年版《华东师范大学图书馆藏稀见方志丛刊》全20册20种；
2011年版《广东省中山图书馆藏稀见方志丛刊》全46册32种；
2011年版《地方金石志汇编》（地方专志丛刊）全80册130余种。

可见，已从不同角度、不同方面进行了比较深入的挖掘。然而，新中国成立以来编选收录方志最完整、影响最大的方志集成丛书还是《中国地方志集成》。该丛刊的编纂工作起始于20世纪80年代末，由江苏古籍出版社（今名凤凰出版社）、上海书店出版社、巴蜀书社三家出版单位合作整理出版。如果从最早出版的《江苏府县志辑》与《上海府县志辑》（1991年）算起，已经走过30多年。傅振伦先生为《集成》作序说："这次整理祖国丰富的历史文化遗产——方志的工作，计划宏伟，旷古未有，诚为千秋壮举。这部通时达变，富有实用价值的宝典，必将对我国经济和文化建设起到难以估计的作用。对于推进文史哲、宗教、旅游等领域的研究也是极其重要和必需的。"[1] 如今回头看这30年的辛勤付出与其整理成果，皇皇巨著，真值得引以为傲。从最初的府县志辑及乡镇志专辑，到重辑、补辑、增补、补编，再到善本方志辑、省志辑，已然形成系列化。

系列一，《中国地方志集成·府县志辑》。

《中国地方志集成》的编辑出版是从"府县志辑"入手的，从1991年

---

[1] 《中国地方志集成·江苏府县志辑》，江苏古籍出版社1991年版，"傅振伦序"。

第三章 各类古籍的整理出版与学术传承

到 2017 年,全国各省市区的"府县志辑"完成,详见表 3-8,列出每套书的册数以及所收志书的种数、出版社与出版时间。其中 1992 年版《四川府县志辑》因行政区划的关系需要按四川、重庆分编,这就是新的《四川府县志辑》与《重庆府县志辑》。而 1995 年版《西藏府县志辑》,因收录不全,也重新编辑。

表 3-8 《中国地方志集成·府县志辑》出版情况

书名	册数 种数	出版社	出版时间
《江苏府县志辑》	全 68 册 109 种	江苏古籍出版社	1991 年 6 月
《江西府县志辑》	全 87 册 99 种	江苏古籍出版社	1996 年 5 月
《安徽府县志辑》	全 63 册 88 种	江苏古籍出版社	1998 年 4 月
《湖北府县志辑》	全 67 册 113 种	江苏古籍出版社	2001 年 8 月
《湖南府县志辑》	全 86 册 112 种	江苏古籍出版社	2002 年 7 月
《山东府县志辑》	全 95 册 179 种	凤凰出版社	2004 年 10 月
《山西府县志辑》	全 70 册 173 种	凤凰出版社	2005 年 5 月
《黑龙江府县志辑》	全 10 册 32 种	凤凰出版社	2006 年 5 月
《吉林府县志辑》	全 10 册 49 种	凤凰出版社	2006 年 5 月
《辽宁府县志辑》	全 23 册 55 种	凤凰出版社	2006 年 5 月
《陕西府县志辑》	全 57 册 172 种	凤凰出版社	2007 年 5 月
《甘肃府县志辑》	全 49 册 104 种	凤凰出版社	2008 年 12 月
《宁夏府县志辑》	全 9 册 13 种	凤凰出版社	2008 年 12 月
《青海府县志辑》	全 5 册 16 种	凤凰出版社	2008 年 12 月
《云南府县志辑》	全 83 册 101 种	凤凰出版社	2009 年 3 月
《新疆府县志辑》	全 12 册 42 种	凤凰出版社	2012 年 12 月
《内蒙古府县志辑》	全 17 册 33 种	凤凰出版社	2013 年 3 月
《广西府县志辑》	全 79 册 155 种	凤凰出版社	2014 年 5 月
《上海府县志辑》	全 10 册 22 种	上海书店出版社	1991 年 6 月
《浙江府县志辑》	全 68 册 121 种	上海书店出版社	1993 年 6 月
《福建府县志辑》	全 40 册 79 种	上海书店出版社	1995 年 12 月
《台湾府县志辑》	全 5 册 17 种	上海书店出版社	1995 年 12 月

续表

书名	册数 种数	出版社	出版时间
《广东府县志辑》	全51册109种	上海书店出版社	2001年12月
《海南府县志辑》	全7册18种	上海书店出版社	2001年12月
《北京府县志辑》	全7册17种	上海书店出版社	2002年9月
《天津府县志辑》	全6册8种	上海书店出版社	2004年1月
《河北府县志辑》	全73册163种	上海书店出版社	2006年10月
《河北府县志补辑》	全21册52种	上海书店出版社	2016年4月
《河南府县志辑》	全70册159种	上海书店出版社	2013年1月
《四川府县志辑》	全70册205种	巴蜀书社	1992年8月
《四川府县志辑》	全70册176种	巴蜀书社	2017年5月
《西藏府县志辑》	全1册19种	巴蜀书社	1995年4月
《西藏府县志辑》	全8册44种	巴蜀书社	2019年3月
《贵州府县志辑》	全50册126种	巴蜀书社	2006年4月
《重庆府县志辑》	全35册79种	巴蜀书社	2016年6月

注：1992年版《四川府县志辑》，之后分编为《四川府县志辑》（2017年版）、《重庆府县志辑》（2016年版）。1995年版《西藏府县志辑》后亦重编。

系列二，《中国地方志集成·府县志辑》的补辑、增补。

在原"府县志辑"的基础上，进行补辑、增补。上海书店出版社2016年版《河北府县志补辑》，套装共2箱21册，补辑志书50余种。上海书店出版社2019年出版《河北府县志辑》增补版，合原辑本与补辑本，编为10箱94册，收书215种。

系列三，《中国地方志集成补编·府县志辑》。

补编是在原"府县志辑"之外重进行的新品种，现已完成补编的有三种，均为上海书店出版社出版，即2020年版《中国地方志集成补编·福建府县志辑》（4箱35册50种）、《中国地方志集成补编·山东府县志辑》（3箱31册71种）。至于为何要进行补编，出版前言说《集成》是"新中国成立后第一次大规模整理影印旧志的成果，产生了广泛而深远的影响，颇受好评。但《集成》仅收录三千余种方志，仍有大量志书庋藏在各地收藏单位，阅者不便；又志书流传至今，不免遭受鼠啮虫蛀，原生性保护不易。有鉴于此,为再生性保护和传承这些宝贵的文化遗产,上海书店出版社仍采用影印的方式精选未收入《集成》的府志、州志、县志,按现今行政区划分门别类,汇为《中国地方志集成补编》,付之剞劂,以广流传"[①]。该社 2021 年还出版了《中国地方志集成补编·浙江府县志辑》(全 46 册 46 种)。

系列四,《中国地方志集成·专门志辑》。

在编纂"府县志辑"的同时,先后完成了《乡镇志专辑》《寺观志专辑》《山志专辑》《乡土志专辑》的编辑出版工作,具体情况见表 3-9:

表 3-9　　　　　《中国地方志集成·专门志辑》收录情况

书名	册数 种数	出版社	出版时间
《乡镇志专辑》	全 32 册 261 种	上海书店出版社	1992 年 7 月
《寺观志专辑》	全 19 册 165 种	上海书店出版社	2016 年 6 月
《山志专辑》	全 47 册 266 种	上海书店出版社	2017 年 3 月
《乡土志专辑》	全 27 册 341 种	上海书店出版社	2019 年 9 月

系列五,《中国地方志集成·省志辑》。

"省志辑"由凤凰出版社于 2009—2012 年出版,各省册数不一,兹列表如下。

表 3-10　　　　　《中国地方志集成·省志辑》收录情况

省份册数	省份册数	省份册数	省份册数	省份册数
黑龙江 2 册	吉林 2 册	辽宁 2 册	新疆 青海 西藏 3 册	
陕西 9 册	甘肃 7 册	山西 7 册	山东 9 册	河北 15 册
河南 2 册	湖北 7 册	湖南 12 册	四川 8 册	贵州 1 册
云南 8 册	广西 7 册	广东 10 册	福建 15 册	
江南 6 册	浙江 8 册	安徽 5 册	江西 7 册	

[①] 《中国地方志集成补编·福建府县志辑》,上海书店出版社 2020 年版,"出版前言"。

系列六，《中国地方志集成·善本方志辑》。

"善本方志辑"由凤凰出版社负责，精选明代及清前期（顺治、康熙、乾隆）的方志影印出版，2014年已出二编，分别为78册、84册。

第五节　书目题跋的整理出版

书目题跋是读书治学的必要工具，古代学者莫不以之为入门的捷径，故有重视目录及目录之学的传统。新中国成立以来整理出版古代书目题跋著作也很多，单行本的姑且不说，成套出版且比较重要的有以下十余种（按出版年代举例）。

（1）现代出版社1987年版《中国历代书目丛刊》第一辑。

（2）中华书局1990—1993年版《清人书目题跋丛刊》共10辑60多种。

（3）书目文献出版社1994年版《明代书目题跋丛刊》影印本2册。

（4）北京图书馆出版社2002年版《国家图书馆藏古籍题跋丛刊》30册67种。所影印的版本包括大量的刻本以及少数的抄本甚至稿本。

（5）北京图书馆出版社2003年版《宋元版书目题跋辑刊》全4册。

（6）北京图书馆出版社2003年版《日本藏汉籍善本书志书目集成》10册，收录清末民初著名藏书家和日本汉学家编撰的日藏汉籍善本书志、书目8种。

（7）北京图书馆出版社2003年版《稿钞本明清藏书目三种》，收录版本价值极高的王道明《笠泽堂书目》、钱谦益《绛云堂书目》、姚际恒《好古堂书目》。

（8）北京图书馆出版社2004年版《地方志·书目文献丛刊》全40册。

（9）上海古籍出版社2005—2015年版《中国历代书目题跋丛书》共4辑46册。

（10）商务印书馆2005年版《中国著名藏书家书目汇刊》共70

第三章 各类古籍的整理出版与学术传承

册 158 种。清道光中期以前为明清卷，30 册；之后为近代卷，40 册。

（11）中华书局 2006 年版《宋元明清书目题跋丛刊》，分为 4 卷共 19 册，收入自宋至清末的著名书目题跋近百种。

（12）中国书店 2008 年版《海王邨古籍书目题跋丛刊》全 8 册。

（13）北京图书馆出版社 2008 年版《明清以来公藏书目汇刊》全 66 册。

（14）中华书局 2009 年版《书目题跋丛书》共 6 种。

（15）学苑出版社 2009 年版《古书题跋丛刊》全 34 册收录 100 多种。

（16）国家图书馆出版社 2009 年版《清末民国古籍书目题跋七种》。

（17）国家图书馆出版社 2009 年版《历代史志书目丛刊》全 13 册。

（18）国家图书馆出版社 2010 年版《清代私家藏书目录题跋丛刊》全 18 册。

由上可见，国家图书馆出版社的为数最多，凭借其资源优势进行了深入发掘。总体上看，各书收录互有参差。其次，绝大多数是影印本，需要指出的是，不能仅仅满足于影印，而是要标点校勘，尤其对于其中的名著要加大整理的力度。如何做到规范的点校，可以参考相关学科整理本的范例。如古医书向以为难，不校勘则难以读懂。这里参考李景荣先生之校释《备急千金要方》，其"校释说明"中详细列举出校释的有关情况，多达 23 条，可谓细密，涉及整理校勘的方方面面，亦可见整理者的态度严谨认真。兹列如下，以备参考：

一、本书校勘方式采用"以善为主"法。

二、本书有两种版本：一是依据新校古籍通则，采用通行的繁体正字竖排；二是为满足不同层次的读者需要，采用简体横排。

三、本书原文依其文义、医理及意群划分段落。

四、依据古籍出版要求，采用现代标点符号标点。

五、凡底本中能确认的讹字而有校本可据者，据校本改正，并出具校注。凡底本中能确认的讹字但无校本可据者，据文义改正，亦出具校注。校语为：某 原作某，据某本改（或据文义改）。

六、凡底本中能确认的文字脱漏而有校本可据者，据校本补，并出具校注。凡底本中能确认的文字脱漏但无校本可据者，据文义补，亦出具校注。校语为：某下（或上）原脱某字，据某本补（或据文义补）。

七、凡底本中能确认的衍文而有校本可据者，据校本删，并出具校注。凡底本中能确认的衍文但无校本可据者，据文义删，亦出具校注。校语为：某下（或上）原衍某字，据某本删（或据文义删）。

八、凡底本中文字倒置，义不可通，而有校本可据者，据校本乙正，并出具校注。凡底本中文字倒置，义不可通，但无校本可据者，据文义乙正，亦出具校注。校语为：某某二字原倒，据某本乙正（或据文义乙正）。

九、凡底本中药物属一般习用者，概不出注；其罕见少用者，出注说明其出源、科属、药用部分、性味、功效、主治等。

十、凡底本中使用的药物异名，悉仍其旧貌，其冷僻不易识辨者出注说明。如：天麻草 即益母草。

十一、凡底本中穴位属一般习用者，概不出注；其罕见少用者，出注说明其出源、所属经脉、部位及主治等。

十二、凡底本中使用的穴位异名，悉仍其旧貌，其冷僻不易识辨者出注说明。如：冲阳 即迎香。

十三、凡底本与校本文字不同，义均可通，而以校本义胜，或有重要参考价值者，酌情出具异文，以备参考。术语为：某 某本作某。

十四、凡底本中有疑义，校本不足为据，难以遽定是非者，出校存疑，以俟考稽。

十五、按下列原则对底本中的异体字、古体字、通借字等进行规范和整理。（按：略）

十六、凡底本中文词生僻疑难者，酌情予以训释。

十七、凡底本中有关医史人物及重要地名较生疏者，酌情出注。

十八、凡上述同一情况在全书重复出现者，仅于首见处或其他适当之处出具校注，余略不赘。

第三章　各类古籍的整理出版与学术传承

十九、凡引用古籍之书名一般仍其原貌，或酌用简称。

二十、凡底本中的小字注文，依正文处理原则处理，唯不出校注。

二十一、以卷目篇题对全书总目录进行校订之处，不另出注；而正文中据目录校订的，则逐一出校说明。

二十二、底本与校本　以日本嘉永二年江户医学馆影宋刻本为底本（工作底本为一九七四年日本每日新闻开发公司影印本），并按照古籍整理有关要求，严格选择了主校本、旁校本、参校本、他校本（详见校释后记）。

二十三、主要参考书目（按：略）。①

李景荣先生之校释《备急千金要方》，是作为一项国家任务来完成的。经过七年，方才交付出版。如此勤奋努力，其学术影响自不待言，故可以成为范例。书目题跋作为读书治学工具，进行标点校勘后，其用更大。对于存留至今的这些古代书目题跋，除了要认真校勘整理，更应进行深入研究，使其价值得到充分的发见。这里以《崇文总目》为例说明。宋仁宗景祐元年（1034年），王尧臣等整理昭文馆、史馆、集贤馆及秘阁藏书，仿唐《开元四部录》详加著录，前后历时八年，庆历元年（1041年）书成奏上，赐名《崇文总目》（66卷）。南宋以后残缺。清乾隆年间四库馆臣从《永乐大典》等书中辑出12卷；嘉庆间，钱东垣等增辑，编为《崇文总目辑释》5卷补遗1卷。《崇文总目》为什么反复被后人称引，其最大的贡献在于类目设置较之前书目有所并省增益，更加合理，为四部分类体系走向成熟奠定了基础。我们可将《崇文总目》类目体系列表（见表3-11），并与其前后六种目录对照，明显可见其对后来分类体系的深刻影响。

《崇文总目》著录经籍共计3445部，30669卷，凡45类；原本66卷中，有12卷为"道书类"、"释书类"，皆独立成类；新设的如史部"岁时"，子部"医书"、"释书"，集部"文史"等类；后世官私目录多因袭

---

① （唐）孙思邈撰，李景荣等校释：《备急千金要方校释》，人民卫生出版社1998年版，第3—5页。

表3-11　《崇文总目》类目体系表（与其前后六目类例对照）

	隋志	古今书录	崇文总目	新唐志	郡斋读书志	直斋书录解题	四库全书总目
经部	1 易	1 易	1 易类	1 易类	1 易	1 易类	1 易类
	2 书	2 书	2 书类	2 书类	2 书	2 书类	2 书类
	3 诗	3 诗	3 诗类	3 诗类	3 诗	3 诗类	3 诗类
	4 礼	4 礼	4 礼类	4 礼类	4 礼	4 礼类	4 礼类
	5 乐	5 乐	5 乐类	5 乐类	5 乐		9 乐类
	6 春秋	6 春秋	6 春秋类	6 春秋类	6 春秋	5 春秋类	5 春秋类
		10 经解		10 经解类	9 经解	9 经解类	7 五经总义类
	7 孝经	7 孝经	7 孝经类	7 孝经类	7 孝经	6 孝经类	6 孝经类
	8 论语	8 论语	8 论语类	8 论语类	8 论语	7 语孟类	8 四书类
		11 诂训					
	9 谶纬	9 图纬		9 谶纬类		8 谶纬类	
	10 小学	12 小学	9 小学类	11 小学类	10 小学	10 小学类	10 小学类
史部	1 正史	1 正史	1 正史类	1 正史类	1 正史	1 正史类	1 正史类
						2 别史类	4 别史类
	2 古史	2 古史	2 编年类	2 编年类	2 编年	3 编年类	2 编年类
							3 纪事本末类
	3 杂史	3 杂史	4 杂史类	4 杂史类	4 杂史	7 杂史类	5 杂史类
	4 霸史	4 霸史	5 伪史类	3 伪史类	5 伪史	6 伪史类	9 载记类
	5 起居注	5 起居注	3 实录类	5 起居注类	3 实录	4 起居注类	
						5 诏令类	6 诏令奏议类
	6 旧事	6 旧事		6 故事类		8 典故类	
	7 职官	7 职官	6 职官类	7 职官类	7 职官	9 职官类	12 职官类
	8 仪注	8 仪注	7 仪注类	9 仪注类	8 仪注	10 礼注类	13 政书类
	9 刑法	9 刑法	8 刑法类	10 刑法类	9 刑法	13 法令类	
	10 杂传	10 杂传	12 传记类	8 杂传记类	11 传记	12 传记类	7 传记类
							8 史抄类
			11 岁时类			11 时令类	10 时令类
	11 地理	11 地理	9 地理类	13 地理类	10 地里	16 地理类	11 地理类
	12 谱系	12 谱系	10 氏族类	12 谱牒类	12 谱牒	14 谱牒类	
	13 簿录	13 略录	13 目录类	11 目录类	13 书目	15 目录类	14 目录类
					6 史评		15 史评类

第三章　各类古籍的整理出版与学术传承

续表

	隋志	古今书录	崇文总目	新唐志	郡斋读书志	直斋书录解题	四库全书总目
子部	1 儒	1 儒家	1 儒家类	1 儒家类	1 儒家	1 儒家类	1 儒家类
	2 道	2 道家	2 道家类	2 道家类	2 道家	2 道家类	14 道家类附道书
	3 法	3 法家	3 法家类	3 法家类	3 法家	3 法家类	3 法家类
	4 名	4 名家	4 名家类	4 名家类	4 名家	4 名家类	
	5 墨	5 墨家	5 墨家类	5 墨家类	5 墨家	5 墨家类	
	6 纵横	6 纵横家	6 纵横家类	6 纵横家类	6 纵横家	6 纵横家类	
	7 杂	7 杂家	7 杂家类	7 杂家类	7 杂家	8 杂家类	10 杂家类
	8 农	8 农家	8 农家类	8 农家类	8 农家	7 农家类	4 农家类
	9 小说	9 小说家	9 小说类	9 小说类	9 小说	9 小说家类	12 小说家类
	10 兵	10 兵法	10 兵家类	10 兵书类	13 兵家	12 兵书类	2 兵家类
	11 天文	11 天文	16 天文占书类	11 天文类	10 天文	13 历象类	6 天文算法类
	12 历数	12 历数	17 历数类	12 历数类	11 星历		
			12 算术类				
	13 五行	13 五行	18 五行类	13 五行类	12 五行		7 术数类
			15 卜筮类			15 卜筮类	
	14 医方	14 医方	14 医书类	16 明堂经脉类	16 医书	17 医书类	5 医家类
				17 医术类			
	道经部		19 道书类		17 神仙	10 神仙类	
	佛经部		20 释书类		18 释书	11 释书类	13 释家类
			13 艺术类	14 杂艺类	15 艺术	19 杂艺类	8 艺术类
			11 类书类	15 类书类	14 类书	20 类书类	11 类书类
							9 谱录类
集部	1 楚辞	1 楚辞		1 楚辞类	1 楚辞	1 楚辞类	1 楚辞类
	2 别集	2 别集	2 别集类	2 别集类	2 别集	3 别集类	2 别集类
	3 总集	3 总集	1 总集类	3 总集类	3 总集	2 总集类	3 总集类
			3 文史类		4 文说	7 文史类	4 诗文评类
						5 歌词类	5 词曲类

125

之，成为"时令类"、"医家类"、"释家类"及"诗文评类"等定型的基础。总之，通过增设或删除类目、合并或拆分类目、变更类名、调整类次等来反映学术之升降。《崇文目》前有总序，每类有小序，总序今已不存，小序由欧阳修所撰者，存于《欧阳文忠公全集》卷124，共30篇。其小序从学术上对每类书进行概括性的总结，以极为简练的文字叙述学术源流，介绍该类分类沿革及类目的性质内容、发展流变等，总结了宋代以前的图书情况，而且善于总结带有规律性的学术特点，因此有助于"辨章学术，考镜源流"。它对学术概貌和发展源流做出综合性概述，则体现了目录学与时代学术演进的精神。

不仅如此，《崇文总目》还开创了综合介绍著录之书的作者、篇卷、内容等的解题形式，完善了叙录体提要体例。具体如著录书名卷数、介绍撰注作者、概述写作经过、揭示图书内容、叙述学术源流、评点学术价值、校勘真伪存亡等方面，解题灵活，针对不同图书著成不同形式的提要，内容充实，除能揭示图书、指导阅读外，还有很高的史料价值。清朱彝尊《经义考》评曰："凡一书大义，必举其纲，法至善也。其后若《郡斋读书志》《直斋书录解题》等编，咸取法于此。"[①] 所以，对于这样一部能展现"览录而知旨，观目而悉词"之功能、对宋代及后世书目的分类和著录有示范作用、学术价值高的书目应该特别重视。

---

① 朱彝尊：《经义考新校》卷294《崇文总目》条下按语，上海古籍出版社2010年版，第5232页。

第四章　地方文献的整理出版与地方文化色彩

中华文化源远流长，国学经典灿若星河，熠熠生辉的国学经典凝聚了前贤圣哲的大智慧，浓缩了华夏文明的思想精粹，是中华文明和民族精神得以生发的深厚土壤。可以说，国学是中华民族优秀的传统文化的核心价值，是数千年来中国人思维方式、生活方式的高度总结，浸润着每个中华儿女的血液和灵魂。中华民族因为自己博大精深的文化而存续，而骄傲，而伟大！

——《四库全书精华·总序》（十二卷本图文珍藏版），线装书局2011年版

中国历史悠久，古典文化源远流长，又具有浓厚的地方色彩，这在新出的古籍出版物中也有充分的表现。中华文化是多元文化，地方文化如周秦汉唐文化、六朝文化、燕赵文化、松辽文化、中原文化、齐鲁文化、吴越文化、巴蜀文化、滇云文化、岭南文化、八桂文化、八闽文化、秦文化、晋文化、楚文化等，犹如一颗颗璀璨的珍珠，共同汇聚为中华文化的长河。继承并发掘这些文化遗产是各地古籍出版社的职责。事实上，地方古籍出版社多能立足地方，充分挖掘本省的出版资源，与其他出版社一起整理出版了大批颇具地方特色的古籍和学术力作，注重地方文化积累，使新中国成立以来的古籍出版呈现出强烈的地方色彩。

地方文献类丛书多由各地出版社出版，但也有综合收录各地文献的，如岳麓书社1986年版《风土丛书》收录南朝梁宗懔撰《荆楚岁时记》，以及清人所撰的《闽产录异》《南高平物产记》《湖南方物志》《里语徵实》等地方文献。又如上海古籍出版社1993年版《山川风情丛书》全10册，据文渊阁《四库全书》本影印，收录晋到清代的地方文献《南方草木状

（外十二种）》《洛阳伽蓝记（外七种）》《南岳小录（外四种）》《诸蕃志（外十三种）》《岁时广记·月令辑要》《都城纪胜（外八种）》《游城南记（外五种）》《武林梵志（外五种）》《蜀中广记（外六种）》《盘山志·西湖志纂》等72种。而到2003年，广陵书社出版的《中国风土志丛刊》全62册（按：据明清刻本、稿本影印），收录各地风俗习惯、岁时节令、风土民情、名胜古迹、历史沿革、游艺饮食、谚语等方面的著作75种。以下将地方文化与出版社结合，分述各地的古籍整理出版情况。

中国地域文化的分区，界线具有模糊性，综合考虑行政区划、地域、民族、语言、风俗习惯等方面的差异，划分的方法较多，如有八分法，即北方文化区、江南文化区、四川文化区、岭南文化区、闽台文化区、新疆文化区、西南文化区、青藏文化区；又有十分法的，即东北黑土文化、华北平原文化、内蒙古草原文化、新疆荒漠—绿洲文化、青藏高原文化、黄土高原文化、四川盆地文化、江南水乡文化、云贵高原文化、华南妈祖文化；还有结合行政区划的七分法，即东北、华北、华东、华中、华南、西北、西南文化区。以下采用七分法，且视各文化区所出书之多寡，略作调整合并，分四节二十种文化形态来阐述。

第一节　华北东北文化区的古籍出版

华北、东北文化区包括今河北省、北京市、天津市、山东省、内蒙古自治区、黑龙江省、吉林省、辽宁省等地；按其各自的文化特征与文化历史渊源，大致有燕赵文化、齐鲁文化、塞北文化、松辽文化等。

一　燕赵文化

燕赵文化，含指今京、津、河北地区的文化。汇录河北一省文献资料为一书的有河北人民出版社1993年版《河北金石辑》（属《河北出版史志文献丛书》）、2006年版《河北回族家谱选编》（属《河北少数民族古籍丛书》），以及文物出版社2004年版《新中国出土墓志·河北卷》、科学出版社2009年版《河北省明代长城碑刻辑录》等。又如河北教育出版社2009年版《燕赵文化研究系列丛书》中的《颜李学派文库》1—8卷，收录颜元、李塨及其弟子，以及清代以来研究颜李学派的著作，这是颜李学派有

第四章 地方文献的整理出版与地方文化色彩

关著作的首次系统整理出版，自有其重要意义。与河北有关的古籍更多地表现在河北各地，如河北教育出版社 2007 年版《古涿州佛教刻石》、2008 年版《河间金石遗录》、2011 年版《满城历代碑石刻辑录》；其他还有河北美术出版社 2003 年版《保定出土墓志选注》、文物出版社 2006 年版《河北柏乡金石录》、科学出版社 2007 年版《沧州出土墓志》、中国水利水电出版社 2011 年版《沧州地方文献提要目录》等。

北京地区的古籍，以北京古籍出版社的《北京古籍丛书》最有名，收录北京历史地理、城坊宫阙、名胜古迹、民情风习等史料，如《长安客话》《昌平山水记》《天府广记》《帝京景物略》《日下旧闻考》《析津志辑佚》《光绪顺天府志》《燕都丛考》《水曹清暇录》《明宫词》《清宫词》《国朝宫史》及续编等。先是北京出版社 1960—1964 年出版 13 册共 32 种。1979 年北京古籍出版社建社，1980 年开始将其再版，并不断续添，至 2005 年出版《三海见闻志》为止，该丛书共计 58 册，收书 83 种。与此相关的有，北京出版社于 2018 年出版《燕京岁时记》（外六种），辑录 7 种明清以来记载京师地区岁时风俗的文献。

关于北京的志书，有北京古籍出版社 2002 年版《北京旧志丛书》和中国书店出版社 2011 年版《北京旧志汇刊》，收录《（永乐）顺天府志》5 册、《（万历）顺天府志》10 册、《（康熙）顺天府志》16 册等。其他相关的文献如北京燕山出版社 2008 年版《云居寺贞石录》《丰台区石刻文物图录》、2010 年版《平谷石刻》，北京图书馆出版社 1987 年版《房山石经题记汇编》、2003 年版《北京民间风俗百图》、2011 年版《北京内城寺庙碑刻志》，以及线装书局 2002 年版《京师五城坊巷胡同集》、学苑出版社 2010 年版《北京地区摩崖石刻》等。

天津市的地方文献，主要有天津古籍出版社 1986 年版《天津风土丛书》，收录清人所撰的《敬乡笔述》《梓里联珠集》《沽水旧闻》《津门诗钞》《津门杂记·天津事迹纪实闻见录》等书。

二 齐鲁文化

齐鲁书社以发扬光大齐鲁文化遗产为己任，建社初期整理了一批清代山东学者较有价值的未刊遗稿，推出"山左名贤遗书"；1993 年开始出版"明清山左作家丛书"，包括《赵执信全集》《李攀龙集》《谢榛全集》

《王士禛全集》《宋琬全集》等。2009年出版《齐鲁文化经典文库》，收录历代山东籍作家或与山东有关的著作共24种22册。该社还比较系统地出版了山东地方金石文献，如1982年版《山东汉画像石选集》、1984年版《山东秦汉碑帖》、1986年版《山东史前陶器图录》、1992年版《山东北朝摩崖刻经全集》、1994年版《山东汉画像石精粹（滕州卷）》、1998年版《山东省新出土古玺印》、2007年版《山东金文集成》，以及2011年版《山东道教碑刻集》之"临朐卷"、"青州 昌乐卷"等。该社还以孔子、孟子、孙子、郑玄、刘勰、王渔洋、蒲松龄等山东名贤为选题对象，进行深入挖掘。

山东是孔孟的故乡，新中国成立后整理出版的相关古文献有《曲阜孔府档案史料选编》（全三编，齐鲁书社1980—1988年版）、《孔府档案选编》（中华书局1982年版）、《孔府档案珍藏》（中国社会出版社2010年版）、《曲阜历代诗文选注》（山东人民出版社1985年版《曲阜丛书》）、《曲阜历代名碑刻石选》（广陵书社2004年版）、《曲阜邹城石刻孔孟圣迹图》（线装书局2005年版）、《孟子林庙历代石刻集》（齐鲁书社2005年版），以及中国文史出版社2010年版《邹城北朝佛教刻经全集》《邹城历史名人》《邹城记忆》等。

山东金石文献方面，有关泰山的如天津人民美术出版社2004年版《泰山金刚经》、中华书局2007年版《泰山石刻》10册、光明日报出版社2008年版《泰山经石峪金刚经》；济南出版社有2006年版《趵突泉碑刻》、2009年版《大明湖楹联碑刻》（《明湖风月丛书》）；其他如青岛出版社1998年版《大泽山诗文石刻辑注》、山东美术出版社2002年版《临沂汉画像石》、山东友谊出版社2009年版《沂山石刻》等。

山东各地文献的整理出版，目前以青岛为多，青岛出版社2010年版《文化青州大型书库》包括"青州文史系列"8册、"青州民间文化系列"8册，以及"青州文献系列"9册，收录青州地区的文献如《水经注》《齐民要术》《齐乘》《海岱会集》《刘珝诗文集》《经略御倭奏议》《钟羽正诗文集》《青州史料笔记四种》《青州明诗钞》等。该社1989年版《琴岛文库》收录《高凤翰诗集》。又如，有关济南的文献，济南出版社1994年版《济南名士丛书》收录《重辑杜善夫集》《段成式诗文辑注》等；关于曹州的文献，有中国文联出版社2010年版《曹州文韵丛书》、线装书局

2010年版《曹州图咏丛书》等。

另外,上海古籍出版社 2007 年出版王绍曾、宫庆山编《山左戏曲集成》全 3 册,以剧作家立目,汇编山东省元明清三代的戏曲 69 种;中国档案出版社 2009 年影印版《明清朝代档案珍藏运河彩绘图说》,汇编山东济宁珍藏的明清有关京杭大运河的史料,包括碑刻、河形图和图书等。

三 塞北文化

塞北文化,亦即草原文化,含今内蒙古地区。远方出版社 2007 年以来出版《内蒙古历史文献丛书》,包括《哲里木盟十旗调查报告书》《和林格尔厅志略和林格尔行政文和林格尔县志草》《西盟会议始末记 西盟游记 侦蒙记 征蒙战事详记》《筹蒙刍议》《归化城厅志》等。此外,2009 年,有文物出版社《内蒙古辽代壁画》,社会科学文献出版社《辽上京地区出土的辽代碑刻汇辑》等。

内蒙古人民出版社有《鄂尔多斯古籍文献丛书》,2010 年版 28 种,蒙文一套 20 种,汉文一套 8 种;2011 年版全 6 册,其中的《蒙古族禁忌汇编》收蒙古族有关生产生活、风俗习惯方面的忌讳禁忌 4000 余条,便于了解蒙古族风俗习惯。该社 2010 年还出版《蒙兀儿史记》5 册。

四 松辽文化

松辽文化,亦称东北文化,含今黑龙江、吉林、辽宁三省的文化。

黑龙江地方文献出版,以黑龙江人民出版社为多,按其丛书所收书的数量排序有:(1)1992—2009 年版《黑水丛书》全 17 册,收书 130 种,如《黑龙江志稿》《渤海国志长编》《秋笳馀韵》《黑水郭氏世系录》《会勘中俄水陆边界图说》《程德全守江奏稿》《东游日记》等;(2)1984—1987 年版《黑龙江文史丛书》,收录《黑水先民传》《辽东行部志注释》《黑龙江外记》《黑龙江述略》《鸭江行部志注释》《龙江三纪》《龙城旧闻》《黑龙江乡土录》等 20 种;(3)1985 年版《黑龙江古籍研究丛书》第一辑,收《史记太史公自序注说会纂》《陶渊明诗文校笺》《燕乐三书》等 6 种。其他出版社所出的,如黑龙江教育出版社 1992 年版《十七世纪沙俄侵略黑龙江流域史资料》(《边疆史地丛书》);黑龙江大学出版社 2010 年版《黑龙江历史源流与流寓文化系列 东北流人文库·流人文献》,

收录《何陋居集·甦庵集》《秋笳集·归来草堂尺牍·耕烟草堂诗钞》《浮云集·拙政园诗馀·拙政园诗集》等。天津古籍出版社 1987 年版《黑龙江将军特普钦诗文集》(《黑龙江少数民族古籍丛书》);中央民族学院出版社 1988 年版《两唐书回纥传回鹘传疏证》(《中国边疆史地研究资料丛书》)等。

吉林地方文献整理,吉林文史出版社 1986—2002 年版《长白丛书》5 集 45 册,收录东北史地文献 65 种,如第 2 集的《永吉县志》《宋小濂集》《徐鼐霖集》,第 3 集的《东三省政略》,第 4 集的《朝鲜文献中的中国东北史料》,第 5 集的《清实录中朝关系史料摘编·宣和奉使高丽图经》等。该社另有《长白丛书·整理系列》,收录《同文汇考中朝史料》等。

辽宁地方文献,辽海出版社对满文化挖掘比较深入,金毓黻主编《辽海丛书》380 卷,收录辽宁各类文史资料 83 种,辽海出版社 2009 年版,精装 5 册。辽宁民族出版社品种也多,2003—2010 年版《辽宁旧方志》包括"奉天通志"260 卷 16 册、"丹东卷"3 册、"抚顺卷 兴京县志"等。2004 年《辽宁省旧方志 辽阳县志》收录清代和民国旧志 2 函 12 册。2011 年版《辽阳历史文化丛书》收录《辽阳碑志选编》《〈刘仙樵诗抄〉校注》。1988 年版《满洲源流考》(《辽宁民族古籍历史类》丛书)。而《辽宁民族古籍文学类》丛书含辽沈书社 1996 年版《雍正诗文注解》、辽宁大学出版社 1992 年版《熙朝雅颂集》、辽宁民族出版社 2001 年版《天游阁集》等。再如辽宁人民出版社,有 2002 年版《辽宁碑志》、2010 年版《关东碑林》等。又如沈阳出版社,有 2009 年版《沈阳历史文化典籍丛书》3 册,即《沈阳百咏》《陪京杂述》《陪都纪略》。大连出版社 2007 年版《辽南碑刻》等。

第二节 华东文化区的古籍整理出版

华东文化区包括江苏省、上海市、浙江省、安徽省、江西省、福建省等地,附港澳台地区;按其文化特征,主要有吴文化、越文化、徽州文化、八闽文化等。

第四章　地方文献的整理出版与地方文化色彩　○●○

一　吴文化

吴文化以江苏南部为核心区域，对于该地文化遗产的系统整理出版，江苏古籍出版社（今名凤凰出版社）用力甚勤，不断推出佳作，如1985—1999年出版的《江苏地方文献丛书》收书30种，绝大多数原著为该社的独占选题，是新中国成立后首次出版的校点本。汉赵晔著《吴越春秋》记载了春秋后期吴国兴衰、吴越争霸的历史，保存着古代吴地的珍稀史料；唐陆广微《吴地记》是唐代以来保存至今的唯一地记，也是流传下来最早的方志之一，它与《吴郡志》（宋范成大著）等成为研究唐宋时期吴地的重要资料；《吴郡岁华纪丽》保存着古代吴地的重要史料；《至顺镇江志》是元代方志中的上乘佳作；《龙江船厂志》开后世工厂志的先河；清焦循、江藩著《扬州图经》博采群书秘籍，内容极为丰富；《过云楼书画记·续记》是研究中国书画史的重要史料。

江苏各地的古代典籍也得到了较好的整理出版。如南京出版社2006—2019年出版的《南京稀见文献丛刊》，共14辑67册，收录宋代至民国时期记述南京及与南京有关的典籍多达92种。2010年，南京出版社又推出《金陵全书》，其"甲编 方志类"分府志、县志，分别收录《景定建康志》《洪武京城图志 万历应天府志》《光绪续纂江宁府志》《万历上元县志》《道光上元县志》等志书；"乙编 史料类"收录《建康实录 建康实录校记》《六朝事迹编类 六朝故城图考 南朝寺考》《梁代陵墓考 南朝太学考 六朝陵墓调查报告》等有关南京的历史文献资料。关于南京的其他文献，还有广陵书社2006年版《明孝陵碑刻》、南京师范大学出版社2008年《南京城墙砖文》、上海书画出版社2011年版《南京历代碑刻集成》，以及凤凰出版社2009年版《南京栖霞山贞石录》2册，包含《南京栖霞古寺明徵君碑》和《南京栖霞古寺摩崖石刻》。

扬州地方文献，以《扬州地方文献丛刊》10册著名，收录记述扬州的各类文献20余种，如广陵书社2002—2011年版《邗记 广陵事略》《北湖小志 北湖续志 北湖续志补遗》《平山揽胜志 平山堂图志》《扬州足征录》《广陵诗事 广陵览古》《广陵通典 扬州十日记 咸同广陵史稿》《邗江三百吟 扬州竹枝词 扬州西山小志》《惜馀春轶事 扬州访旧录》等，江苏古籍出版社2002年版《扬州览胜录 扬州名胜录》《芜城怀旧录 扬州风土记略》。① 其次有江苏美术出版社 1985—1996 年版《扬州八怪研究资料丛书》，收录与扬州八怪相关的著述，如《扬州八怪诗文集》《扬州八怪年谱》《扬州八怪现存画目》《扬州八怪书画年表》《扬州八怪题画录》《扬州八怪书法印章选》《扬州八怪绘画精品录》等。江苏广陵古籍刻印社（今广陵书社）一直致力于扬州古文献的出版，1980 年影印陈恒和辑《扬州丛刻》全 10 册，收录扬州历代典籍 24 种，又有 1981 年版《扬州图经》全 8 册（据清嘉庆刻本校刊重印）、1984 年版《扬州画舫录》、1989 年版《扬州风土记略》《扬州西山小志》、2005 年版《邗江出土文物精萃》、2008 年版《何园名迹刻本集粹》。早在 1959 年，扬州古旧书店出版明赵文华撰《嘉靖平倭祗役纪略》（编入《扬州古旧丛刊》）。

苏州人文荟萃，当地的古吴轩出版社，2005 年出版《苏州文献丛钞初编》，收录苏州地方历史文献 30 种，《沧浪亭五百名贤像赞》1 函 10 册；2006 年版《苏州评弹研究资料丛书》收书《弹词目录汇钞 弹词经眼录》《苏州评弹旧闻钞》，2009 年版《古新郭文丛》收录《古新郭人物》《古新郭文钞》；此外有 2004 年《苏州古城地图》，选辑自南宋《平江图》至民国的苏州城地图近 30 件。广陵书社出版有 2004 年《吴中小志丛刊》收录宋至清苏州地方史资料；2007 年出版《师子林纪胜集·师子林纪胜续集》，《苏州历史文化名人资料汇编》收书《伍子胥史料新编》《冯梦龙研究资料汇编》《金圣叹研究资料汇编》3 册，《常熟乡镇旧志集成》收常熟原辖区乡镇旧志十余种，点校整理；2008 年版《苏州地方志综录》。江苏古籍出版社 2002 年版《梅堰镇志》及《昆山三贤丛书》（含《归震川诗文选》《顾亭林诗文选》《朱柏庐诗文选》）。文物出版社 2006 年版《姑苏繁华图》《明吴门四杰书画精品集》《苏州博物馆藏清代七十二状元扇》。其他出版社所出，如江苏人民出版社 1981 年版《明清苏州工商业碑刻集》、苏州大学出版社 1998 年版《明清以来苏州社会史碑刻集》、文汇出版社 2010 年版《近代苏州通商口岸史料集成》。文学类如上海文艺出版社 2003 年版《吴歌遗产集粹》、上海三联书店 2008 年版《苏州园林历代文

---

① 按装帧与整理形式说，2011 年以后，广陵书社另有一套《扬州地方文献丛刊》，收录（清）刘文淇著，赵昌智、赵阳点校《扬州水道记》，（清）汪廷儒编纂，田丰校《广陵思古编》，曾学文点校《扬州著述录》，顾一平编《扬州名园记》，张连生编《扬州名人传》等。

第四章　地方文献的整理出版与地方文化色彩

钞》、上海人民出版社2011年版清朱柏庐著《无欺录》、国家图书馆出版社2011年版《吴江艺文志》。医学类如江苏科学技术出版社2010年版《清代吴中珍本医案丛刊》共8辑、10册，收录清代苏州地方名医的医案与学术经验，系首次整理出版。

无锡地方文献整理，广陵书社2005年出版宋史能之撰《咸淳毗陵志》4册，2007年版清陈鼎编著《东林列传》，是明无锡东林党顾宪成等180余人的传记资料，据康熙本重新校点整理。中华书局2004年版《东林书院志》共22卷。凤凰出版社2005年版《锡山先哲丛刊》4册，收录有关无锡地方与人物的乡邦文献《无锡县志》《邵文庄公年谱》等11种。古吴轩出版社2006年版《惠山记·惠山记续编》，2011年版《无锡园林碑刻选》。关于宜兴地方的，有方志出版社2003年版《宜兴梁祝文化》，其他皆与当地的紫砂壶相关，如黄山书社1992年版清吴骞编《阳羡名陶录》，北京出版社2011年版《紫砂古籍今译》（包括《阳羡茗壶系》《阳羡名陶录》《茗壶图录》《宜兴陶器概要》《阳羡砂壶图考》等）。关于江阴的，有上海古籍出版社的《江阴文史丛书》，包含2007年版《江上词综》、2011年版《嘉靖江阴县志》等。

淮安地方文献出版，有方志出版社2006年版《淮安文献丛刻》4册，收录明清、民国时期的淮安文献，如《漕运通志》《漕船志》《续纂淮关统志》《淮安河下志》《山阳河下园亭记》《淮关小志》《王家营志》《钵池山志》共8种。2007年以后，该丛刻尚有续出。

上海古代地方文献的整理与出版附此。首先是文学类，华东师范大学出版社于1988—1991年出版《上海文献丛书》，收录《皇明诗选》《陈子龙文集》《朱氏舜水谈绮》等；上海文艺出版社2010年出版《海上文学百家文库》，收录与上海有关的作家作品集，前19卷收近代作家集，卷20及其以下是刘大白、夏丏尊、鲁迅等现当代作家。其次是方志类，上海社会科学院出版社2004—2006年出版《上海乡镇旧志丛书》15册，收志书77种。上海古籍出版社2009年版《上海府县旧志丛书》，按县分5卷，收录古旧方志20多种。又如2003年，上海古籍出版社策划的《江南名镇志丛书》这一选题也很好，收录清人撰著的《安亭志》《南翔镇志》《蒲溪小志》《紫隄村志》，加以标点整理，新编的有《古里镇志》《辛庄镇志》《虎丘镇志》等。最后是墓志碑刻，有上海古籍出版社2004年版《上海佛教碑刻文献集》，文物出版社2009年版《新中国出土墓志》上海、天津合卷。其他如江苏古籍出版社2003年影印清吴友如绘《申江胜景图》。

二 越文化

浙江古籍出版社充分挖掘越文化遗产，以出版浙人著作为重点，特别是浙籍作家的全集，如《王阳明全集》《黄宗羲全集》《李渔全集》等。1983年建社，次年就推出《浙江历代名家诗选丛书》（1984—1991年），选收方干、罗隐、王冕、于谦、朱彝尊、吕留良、袁枚、龚自珍等名家的诗作。同时出版《两浙作家文丛》（1984—1999年），整理浙人诗文集，如《沈约集校笺》《钱起诗集校注》《孟郊集校注》《罗隐集校注》《林和靖诗集》《张先集编年校注》《林景熙诗集校注》《朱淑真集注》《永嘉四灵诗集》《张可久集校注》《王冕集》《朱彝尊词集》《龚自珍诗编年笺注》等，共30种；2010年，对已入该丛书的《杨维桢诗集》《王季重十种》《思复堂文集》等书进行增补并改繁体版，新增添《陈傅良诗集校注》《瞿佑全集校注》等书入丛书。2010年推出《浙江文丛》，含《楼钥集》6册、《王阳明全集》6册，及《刘伯温集》《吕留良诗文集》《千甓亭古砖图释》《汪康年文集》等。2010—2011年，浙江古籍出版社与浙江大学合作出版《浙江文化研究工程成果文库·浙江文献集成》，收录《天台山记 天台胜迹录》及宋元作家集十余种，收书与《两浙作家文丛》《浙江文丛》有重合的。

收录浙江一省文献的还有浙江人民出版社1983年版《浙江地方史料丛书》（如《越中杂识》据美国国会图书馆藏乾隆抄本原书复制本排印），2005年版《浙江家谱总目提要》。又文物出版社1982年版《台州金石录 严州金石录》1函9册。江苏广陵古籍刻印社1984年版《两浙金石志》2函16册。人民出版社2006—2009年版《越文化研究文库》，包括《越谚》《越谚点校》《越绝书译注》。中国文史出版社2008年版《浙江地方文化丛书》4册，收录宋陈耆卿纂《嘉定赤城志》、吴茂云校注《戴复古全集校注》等。西泠印社2008年版《越中竹枝词》（《越文化丛书》[①]）。中国

[①] 按：《越文化丛书》第1辑内含《俞明襄研究》《绍兴史纲（近代部分）》《越中竹枝词》《绍兴名人对联故事》《天南地北袍江人》；第2辑包括《黄酒之源会稽山》《越风》《越地风光》。

第四章　地方文献的整理出版与地方文化色彩

戏剧出版社2011年版《拾得集》(《越文化丛书》①)。

杭州以西湖著名，西湖便成为杭州的代名词，今见几种收录杭州古文献的丛书便以西湖为名。如上海古籍出版社1998—1999年版《西湖文献丛书》5册，收录《湖山便览 附西湖新志》《西湖游览志》《西湖游览志馀》《清波小志》《四时幽赏录》之类的古籍23种。浙江人民出版社1979年推出的《西湖文艺丛书》收录《西湖诗词选》《西湖竹枝词》《西湖二集》《西湖佳话》《西湖笔丛》《西湖古代白话小说选》《西湖散曲选》《西湖游记选》《西湖梦寻》《西湖拾遗》等；该社1980—1986年版《杭州掌故丛书》，包括《梦粱录》《武林旧事》《武林坊巷志》以及《南宋临安两志》(《乾道临安志》《淳祐临安志》)、《南宋古迹考》(外四种)等。2008年，广陵书社影印清代丁丙、丁申辑编《武林掌故丛编》12册，汇集宋代以来杭州的人文掌故、诗词歌赋等。钱塘江畔有萧山，如此，杭州有山有水，山水俱佳。关于萧山文献，如方志出版社2004年版《萧山历史文化丛书》，所收的《萧山古诗五百首》选录从晋至清各代歌咏萧山的诗歌580多首。又如西泠印社2006年版《萧山清末八大家》、南开大学出版社2010年版《萧山县志稿》33卷、文物出版社2011年版《萧山博物馆书画珍品集》等。又有西泠印社2003年版《历代名人赞富阳》《历代名人咏浙江》则从书法角度歌咏富阳乃至浙江的山水胜迹、人文风貌等。天津古籍出版社2011年版《严州诗词》(《严州文化丛书》)等。

宁波地方文献的编集以《四明丛书》最有名，共八集，收书178种1177卷，张寿镛先生与其子编于1930—1950年。1981年广陵书社（原为江苏广陵古籍刻印社）刷印线装636册，2006年该社再次缩拼旧版影印②，精装30册。

宁波出版社整理出版宁波地方文献不遗余力，如2006年版《宁波现存碑刻碑文所见录》系统搜罗宁波历代碑刻碑文共2670通，分为教育科举学校、水利、城垣桥梁建筑、军事、寺观祠庙会馆、墓志铭、其他共七类编排。2009年版《甬城现存历代碑碣志》收录除天一阁之外宁波市区

---

① 按：《越文化丛书》第4辑包括《拾得集》《银海拾贝》《越考录》《绍兴文史论丛》《绍兴话旧》《绍兴文史纵横》《绍兴丝绸史话》《鲁迅与越风》《鲁迅婚姻的四个问题》。

② 张寿镛编纂：《四明丛书》，广陵书社2006年版，"骆兆平序"。

各处见存的历代碑碣共143种。2006年，出版四明书刊公司编纂的《邵氏宗系汇集》1函2册，收录宁波邵氏自三十三代先祖邵康节公以来的历代世宗谱。2002年出版的《张苍水全集》，以《四明丛书·张苍水集》等为蓝本，重加校理。丛书则有《宁波历史文献丛书》，如2011年的《宋元四明六志》8册，包括《乾道四明图经》《宝庆四明志》《开庆四明续志》《延祐四明志》《至正四明续志》《大德昌国州图志》共六部。宁波出版社所出与天一阁有关的也多，如2006年版《天一阁珍藏系列》全6册，按天一阁珍藏的印章、善本、陶瓷、扇面、碑帖、书法分册。同年出版天一阁主人范钦所著《天一阁集》。其他如2003年版《伏跗室藏书目录》（《天一文化研究》）、2008年版《别宥斋藏书目录》等。关于鄞县的文献，宁波出版社2006年影印《鄞县通志》5函36册，此书被誉为"古今地方志第一"、"体例最为完备"；2010年版《甬上耆旧诗》，清胡文学辑选、清李邺嗣叙传，收入《鄞州地方文献丛书》。另有浙江古籍出版社2010年版《鄞县进士录》，汇编宋元明清四朝宁波进士登第者名录。有关慈溪地方的文献，宁波出版社2003年出版《光绪〈慈溪县志〉节选本》；杭州出版社2004年版《慈溪文献集成》第一辑3册，收录清道光《浒山志》、明嘉靖《观海卫志》、民国《余姚六仓志》。浙江古籍出版社有2009年版《慈溪旧闻》、2011年版《姚江碑碣》（《姚江文化丛书》）。

绍兴地方文献，中华书局出版《绍兴丛书》，2006年第一辑"地方志丛编"10册，收书21种；2009年第二辑"史迹汇纂"12册，收书150余种。中华书局2004年出版《〈四库全书〉中绍兴人著录提要》1函4册，以及《绍兴县馆藏历史档案精品丛书》，收录《绍兴县馆藏档案集萃》《绍兴县馆藏商会档案集锦》《绍兴县馆藏教育档案集录》《绍兴县馆藏金融档案汇集》《绍兴县馆藏契约档案选集》等，共5函19册。中华书局1986年出版宋张抡撰《绍兴内府古器评》（《宋人著录金文丛刊》）。华龄出版社2002年出版的《绍兴文史丛书》收录《绍兴师爷书信选》《于越先贤传》《校正尚友录》《高士传》等。又有西泠印社2007年版《绍兴图书馆馆藏地方碑拓选》。

温州地方文献，比较集中的是上海社会科学院出版社2003—2006年版《温州文献丛书》4辑，每辑10部，共48册收书46种，包括宋代至民国初期温州籍作家的各类作品，如《东瓯词徵》《东瓯诗存》《温州近代医书集

第四章　地方文献的整理出版与地方文化色彩　○●○

成》《温州经籍志》等。2009—2011年黄山书社续出这套丛书，出版《永嘉场墓志集录》等8册。中华书局出版有2010年版清张宝琳纂《永嘉县志》、2011年版《温州经籍志》4册。金石文献方面，如线装书局2010年版《雁荡山摩崖碑刻》、浙江古籍出版社2011年版《苍南金石志》、中国戏剧出版社2011年版《瓯海金石志》（《瓯海文化丛书》）。文学类如上海社会科学院出版社2005年版《东瓯三先生集补编》，文化艺术出版社2008年版《温州竹枝词》收集温州近代以前的历代竹枝词1700多首。其他类有北京图书馆出版社2005年版《温州地方文献联合目录》，浙江人民出版社2009年版《宋元明清温州文化编年纪事960—1911》（《温州研究集刊》）。关于瑞安文献资料的，浙江古籍出版社2011年版《瑞安阁巷陈氏清颍一源集》共入选诗词作品550多首；中国文史出版社2008年版《瑞安地方文化丛书》收录《瑞安古诗七百首》《池志澂诗文书法集》等，2011年版《浙江地方人文集萃》6册，收清金兆珍、清金兆奎编《集云山志》等书。有关乐清的，如线装书局2009—2011年版《乐清文献丛书》收录《翁卷集笺注》《章玄应集》《冯过集 冯豹集》《耕心堂集》等，其他如中国民族摄影艺术出版社2004年版《乐清历代碑志选》（《东海岸丛书》）、大众文艺出版社2010年版《乐清诗叶》（《乐清诗词丛书》）。

浙江其他各地的文献也得到不同程度的整理，如嘉兴地区的《嘉兴文献丛书》，第一辑凤凰出版社2010年版，收书《快雪堂日记》《艺林悼友录 寒松阁谈艺琐录 鸳湖求旧录 续录》《六研斋笔记 紫桃轩杂缀》等；第二辑上海古籍出版社2011年版，收书《秋锦山房集 秋锦山房外集》《择石斋诗集 择石斋文集》等。另有方志出版社2011年版《海宁县志 宁志备考》（《海宁珍稀史料文献丛书》）。如丽水地区，浙江古籍出版社2008年版《丽水绿谷文化丛书》6册，收录《处州摩崖石刻》《处州古代著作考》《此山集》《丽水县志 丽水志稿》（点校本合刊）等。民族出版社2011年版《丽水畲族古籍总目提要》，收录丽水市畲族古籍，包括书籍、铭刻、文书、讲唱等类。如金华义乌，2011年版《义乌丛书》，上海古籍出版社9种，包括《医学发明》《丹溪先生胎产秘书》《丹溪先生金匮钩玄》《日损斋笔记》等。其他地方的如浙江人民美术出版社2006年版《衢州墓志碑刻集录》、西泠印社2008年版《长兴茶文化碑刻集》等。

三　徽州文化

徽州文化，亦称安徽文化。安徽地方文献的整理，以黄山书社所出版为多，主要有：（1）《安徽古籍丛书》，1989—1999年版，收书《老子注三种》《定本庄子故》《毛诗后笺》《张籍集注》《包拯集编年校补》《东莱诗词集》《张孝祥诗文集》《王侍郎奏议》《明太祖集》《青泥莲花记》《舌华录》《明语林》《夜雨秋灯录》《杨仁山全集》《惜抱轩诗集训纂》《北山楼集》《方望溪遗集》《包世臣全集》《识小录·寸阴丛录》《施愚山集》《壹斋集》等，共30余种；2005—2011年版，收录《皖人戏曲选刊·郑之珍卷》以及《俞正燮全集》《黄生全集》《戴震全书》《程恩培集》《文学研究法》《赵绍祖金石学三种》等书。（2）1986—1987年版《安徽文苑丛书》，收录《张孝祥诗词选》《嵇康集注》《姚鼐文选》《吴汝纶尺牍》《方苞文选》等。（3）《安徽历代方志丛书》，包括2006年版《（嘉庆）合肥县志》，2011年版《泗虹合志》《（顺治）颍上县志》等。（4）《徽学研究资料辑刊》，2004—2006年版，收书《太函集》《新安名族志》《新安文献志》《清代徽人年谱合刊》等。（5）2010年出版的《明清安徽妇女文学著述辑考》，收录明清安徽妇女作者617人，分编为皖北、皖东、江淮、皖西南、皖南等9卷。

收录安徽地方文献的还有，安徽大学出版社2002年版《桐城派三祖年谱》，2005年版《出土夷族史料辑考》（《安徽省文物考古研究所专刊》）。学林出版社2006年版《黄山摩崖石刻》，收录黄山摩崖石刻280处历代名人的题刻胜迹。黑龙江人民出版社2009年版《安徽寿县朱家集出土青铜器铭文集释》。安徽美术出版社2011年版《桐城科举》（《桐城历史文化丛书》）等。

有关江西文化的古籍资料所见出版的较少，附录于此。如《江西文献丛书》，含江西教育出版社1993年版《周敦颐全书》，华东师范大学出版社1994年版《郑谷诗集编年校注》《谢叠山全集校注》。又如，江西人民出版社1996年版《庐山诗文金石广存》、2005年版《〈清实录〉江西资料汇编》。江西教育出版社1995年版《白鹿洞书院碑记集》（《白鹿洞书院研究丛书》）。江西美术出版社则有2007年版《会讲故事的庐山石刻》、2010年版《庐山历代石刻》等。

第四章　地方文献的整理出版与地方文化色彩

四　八闽文化

福建地方文献的整理，福建人民出版社的贡献为大，主要有以下品类。（1）1981—2008 年版《八闽文献丛刊》收录《中兴小纪》《黄道周年谱》《甲申集》《王忠孝公集》《闽中十子诗集》《全闽诗话》《闽海纪要》《浪迹丛谈》《浪迹续谈》《浪迹三谈》《靖海纪事》《卮林》《先王实录校注》《海上见闻录定本》《闽小纪　闽杂记》等 20 多种。（2）1987—1997 年版《福建地方志丛刊》收 10 种。（3）1983 年版《闽台史料丛刊》，收录《清代台湾农民起义史料选编》《台湾外记》等。（4）1983 年版《闽台族谱选刊》收录《郑成功族谱三种》；2006 年版《郑成功族谱四种》含《明崇祯本郑氏族谱》《清嘉庆本郑氏族谱》《民国本郑氏宗谱》《民国本郑氏家谱》4 种。（5）2007—2018 年版《福建文史丛书》收录《武夷新集》《将乐县志》《福州西湖宛在堂诗龛征录》《太姥山全志》《林雨化诗文集》《涛园集》《全闽诗录》《黄任集》等；这套书另外还有厦门大学出版社、福建科学技术出版社、福建美术出版社、海风出版社、方志出版社等所出若干种。

综合收录福建地方文献的还有《福建丛书》，江苏广陵古籍刻印社、江苏古籍出版社 1993—2005 年版，收录《名山藏》《苍霞草全集》《徐燉集》《余怀集》《谢肇淛集》《曹学佺集》《居业堂诗稿》《魏秀仁杂著钞本》《赌棋山庄杂著》《王忠孝公集》《摩盾余谭》《莆变纪事》《林宾日日记》等诗文集。又如 2003—2010 年版《福建旧方志丛书》，方志出版社、中国社会科学出版社、厦门大学出版社合作出版。其他如福建人民出版社 2005 年版《福建摩崖石刻精品》。

福建各地文献的出版，如福建美术出版社 2008 年版《福州十邑摩崖石刻》，2011 年版《福州摩崖石刻》等。厦门大学出版社 2009—2011 年版《厦门文献丛刊》，收录《厦门古籍序跋汇编》《爱吾庐汇刻》《夕阳寮诗稿》等。福建人民出版社 1991 年版《泉州摩崖诗刻》，科学出版社 2005 年版《泉州宗教石刻》，海潮摄影艺术出版社 2009 年版《泉州府文庙碑文录》，厦门大学出版社 2010 年《晋江族谱类钞》《东石源利族人徙台货殖书契》（《晋江文化丛书》）。

关于中国台湾地区的文献，《台湾文献丛刊》是台湾周宪文先生主持的最重要、最庞大的学术工程，被誉为"台湾百科全书"，1957—1972年底由台湾银行（经济研究室）编印，陆续出版，收录公认最齐全、最权威的相关台湾史料，共309种595册，提要1册。自1984—1987年，台湾大通书局正式出版为《台湾文献史料丛刊》共9辑，其开篇即为《台湾文献史料丛刊》309种提要；2009年，人民日报出版社据此影印全9辑190册。该丛刊在大陆的出版具有特殊的重要的历史意义，具有正本清源的重大价值。此前的2005年，九州出版社与厦门大学出版社合作出版《台湾文献汇刊》，被列为中央对台宣传重点项目、"十五"国家重点出版规划项目；编选有关台湾历史文化研究最具权威性的珍稀资料共600余部100册，真实反映了台湾与祖国大陆的历史渊源，填补了台湾研究史料的空白。以上二书在内容上"互为补充，堪称有关台湾史料的大全"。2017年，福建教育出版社出版金门同乡联谊会会长陈庆元主编《台湾古籍丛编》，共10辑，收录元明清台湾本土人士或宦游台湾之大陆人士的诗文集36种，如《钓矶诗集》《恬庵遗稿》《丛青轩集》《台湾外记》《小琉球漫志》《海东札记》《杨廷理诗文选集》《东槎纪略》《台海思恸录》等作品。此外，关于澳门的文献资料如国家图书馆出版社2010年版《澳门记略》《澳门志略》等。

第三节　华中华南文化区的古籍出版

华中、华南文化区包括河南省、湖北省、湖南省、广东省、海南省、广西壮族自治区等地；按各地的文化特征与地域因素主要有中州文化、荆楚文化、湖湘文化、岭南文化、八桂文化等类型。

一　中州文化

中州文化遗产以中州古籍出版社（原名中州书画社）整理出版为多，著名的如《中州名家集》丛书，1987—2009年，收录秦汉到清代河南籍或与河南有关的作家文集20多种。《中州文献丛书》1989—1998年版，收录有关中州文献十余种，2002年又出版《中州文献总录》。《河南旧志整理丛书》1989—1994年版，收录河南旧方志5种。《古都郑州文化丛书》2002—2007年版，收录有关郑州的文献，含诗文集4种，郑州旧志12种。又2003年版

第四章　地方文献的整理出版与地方文化色彩

《嵩岳文献丛刊》4 册，收录明清有关嵩山的志书 10 种。2007 年版《中岳嵩山名碑名帖》5 册 5 种。2008 年出版邓本章主编大型丛书《中原文化大典》，分总论、著述典、学术思想典、文学艺术典、文物典、人物典、民俗典、科学技术典、教育典、大事记等，收录先秦至清末有关河南的各领域的著作，比较全面地展示出了中原文化的面貌。此外还有 2006 年版《(乾隆) 荥泽县志点校注本》、2011 年版《历史文献中的叶县》等。

河南洛阳地方文献的出版，除黄河出版社 2008 年版《洛阳大典》之外，其余多为出土文献，北京图书馆出版社主要有 2002 年版《洛阳出土墓志卒葬地资料汇编》、2004 年版《洛阳新出土墓志释录》、2005—2007 年版《洛阳考古集成》5 卷、2007 年版《河洛墓刻拾零》。文物出版社主要有 1996 年版《洛阳新获墓志》、2002 年版《龙门石窟造像全集》、2008 年版《新中国出土墓志 河南 千唐志斋》、2009 年版《景教遗珍》、2011 年版《洛阳北魏墓志精选十二品》等。科学出版社 2001 年版《洛阳出土北魏墓志选编》、2008 年版《洛阳新获墓志续编》。河南美术出版社 1986 年版《洛阳汉画像砖》、2011 年版《洛阳出土少数民族墓志汇编》。其他如广西师范大学出版社 2000 年版《北京图书馆藏龙门石窟造像题记拓本全编》全 10 册、朝华出版社 2003 年版《洛阳名碑集释》、中华书局 2004 年版《邙洛碑志三百种》、外文出版社 2010 年版《洛阳周围小石窟全录》5 卷。

河南其他地方的文献出版，如中州古籍出版社 2003 年版《濮阳碑刻墓志》、河南美术出版社 2005 年版《南阳汉画像石精萃》、国家图书馆出版社 2008 年版《巩县石窟北朝造像全拓》、河南大学出版社 2010 年版《永城石刻》等。

二　荆楚文化

湖北地方文献较早整理出版的是湖北人民出版社的《荆楚故书丛刊》，1986—1990 年，收录《荆楚岁时记译注》《襄阳耆旧记校注》《楚国先贤传校注》《汉口丛谈校释》等。之后的《湖北地方古籍文献丛书》，1998—2001 年由湖北人民出版社出版，收入以上各书，并新出若干，共计 27 册，收书 25 种，其中的《湖北文征》就多达 13 册；2002 年，该丛书由湖北教育出版社出版第 3 辑，收录宋明清三代有关湖北的地方文献，如宋代米芾著《米芾集》，明代陶晋英原著《楚书》、吴琯原著《楚史梼杌》，清代严观原撰《湖北金石诗》、董桂敷原撰《紫阳书院志略》、王葆心著《续汉口丛谈·再续汉口丛谈》、胡凤丹著《大别山志·鹦鹉洲小志》、章学诚著《湖北通志检存稿·湖北通志未定稿》、甘鹏云原著《潜江旧闻录》、倪文蔚原著《万城堤志》、舒惠原著《万城堤续志》、陈沆原著《陈沆集》、希元原著《荆州驻防志》等18种。此外，湖北人民出版社还有1984年版《历代诗人咏湖北》系列丛书（如《东坡赤壁诗词选》）、2009年版清陈锷著《（乾隆）襄阳府志》等。

关于湖北志书的出版，有湖北科学技术出版社2003年版《武当山历代志书集注》，中国地图出版社2006年版《武当山明代志书集注》（《武当文化丛书》①）等。武汉出版社2011年版《明嘉靖汉阳府志校注》（《武汉旧志整理丛书》）。其他各类出版物有中国档案出版社2001年版《民初汉口竹枝词今注》（《武汉文史丛书》），科学出版社2010年版《三峡湖北段沿江石刻》，武汉出版社2011年版《武汉城市圈特藏档案图集》，华中师范大学出版社2011年版《荆门古迹碑文抄注》等。

三 湖湘文化

湖南地方文献整理，规模最大的工程无疑是《湖湘文库》，2007—2017年，由湖南省各出版社共同完成，共计700多册，分为甲乙编，其中的湘人文集、湖南志书等多由岳麓书社出版，如2010年版《湖湘文库》，包括湖南人民出版社15种，湖南美术出版社10种，湖南大学出版社、湖南师范大学出版社各6种，而岳麓书社7种（包含《同治长沙县志》《同治直隶澧州志》《西征纪程 中俄界记》《李道纯集 蒋道林文粹》《石村诗文集 些庵诗钞》等）；又如2008年版《文库》，岳麓书社有《胡宏集》《杨嗣昌集》《江盈科集》《曾纪泽集》《何绍基诗文集》《曾国荃全集》等诗文集，以及《衡州府志》《乾隆岳州府志》《巴陵县志》《桃花源志略》等志书近30种。当然，也不排除其他社出版此类古代著述。另外还如2008年湖南科学技术出版社《神农本草经 神农本经会通》。

---

① 按：《武当文化丛书》包括《武当山》《武当山古建筑》《武当道教史略》《武当道教音乐》《武当道教医药》《武当武术精萃》《武当神仙大观》《武当山明代志书集注》《武当民间文学》《武当民俗》等。

第四章　地方文献的整理出版与地方文化色彩

岳麓书社致力于湖南地方文献的收集整理，克服原著文字古奥、校勘工夫大、辑佚艰难、发行量较小等困难，出版了大批地方文献。如1983年版《湘军史专刊》收录《湘军志·湘军志平议·续湘军志》《湘军记》等；1986—1989年出版的《湘军史料丛刊》收录《曾国藩未刊往来函稿》《左宗棠未刊奏摺》《胡林翼未刊往来函稿》等10种。1988年版《湖湘诗存》收录《李群玉诗集》《咏史诗》《雪矶丛稿》等。总体上看，该社所出书已形成湖南地方文献系列：（1）一批著名湘籍人物的诗文集如《李东阳集》《八指头陀诗文集》《郭嵩焘诗文集》《郭嵩焘奏稿》《南村草堂诗钞》《曾纪泽遗集》《湘绮楼诗文集》，以及《船山全书》15册（1997年）、《曾国藩全集》30册（1984—1995年）、《左宗棠全集》15册（1996年）等；（2）一批湘籍人士的学术专著，如王先谦的《葵园四种》、汤鹏《浮邱子》、魏源《海国图志》、李元度《国朝先正事略》等；（3）湘籍诗文总汇《湘雅摭残》（1996年）、《湖南文征》（2008年）；（4）湘军人物年谱丛书，收录曾国藩、左宗棠、胡林翼、罗泽南、刘长佑、曾国荃、李续宾等人的年谱；（5）湘人笔记丛书，如《近代湘人笔记丛刊》收录周寿昌《思益堂日札》、王之春《椒生随笔》、杨钧《草堂之灵》、朱德裳《三十年闻见录》、李肖聃《星庐笔记》等8种；（6）整理出版了一批湖南旧志书等。

湖南人民出版社贡献也很大，除出版上述《湖湘文库》中的出版物之外，还有《湖南近代名人文集丛书》，含1985年版《熊希龄集》、1988年版《宁调元集》等；2004年版邹华享编《湖南家谱解读》，2008年版明龙鹰著《龙鹰集》等。

湖南各地文献的出版，如常德市，大众文艺出版社2008年版《常德方志文化丛书》，收录《明万历桃源县志校注》《清康熙安乡县志校注》《清光绪德山志补校注》《常德方志考》4种；方志出版社2011年版《常德文库系列丛书》，收录《明嘉靖〈常德府志〉校注》。其他地区的，如人民美术出版社1954年版《长沙出土古代漆器图案选集》，上海出版公司1955年版《长沙出土楚漆器图录》，河北人民出版社2002年版《衡水历代作家诗文选注》（《衡水文史资料丛书》），海南出版社2011年版《溪州铜柱铭文》等。

四　岭南文化

岭南文化，含今广东、海南文化。综合收录广东文献的有广东人民出版社1980—1994年版《广东地方文献丛书》全27册，收书35种，江苏广陵古籍刻印社1994年版《广东文献》（《广东丛书》），岭南美术出版社2008—2011年版《全粤诗》全12册。广东以岭南称之，故书名多含带着"岭南"，如广东高等教育出版社、中山大学出版社、暨南大学出版社合作，于1988—2001年出版《岭南丛书》，收书33种。花城出版社1994年版《近代岭南文学名家书系》收《丘逢甲文集》等。中华书局2000—2006年版《岭南名寺志系列·古志》包括《光孝寺志》《丹霞山志》《禺峡山志》《鼎湖山志》《阴那山志》等志书。广东人民出版社则有2002年版《岭南族谱撷录》（《岭南文丛》）、《岭南古方志辑佚》（《古代方志丛书》），2009年版《广东出土明本戏文》（《岭南文化知识书系》），2009—2011年版《岭南文库》，包括《羊城古钞》《明清广东稀见笔记七种》《异物志辑佚校注》《崖州志》《历代岭南笔记八种》《岭南史志三种》《广东通志·金石略》等20多种。

广东各地文献的出版有：（1）广东高等教育出版社2006年版《广州碑刻集》，广东人民出版社2006—2010年版《广州史志丛书》收录《清代广东笔记五种》《广州寺庵碑铭集》《南海神庙文献汇辑》《南汉金石志补征 南汉丛录补征》等。（2）上海古籍出版社1991—1995年版《潮汕文库·潮汕历史文献丛编》，收录《翁万达集》《韩江闻见录》等书。汕头大学出版社、广东高等教育出版社1997年版《潮汕俗文化丛书》，收录《潮汕寺庙楹联评注》《潮汕歌谣新注》。（3）2010—2011年版《东莞历代著作丛书》，除中华书局《容庚学术著作全集》1种外，其余皆上海古籍出版社所出，如《石屏遗集 壮其遗集》《罗亨信集》《邓锡祯诗集 邓蓉镜诗文集 邓寄芳诗集》《琴轩集》《蔡召华诗集》《胜朝粤东遗民录 宋东莞遗民录》等。又有大众文艺出版社2006年版《东莞木鱼书》，文物出版社2009年版《东莞市博物馆藏碑刻》。（4）其他如广东人民出版社1987年版《明清佛山碑刻文献经济资料》，海天出版社2006年版《深圳旧志三种》，中国文联出版社2010年版《古今诗人颂西湖》（按：此指惠州西湖）等。

第四章　地方文献的整理出版与地方文化色彩　○●○

海南地方文献整理的有，海南出版社 2003—2006 年版《海南先贤诗文丛刊》，包括《海瑞集》《天池草》《鸡肋集》《北泉草堂遗稿》《溟南诗选》《丘濬集》《白玉蟾集》《钟筠溪集》《筠心堂集》等 20 余种，2004 年版《白玉蟾全集校注本》(《海南历史文化名人选集》)、2003—2006 年《海南地方志丛刊》收录海南各地历代志书及相关撰述共 50 种。另有中国文史出版社 2010 年版《崖州志》等。

五　八桂文化

八桂文化，盖指今广西地区的文化。其文化遗产的整理以广西人民出版社为多，主要有 1990 年版《广西史志资料丛书》，收录《广西方志佚书考录》《广西方志传记人名索引》《广西方志物产资料选编》《〈明实录〉广西资料摘编》《〈清实录〉广西资料辑录》《二十四史广西资料汇编》等书，显然以资料汇编为主；其次是《广西古籍丛书·府州县志系列》影印丛书(《广西古籍丛书》编辑委员会、广西地方志编纂委员会办公室编)，收录 2009 年版清金鉷修，钱元昌、陆纶纂《(雍正)广西通志》全 4 册，之后陆续出版有《(万历)广西通志》《(崇祯)梧州府志》《(光绪)临桂县志》《(民国)武缘县图经》《(民国)贺县志》《(民国)信都县志》《(道光)义宁县志》《(光绪)百色厅志》《(光绪)平南县志》《(康熙)上思州志》《(乾隆)平南县志》《(民国)柳江县志》等志书。2011 年版《芸阁菁华　广西壮族自治区图书馆古籍珍品》，选收馆藏善本古籍及地方文献中比较珍贵且有广西地方特色的古籍。又如《桂苑书林丛书》收录广西地方古籍，广西民族出版社 1984 年版《桂海虞衡志校补》《袁崇焕资料集录》《王鹏运词选注》，1988 年版唐代刘恂撰《岭表录异校补》；1986 年以后广西人民出版社出版《粤西诗载校注》《粤西文载校点》[①]《〈粤西十四家诗钞〉校评》，以及明代欧大任撰《百越先贤志校注》等。

2010 年 11 月，广西桂学研究会成立，内设古籍整理出版委员会，编辑《桂学文库·广西历代文献集成》丛书，2012 年，广西师范大学出版社影印出版首批典籍《契嵩集》《蒋冕集》《冯子材集》《鲆山全集》《橄

[①] 按：2007 年 12 月，清汪森编《粤西丛载校注》由广西民族出版社出版，至此，著名的"粤西三载"得成完璧。然《桂苑书林丛书》编委会早已不复存在。

湖十子诗抄》《岑襄勤公奏稿》《粤西通载》《王鹏运集》《况周颐集》《韦丰华集》《龙启瑞集》《广西名胜志》《赵柏岩集》等13种。之后尚出版《谢良琦集》《郑献甫集》《陈宏谋集》《三管英灵集》《桂林风土记 桂海虞衡志 岭外代答》等书。

广西各地文献的出版，如广西人民出版社影印《南宁古籍文献丛书》，2008年版《南宁府志》汇编了四种南宁府志（即明嘉靖十七年刊本，嘉靖四十三年刊、万历崇祯增修本，清乾隆八年刊本，宣统元年石印道光本）；2011年版《邕宁县志》（民国二十六年版）、《邕宁一览》（民国二十四年版）2种4册，可借以了解该地的地理沿革、人民生活、政治经济、民团、文化等。

关于柳州一地古籍的整理，集中表现在《柳州乡贤著述影印丛刊》系列，自2005—2020年已出9种：京华出版社出版明张翀撰《鹤楼集》、清王拯著《龙壁山房文集》、明王启元撰《清署经谈》、明戴钦撰《戴钦诗文集》，广西民族出版社出版明周琦撰《东溪日谈录》，广西美术出版社出版清杨廷理撰《知还书屋诗钞》、清王拯著《龙壁山房文集》（五卷本），线装书局出版清叶时晳撰《越雪集》，云南人民出版社2020年版《归方平点史记合笔》。

关于广西少数民族的古籍，如广西民族出版社1987年版《广西少数民族地区碑文契约资料集》（《国家民委民族问题五种丛书·中国少数民族社会历史调查资料丛刊》）；广西人民出版社1997年版《广西少数民族古籍丛书》收录《薰生诗草》等。又如《广西土司资料系列》，广西人民出版社2008年版《万承诉状》收录清末万承民间诉状手稿，同年出版《〈南征录〉〈广古战功录〉〈西南纪事〉校注》，其中三本为明张瑄等撰；2011年版《田州岑氏土司族谱》，分《田州岑氏源流谱》《岑氏源流世谱》两部分，记述田州岑氏源流、嫡派、支派族人等情况。

第四节　西北西南文化区的古籍出版

西北、西南文化区包括陕西省、山西省、甘肃省、宁夏回族自治区、新疆维吾尔自治区、重庆市、四川省、云南省、贵州省、青海省、西藏自治区等地；据各地文化特征与文化历史渊源，主要有秦晋文化、甘宁文

第四章 地方文献的整理出版与地方文化色彩 ○●○

化、西域文化、巴蜀文化、滇云文化、黔贵文化、青藏文化等类型。

一 秦晋文化

秦晋文化区含包今陕西、山西地区。陕西地方文献，三秦出版社对周秦汉唐文化有深入挖掘，成绩明显。除反映地方特色的《古长安丛书》[①]外，著名的如《长安史迹丛刊》（全10册），2006年出版点校整理本，收录有关古代陕西，尤其是古长安地域文化的经典文献十余种，包括汉赵岐撰《三辅决录》、汉王褒撰《关中佚志》辑本、晋葛洪撰《西京杂记》、晋佚名撰《三辅故事》、唐韦述撰《两京新记》辑本、唐杜宝撰《大业杂记》辑本、唐佚名撰《三辅旧事》、宋张礼撰《游城南记》、元骆天骧撰《类编长安志》[②]，以及《南山谷口考》《三秦记辑注·关中记辑注》等。值得一提的是，该《丛刊》汇集了史念海、黄永年、周天游、何清谷、李之勤、辛德勇、刘庆柱等一批著名的专家，就此而言，应该说是一次研究性质的古籍点校辑佚、是一套精善的地方文献整理丛书，对古长安文献的清理做出了贡献。三秦出版社又有1993—2003年版《陕西金石文献汇集》，先后收录《陕西金文汇编》《高陵碑石》《咸阳碑刻》《榆林碑石》等，2006年版的《陕西碑石精华》，以及地方性的《保安县志略》（2003年）、《临潼碑石》（2006年）、《安康历代名人录》（2010年）等。

关于古长安的又一部名著是《唐两京城坊考》，清代学者徐松倾40年精力撰著，是继唐韦述《两京新记》，宋宋敏求《长安志》《河南志》之后记唐长安、洛阳最为详备的集大成之作。书成于嘉庆庚午年（1810年），之后有清张穆《校补》（1848年刊于《连筠簃丛书》），1850年又有程鸿诏《唐两京城坊考校补记》（《藕香零拾丛书》）。但此二书对唐两京

[①] 按：《古长安丛书》，史念海主编，1983年列入陕西省古籍整理出版规划，1991年列为国家"八五"重点图书选题，同年出版辛德勇著《隋唐两京丛考》，1995年出版何清谷《三辅黄图校注》。此后不见有书，因种种原因，《丛书》的出版搁浅。已出此二书，后亦收入2006年版《长安史迹丛刊》。

[②] 按：黄永年点校本《类编长安志》，1990年中华书局初版，收入《中国古代都城资料选刊》，其中存在有违黄先生原意而改动处者；2006年收入《长安史迹丛刊》，复按黄先生原意一一改回。又，黄先生在1981年暑假点校了此书，1983年撰文《述〈类编长安志〉》，述其校勘研究之所得，见《中国古都研究》第一辑（中国古都学会第一届年会论文集），1983年。

城坊内容的补充都极其有限。① 随着考古新资料的不断涌现，需要进一步的订补，故有李健超著《增订唐两京城坊考》，三秦出版社已出了3版，初版于1996年，2006年修订版，2019年最新增订版，版权页字数分别为38万、56.9万、95万，每版字数递增幅度很大，第3版字数已是初版的2.5倍，可见作者用力之勤，用功之深，增补资料之多，亦可谓名作。此外，因《唐两京城坊考》影响大，新中国成立以来其他出版社也有各种版本，如中华书局1985年影印《丛书集成》本，同年有方严点校本（收入《中国古代都城资料选刊》）；广陵书社2003年影印《唐两京城坊考·唐两京城坊考校补记》，收入《中国风土志丛刊》；中州古籍出版社2014年影印线装本等。

其他如文物出版社的一系列书，如2000—2009年版《新中国出土墓志 陕西卷》，2002年版《新城 房陵 永泰公主墓壁画》，2009年版《米脂官庄画像石墓》，2010年版《古都遗珍：长安城出土的北周佛教造像》，2011年版《长安新出墓志》等。其他还有陕西人民出版社1979年版《陕西历代碑石选辑》，西北大学出版社1995年版《陕西碑石墓志资料汇编》，科学出版社2009年版《壁上丹青 陕西出土壁画集》等。

山西地方文献，以山西古籍出版社（2007年改名三晋出版社）出版较多，主要有2005—2011年版《三晋石刻大全》，按山西的市区县分卷，收录古今碑刻；2006—2008年版《晋城历史名人文存》，收录北魏至清代山西晋城籍名人集，如《庄靖集》《陵川集》《常评事集》《泊水斋集》《西北文集》《六砚草堂集》《午亭文编》《鹤栖堂诗集》等；2010年版《阳城历史名人文存》全套8册。收录山西一省文献资料的有《明清山西碑刻资料选》及续一、续二（2005—2009），2006年版《晋乘蒐略》（清康基田编著）、2009年版《明实录山西史料汇编》、2011年版《三晋古谣谚》（《山西历史文化丛书》）等；关于山西各地的，如2008年版《洪洞金石录》、2009年版《平鲁石刻图志》《阳城县乡土志 阳城县金石记》《襄垣县志 清乾隆 光绪版》《圣旨雁门关碑》、2010年版《汾阳市博物馆藏墓志选编》等。山西古籍出版社还与山西人民出版社合作出版《三晋古志传丛书》，含1992年版《徐沟县志》《大同县志》，1996年版《永宁州

---

① 李健超：《增订唐两京城坊考》，三秦出版社2006年版，"序"。

志》《文水县志》等,皆为清人所编纂;2006年版《陵川文史资料丛书》收录《郝文忠公陵川文集》(元郝经著)、《雁帛书评注》;《山西碑碣》(1997年)及其续编(2011年)等书。

山西人民出版社自出的山西地方文献有1986—1997年版《三晋古籍丛书》,收入山西历代名家集十余种,并包含《山右丛书初编十六卷》《山右石刻丛编四十卷》等丛书;2008年出版北宋文彦博著《文潞公集》(收入《历史文化丛书》),2009年版《文白对照清凉山志传》(《五台山志传丛书》);出版沁水一地资料的有2008年版《沁水碑刻蒐编》,2009年版《沁水县志三种》(包括康熙《沁水县志》、嘉庆《沁水县志》、光绪《沁水县志》以及《沁水县志补编》),2010年版《沁水县志逸稿》,均收入该社《沁水文史资料》。

其他出版社综合收录山西地方文献的,中华书局1990年出版清王轩等纂修《山西通志》22册,收入《三晋文化研究丛书》,2002年版《山西戏曲碑刻辑考》;文物出版社2006年版《山西佛寺壁画》等。专题性或地方性的,如文物出版社1976年版《侯马盟书》、宗教文化出版社2002年版《五台山诗歌总集》、中华书局2003年版《洪洞介休水利碑刻辑录》、上海人民美术出版社2003年版《晋阳古刻选》、山西经济出版社2009年版《王家大院丛书》,以及北岳文艺出版社2009年版《(万历)泽州志》和2009年版《王家屏奏疏译注》、2011年版《王家屏诗词译注》及山西人民出版社2012年版《王家屏尺牍译注》(《山阴县历史文化丛书》)等。

二 甘宁文化

甘宁文化,亦称河陇文化、陇右文化等,含今甘肃、宁夏地区。

甘肃地方文献整理,规模浩大的是兰州古籍书店1990年版《中国西北文献丛书》,影印200册200卷,分为8辑,依次为西北稀见方志文献、西北稀见丛书文献、西北史地文献、西北民俗文献、西北少数民族文字文献、西北文学文献、西北考古文献和敦煌学文献。如第6辑所收书有明代李梦阳《空同集》、胡缵宗《鸟鼠山人集》、韩邦奇《苑落集》等,清代的张晋《戒庵诗草》、孙枝蔚《溉堂集》、吴镇《松花庵全集》、张澍《养素堂文集 养素堂诗集》、路德《柽华馆全集》、牛树梅《省斋全集》、马疏《日损益斋文集》等。

甘肃省属出版社做出了很大贡献，如《陇右文献丛书》（1985—1999年）共19种，甘肃人民出版社12种，兰州大学出版社6种，《西北师范大学学报》编辑部1种《甘肃人物志》，点校整理者如赵逵夫、钮国平、李鼎文、尹占华等都是有名的学者。甘肃人民出版社2008年版《邢澍诗文笺疏及研究》，列为该丛书第2辑。而天津古籍出版社2012年版《赵时春文集校笺》、2014年版《日损益斋古今体诗校注》则与此不同，属于《西北师范大学古籍整理研究所陇右文献丛书》系列。此外，甘肃人民出版社有《历代甘肃作家作品选注丛书》，含1987年版《傅玄 阴铿诗注》、1989年版《李益集注》等。甘肃民族出版社2004年版《甘肃少数民族古籍丛书》，收录《枳香山房诗草选注》《甘肃土族文化形态与古籍文存》《甘肃蒙古族文化形态与古籍文存》等书。

甘肃的敦煌文献闻名天下，但敦煌遗书本身并不具有地方性，详见本书第五章所述。其他文献类型整理，如甘肃人民出版社1993年版《清河州契文汇编》，编录清代嘉庆二十四年到宣统三年间河州的契文588件，如天津古籍出版社2000年版《中国西北地区历代石刻汇编》、重庆出版社2002年版《甘肃嘉峪关魏晋五号墓彩绘砖》、甘肃人民美术出版社2003年版《远古神韵 传世木版画木雕精品》（《甘肃民间美术 民俗与古文化丛书》）、中医古籍出版社2006年版《武威汉代医简注解》等。

宁夏地方文献出版，主要有宁夏人民出版社1982—1996年版《宁夏史料丛刊》，收录《嘉靖宁夏新志》《嘉靖万历固原州志》《乾隆宁夏府志》《嘉庆灵州志迹校注》《明实录宁夏资料辑录》《清实录宁夏资料辑录》《宁夏志笺证》等书。该社与天津古籍出版社1987—2002年合作出版《中国回族古籍丛书》，收书如《清真指南》《钦定石峰堡纪略》《钦定兰州纪略》《丁鹤年诗辑注》《朝觐途记》《白话译著〈清真释疑〉》等十余种。宁夏人民出版社2007年版《海原史地资料丛书》，收录清朱亨衍纂《乾隆盐茶厅志》、清杨金庚纂《光绪海城县志》以及《明清民国海原史料汇编》等；2008年版《中宁碑录》，收录中宁县境自明代以来的碑刻60通；2010年版《弘治宁夏新志》及《固原历代碑刻选编》，选录公元380年至1939年间80篇重要碑记资料，展示固原千年历史文化。另有阳光出版社2010年版《（道光）隆德县续志 （光绪）宁灵厅志草校注本》及《宁夏地方文献暨回族伊斯兰教文献导藏书目》等。

第四章　地方文献的整理出版与地方文化色彩　○●○

关于西夏文献，自 20 世纪初在黑水城出土大批文书（今藏于俄罗斯）以来，西夏文献引起广泛关注，搜集、整理、出版工作不断深入。科学出版社 1991 年版李逸友编《黑城出土文书 汉文文书卷》。之后，上海古籍出版社 1996—1999 年出版《俄藏黑水城文献》全 11 册，俄罗斯科学院东方研究所圣彼得堡分所、中国社会科学院民族所编；2005 年出版《英藏黑水城文献》4 册，西北第二民族学院、英国国家图书馆等编；2005—2006 年出版《中国国家图书馆藏西夏文献》4 册，宁夏社会科学院编。2008 年，北京图书馆出版社的《中国藏黑水城汉文文献》全 10 册，收录原始文献 4200 多件（其中宗教文献 233 件），全部全彩写真印刷，与原物一致，保持原貌。2010 年，中华书局影印出版《日本藏西夏文文献》，汇编日本所藏的西夏文文献图版 532 面。至此，西夏文献的搜罗基本全面。此外还有北京图书馆出版社 2005 年版《国家图书馆藏西夏文献中汉文文献释录》等。

西夏学研究方面，如《西夏研究丛书》，甘肃文化出版社 1995—1998 年出版《西夏书事校证》《西夏纪事本末》《西夏志略校证》等；宁夏人民出版社 1994 年版俄罗斯孟列夫著、王克孝译《黑城出土汉文遗书叙录》，2004 年版《西夏研究丛书》6 册，收录《宋史夏国传集注》《宋西事案》等。研究著作如中国社会科学出版社 2007 年版《传统典籍中汉文西夏文献研究》《〈同音文海宝韵合编〉整理与研究》，中华书局 2009 年版《俄藏黑水城所出〈宋西北边境军政文书〉整理与研究》。

宁夏重视地方文献的又一表现是编纂出版《朔方文库》，旨在理清宁夏文献档案的家底，项目启动于 2016 年 6 月，预计到 2024 年，全面系统地保护、抢救、整理、研究、出版宁夏特色珍稀文献档案。[①] 2017 年 12 月，胡玉冰任首席专家的"《朔方文库》编纂"立项为国家社科基金重大项目。作为《朔方文库》和国家社科基金重点项目"宁夏地方文献整理与研究"的成果，《宁夏珍稀方志丛刊》第二批 8 册著作于 2018 年 8 月由上海古籍出版社出版（详见第一章第二节）。

[①] 周一青：《〈朔方文库〉编纂与出版项目启动 旨在理清宁夏文献档案"家底"》，《宁夏日报》2016 年 6 月 28 日第 9 版。

三 西域文化

西域文化驰名，有关新疆原典文献的，如天津古籍出版社 1987 年版清袁大化修、王树枏等撰《新疆图志》4 函 32 册（据《小方壶斋舆地丛钞》本影印），新疆人民出版社 2002 年版《西域图志校注》等，新疆大学出版社 2006 年版《林则徐新疆诗文》《纪晓岚新疆诗文》《祁韵士新疆诗文》《洪亮吉新疆诗文》等。中央民族大学出版社 2009 年版《军机处满文准噶尔使者档译编》、2010 年版《新疆四道志》《归化城厅志》（《中国边疆民族地区抄稿本方志丛刊》）。

但更多的是新疆史料的汇编，即从各类典籍、档案资料中辑录有关新疆的政治、经济、军事、外交、宗教、文化、民族、风俗习惯等方面的资料。这方面起步较早的是新疆人民出版社，如其 1982—1987 年版《新疆历史研究资料丛书》，收录《〈清实录〉准噶尔史料摘编》《明代文献〈高昌馆课〉》《明代哈密吐鲁番资料汇编》等，以及 2002 年版《〈明实录〉新疆资料辑录》。而搜集资料规模更大、成系列化的则是新疆大学出版社陆续所出之书：（1）2003—2009 年版《〈清实录〉新疆资料辑录》，据满洲本（1936 年）和中华书局本（1978 年）进行辑录、整理、校点，按清代帝王年号分卷出版；（2）2003 年版《二十四史两汉时期西域史料校注》，从中华书局标点本"二十四史"中辑出相关史料（下同）；（3）2007 年版《二十四史魏晋南北朝时期西域史料汇编》；（4）2010 年版《二十四史唐宋元明时期西域史料汇编》;[①]（5）2007 年版《清三通与续通考新疆资料辑录》，从《清朝通典》《清朝通志》《清朝文献通考》《清朝续文献通考》中辑录新疆资料 70 余万字；（6）2009 年版《林则徐新疆资料全编》，辑录有关新疆的信札、日记、诗词文等。另外新疆人民出版社 2002 年版《林则徐在伊犁》收录在新疆的日记、书信、诗文等。

与新疆史料汇编相关的研究性著作则有中华书局 2005 年版《两汉魏晋南北朝正史西域传要注》，上海人民出版社 2009 年版《〈通典〉西域文

---

① 按：新疆大学出版社 2014 年版《二十四史西域史料辑注》3 册，上册两汉时期，中册魏晋南北朝时期，下册唐宋元明时期。收入《新疆文库》乙部。

献要注》。其他如中华书局 2011 年版《中国文化遗产研究院藏西域文献遗珍》等。

四 巴蜀文化

巴蜀文化，今四川、重庆地区文化。以巴蜀书社所出为多，1983 年建社后，出版有关四川地方文献《中国地方志集成·四川辑》《四川通志》《成都通览》《成都城坊考》《华阳国志校注》《蜀水经》《蜀鉴》等。还出版过一大批川籍名人著作和研究专著等。如 1988 年版《巴蜀丛书》第 1 辑收书 13 种，2005 年版《巴蜀文化丛书》收录《王灼集》《眉庵集》等。同年出版的《近代巴蜀诗钞》，收录 1840 年至 1949 年巴蜀重要诗人 202 家 5000 余首作品。2004 年版龙显昭主编《巴蜀佛教碑文集成》，收录东晋至清末巴蜀有关佛教的碑文 1000 余篇。

其他重要的有北京图书馆出版社 2005 年版傅增湘辑《宋代蜀文辑存》全 7 册，搜集宋代蜀人别集、总集中遗稿遗文计 450 人 2600 篇。四川大学出版社 2009 年版王晓波主编的《清代蜀人著述总目》，全面反映出清代蜀人著述的存佚状况。中州古籍出版社 2008 年版薛新力编《巴渝古代要籍叙录》，汇编有关巴渝的古籍近百部，分别介绍各书的作者、编撰缘起、结构体例、内容大要、版本简介等。其他如重庆出版社 1983 年版《邹容文集》（《重庆地方史丛书》）；四川人民出版社 1979 年版刘开扬注释《诗词若干首：唐宋明朝诗人咏四川》。

关于巴蜀的金石文献方面，如文物出版社 2002 年版《新中国出土墓志·重庆卷》，收墓志 170 多方，2011 年版《凉山历史碑刻注评》，精选凉山州从汉代至民国的碑刻 110 通。天地出版社 2009 年版《三星堆出土文物全记录 青铜器》全 3 册，2011 年版《蓬溪石雕》（《中国非物质文化遗产 遂宁卷》）等。

五 滇云文化

滇云文化，今云南各地文化。最有影响的便是《云南丛书》，1914 年 3 月，滇督唐继尧采纳了滇中名儒赵藩、陈荣昌、袁嘉谷等人的建议，筹拨巨款，设立"辑刻云南丛书处"，搜采滇人前贤所著之书和记载滇史的重要文献，"举有史以来滇贤之钜制，网络荟萃，群珍毕集，一省之文献具焉",旨在"收拾丛残,表彰先哲"(《云南丛书总序》)。经过近30年陆续采集、陆续编刻而成书,共计205种(初编152种,二编53种),按四部分类,经部21种,史部26种,子部32种,集部126种,所收书涉及诸多学科,实为云南地方文献之百科全书。至20世纪40年代初迫于形势,《云南丛书》编刊中断。其时已刊本179种,未刊本26种,成为学界的缺憾。改革开放以后,云南学界抢救整理《云南丛书》的呼声日渐高涨。2004年,在云南省人民政府的支持下,云南省文史研究馆的整理工作全面展开。2009年,中华书局影印出版,每套50册,《云南丛书》之薪火相传,终成完璧,"是边疆文化与中原文化相融合的重要见证,是云南历史文化发展最高峰的集中体现"。① 为方便利用,中华书局2010年出版《云南丛书书目提要》。此外,云南民族出版社亦曾以《云南丛书》丛书名出版过《南园漫录校注》(1999年)、《滇池考校注》(2002年)等。

接续《云南丛书》的《云南丛书续编》,云南省文史研究馆主编,2014年5月启动,2019年编竣,2021年2月,国家图书馆出版社影印出版,共150册;以"滇人所著之书"、"记载滇事之书"为原则,收录民国时期的云南文献462种(不收既成历史系列的官修地方志书)。《云南丛书》及其《续编》前后衔接,形成全面系统的云南地方文献资料。

其次是方国瑜教授主编的《云南史料丛刊》1—150辑,云南大学历史系1978年编印,1990年云南人民出版社正式出版,云南大学出版社1998—2001年出版1—13卷。再如,云南人民出版社1989年版《唐文云南史料辑抄》《僰古通纪浅述校注》(《云南古籍研究丛书》),1984—1986年版《〈清实录〉有关云南史料汇编》,1990年版《滇海虞衡志校注》,1996年版《云南古佚书钞》,2009年版《云南省图书馆馆藏善本书录》,2016年版《云南古佚书钞合集》。其他如云南民族出版社1996年版《滇国 滇越国 哀牢国 掸国 八百媳妇国史料汇编》,云南大学出版社1992年版清倪蜕辑《滇云历年传》(《云南地方文献丛书》),云南美术出版社2011年版《滇云历代名贤著述知见录》。

云南文学方面的如《云南省民间文学集成》,中国民间文艺出版社1988年版《纳西族东巴文学集成 祭天古歌》《拉祜族民间文学集成》,云

---

① 《云南丛书》,见《学术探索》2012年第1期"封三"。

第四章 地方文献的整理出版与地方文化色彩

南大学出版社 1991 年版《昆明谚语》《昆明歌谣》。2009 年，云南教育出版社《云南少数民族古典史诗全集》3 卷，云南人民出版社的《云南民族民间文学典藏》，分苗族、傣族、哈尼族、纳西族、彝族、佤族、彝族（撒尼人）等卷册。

关于昆明的文献出版，如云南民族出版社 2011 年版《昆明市志校注》（《昆明市旧志整理丛书》），云南美术出版社 2005 年版《历代昆明地方文献述评》。

关于玉溪地区的古文献，如云南人民出版社 1993—1996 年版《玉溪地区旧志丛刊》5 册，收录玉溪地区旧志十余种；云南民族出版社 1989—1991 年版《玉溪地区彝文古籍译丛》等。

关于大理的文献整理出版，云南民族出版社先后有：1986 年版《大理行记校注 云南志略辑校》（《民族调查研究丛刊》），2000 年版《大理历代名碑》，2003 年版《古籍中的大理》（《苍洱文苑丛书》），2008 年版《大理丛书》"白语篇"5 册、"大藏经篇"5 册，2010 年版《影印孤本〈咸阳家乘〉考释》（《大理回族文化丛书》），2011 年版《大理文献选集》（《典藏大理》）等。大理鸡足山是中国佛教名山之一，云南人民出版社 2003 年版《鸡足山志》，中国书籍出版社 2005 年版《〈鸡足山志〉点校》及《〈滇系〉云南经济史料辑校》。此外如云南大学出版社 2000 年版《大理五华楼新出元碑选录并考释》，云南人民出版社 2002 年版《大理古佚书钞》，对三部明代佚书残钞本进行校注整理。

关于楚雄一地的文献整理与出版，云南人民出版社 2005 年出版杨成彪主编《楚雄彝族自治州旧方志全书》全 12 册，分楚雄卷、武定卷、禄丰卷、大姚卷、姚安卷、南华卷、双柏卷、牟定卷、元谋卷等，反映楚雄各地的山川、文物、文化、历史、经济、民族等方面的情况。又有云南大学出版社 2003 年版《康熙黑盐井志》，云南民族出版社 2005 年版《楚雄历代碑刻》等。

关于保山市的，如云南民族出版社 2003 年版《保山县志稿》（方国瑜主编）；云南美术出版社 2005 年版《隆阳碑铭石刻》，2008 年版《保山碑刻》。

关于腾越的文献出版，有如云南美术出版社 2002 年版《腾越厅志 点校本》（清代腾越厅地方志书二十卷）、2006 年版《云南腾越州志点校》，中国文联出版社 2005 年版《辛亥腾越起义诗文录》(《腾越文化丛书》)。

关于云南少数民族古籍,如云南民族出版社 1986—1990 年版《云南少数民族古籍译丛》27 辑,1989 年版《中国少数民族古籍丛书·云南少数民族古籍丛书》等。

六 黔贵文化

黔贵文化,含今贵州一省。贵州人民出版社 1988—1999 年版《贵州古籍集粹》全 13 册,收书《韵学源流注评》《黔书 续黔书 黔记 黔语》《黔南识略 黔南职方纪略》《黔诗纪略》《郑珍集 文集》《郑珍集 经学》《梅花缘》《平黔纪略》《杨文骢诗文三种校注》《苗疆闻见录》《贵州通志 艺文志》《桐埜诗集》《郑珍巢经巢诗集校注》等。2008—2013 年推出《历史人类学典籍研究丛书》,其中的《滇黔志略点校》属边地珍稀史料整理,汇集清谢圣纶《滇黔志略》,方显《平苗纪略》,张廷玉《明史》"贵州土司列传"、"贵州地理志"等;《历代稽勋录笺正》为明刘继先撰,清彭肇植传抄;其他著作为《平苗纪略研究》《明史·贵州土司列传考证》《明史·贵州地理志考释》《苗防备览·风俗考研究》《清史稿·地理志·贵州研究》《贵州名胜志研究》等。

有关贵州的文学类典籍整理,如贵州民族出版社 1994 年版《慎轩诗文集》(《贵州彝学研究》),贵州人民出版社 2005 年版《黎氏家集续编》(《遵义沙滩文化丛书》),民族出版社 2009 年版《贵州古近代文学理论辑释》(《贵州民族学院学术文库》),浙江大学出版社 2011 年版《赵氏闺媛诗注评》等。

以下地志类古籍,皆为贵州人民出版社所出,2005 年版清周作楫辑、朱德璲刊《贵阳府志》,校注清道光《贵阳府志》;2008 年版《贵州通志 学校、选举志》《贵州通志 土司 土民志》,皆贵州省文史研究馆点校,可借此了解贵州土司制度和土司机构建置、人才选举、任用制度,风土人情、民风民俗等。

七 青藏文化

青海地方文献主要由青海人民出版社出版,如 1988—1993 年版《青海少数民族古籍丛书》10 册,收录《吐谷浑资料辑录》《西宁卫志·西宁

第四章 地方文献的整理出版与地方文化色彩 ○●○

志》《青海事宜节略》《四典要会》《汉蒙藏史略》《经学系传谱》《清真指南》《佑宁寺志》《青海地方旧志五种》等16种。2005年续收《青海撒拉族史料集》（搜集辑录于历代官修史志、官员奏折、皇帝圣旨以及方志和报刊等）。该社1987年版清梁份撰《秦边纪略》，又名《西陲今略》，主要记载河州卫、西宁卫、庄浪卫、凉州卫、甘州卫、肃州卫、宁夏卫等地的疆域要塞，是研究西北历史地理的重要文献。该书2016年版赵盛世等校注本收入《青海地方史志文献丛书》。

西藏的地位历来重要，研究资料颇多。《西藏学汉文文献汇刻》由多家出版社合作，如中央民族学院出版社1985年版《西藏奏疏》1函6册；天津古籍出版社1987年版《平定金川方略》6函28册、《平定两金川方略》14函74册，1994年版《（钦定）巴勒布纪略》1函6册；中国藏学出版社1994年版《清代藏事奏牍》。

西藏人民出版社1982—1984年版《西藏研究丛刊》，收书《通鉴吐蕃史料》《西藏志·卫藏通志》《西招图略·西藏图考》《清代藏事辑要·续编》及《明实录藏族史料》2集、《清实录藏族史料》全10集[①]。1988—1992年版《西藏历史文库》收录《红史》《青史》《雅隆尊者教法史》《西藏王臣记》《朗氏家族史 朗氏灵犀宝卷》等书。

中国藏学出版社1988年版《中国藏学史料丛刊》收《西康建省记》1函3册、《有泰驻藏日记》2函16册、《钦定理藩部则例》3函18册。2006年版《西藏历史汉文文献丛刊》，包括《乾隆朝内府抄本理藩院则例》《钦定大清会典事例》《钦定廓尔喀纪略》《钦定巴勒布纪略》《西藏奏疏》《西藏纪游》等。

西藏史料汇编及目录，如学苑出版社2001年版《清朝治藏法规全编》全5册。宗教文化出版社2002年版《清宫珍藏历世达赖喇嘛档案荟萃》。中国藏学出版社2002年版《清末十三世达赖喇嘛档案史料选编》《青海省档案馆所存西藏和藏事档案史料目录1724—1949》《云南省迪庆藏族自治州所存西藏和藏事档案史料目录1738—1949》，以及2005年版《清末民

[①] 按：在此二部书的基础上重新进行辑录整理、分类校勘，2019年10月，中山大学出版社出版《明实录藏族史料类编》2集、《清实录藏族史料类编》9集，同属该社的《明清实录藏族史料类编丛书》。

初藏事资料选编1876—1919》。

其他如辽宁人民出版社1985年版《王统世系明鉴》，北京出版社2009年版《西藏嘛呢石刻》、2011年版《西藏纳唐寺版画遗珍》；国家图书馆出版社2011年版《雪域宝典》、西藏人民出版社2011年版《西藏壁画全集》等。

综上所述，将古籍出版与地方文献整理、中国文化传承结合起来，可以更明显地看出新中国成立以来的古籍出版具有地方色彩这一特征，而且上述较多的丛书名中即含带着"文化"、"地方文献"之类的字眼，可见，出版者也有意将古籍出版与地方文化融为一体，多方面地揭示出地方文献与地方文化的关系。

第五章　出土文献与新的文献类型的整理出版

　　古籍是中国作为文化大国的重要标志。文化大国的历史和文化大部分都在古籍当中，当然还保存于古墓葬、古遗址、古文物以及中国社会生活、中国语言当中，但就其信息量的丰富、记载的系统而言，还是以古籍为第一重要。

　　古籍整理事业，伴随着古籍流传的历史，代代不绝。古籍整理事业甚至被上升到政治的高度，典策文章的存亡，成了国家存亡的标志，所以历代帝王十分重视，往往命令最有学问的人主持古籍整理工作。

　　新中国的古籍整理出版事业，无论就规模还是就优秀成果的数量看，都远远超过了历史上各个时期，从而体现了中国文化事业达到了新的高度。

　　　　　　　　——杜泽逊《古籍整理，历朝历代都是国家主导》，《中华读书报》2018年9月19日第13版

　　1925年，王国维先生撰文指出："古来新学问之起，大都由于新发现。……自汉以来，中国学问上之最大发见有三：一为孔子壁中书；二为汲冢书；三则今之殷虚甲骨文字、敦煌塞上及西域各处之汉晋木简、敦煌千佛洞之六朝及唐人写本书卷、内阁大库之元明以来书籍档册。此四者之一，已足当孔壁、汲冢所出，而各地零星发见之金石书籍，于学问有大关系者，尚不与焉。故今日之时代可谓之发见时代，自来未有能比者也。"[①]

---

　　① 王国维：《最近二三十年中中国新发见之学问》，载《王国维学术经典集》，江西人民出版社1997年版，第175页。

这从历史演进的角度概括出新材料、新文献与学术之间的紧密关系。而从文献学角度来说，除传统意义上的纸质传世文献"古籍"外，还有为数众多、年代更早、价值更高的出土文献，按其载体形式分，有甲骨文献、金石文献、简帛文献等，我们名之曰新型文献。20 世纪初在甘肃敦煌莫高窟发现的敦煌遗书亦属此类。这些文献类型重见天日，一方面引起学术界的震动，弥补了传世文献的不足，可从文本、真伪、时代、作者及流传等方面进行新的考证，尤其在先秦两汉的学术研究与认识转变上出现突破。同时还带来新的研究范式，如王国维提出著名的"二重证据法"；另一方面，这些文献类型各自也形成了独立的学科，如甲骨学、金石学、简帛学、敦煌学等。新中国成立以来，这些新文献得到系统的整理出版。以下述及新文献的文本，不含研究性著作。

第一节 甲骨文献的整理出版

清光绪二十五年（1899 年），金石收藏家王懿荣时任国子监祭酒，患疟疾，从药店购买了一种叫"龙骨"的中药，发现其上刻有符号、文字，与金文相似，遂以高价（每片有字甲骨二两五钱银子，每字计银一两）将店内所存 12 片悉数购买。次年春，又得八百片。王懿荣续加搜集，共藏 1000 多片，他去世后，刘鹗获其收藏并续搜，共 5000 余片，1903 年，选拓所藏 1058 片出版《铁云藏龟》6 册，成为我国著录甲骨文的第一部书；次年，孙诒让据此书撰著《契文举例》2 卷，这是中国甲骨文研究的开始。此后进入识其文、断其字阶段。贡献卓著者有罗振玉、王国维、董作宾、郭沫若、于省吾、姚孝遂等学者。如罗振玉探知甲骨发掘地在河南安阳小屯村殷墟，1910 年《殷商贞卜文字考·自序》云："于刻辞中得殷帝王谥名十余，乃恍然悟此卜辞者，实为殷室王朝之遗物。"[①] 随后他精选拓印所藏甲骨成书《殷虚书契》三编（1913 年、1916 年、1933 年），《殷虚书契菁华》（1914 年），《铁云藏龟之余》（1915 年），共收甲骨 5000 余片。他用分类推求的方法考释甲骨文，1915 年出版《殷虚书契考释》，1927 年增订本释字达 571 个。罗氏对新

[①] 罗振玉：《殷虚书契考释三种》，中华书局 2006 年版，《殷商贞卜文字考》"自序"。

第五章　出土文献与新的文献类型的整理出版

文献的研究成就，除搜集整理甲骨文外，还表现在考释汉晋简牍、整理敦煌文书、保存整理内阁大库档案等方面。同时，王国维在甲骨文、金文、汉晋简牍的考释上也取得划时代的成就，他将甲骨卜辞作为史料以研讨殷商历史及其典章制度，先后著《殷卜辞中所见先公先王考》及其《续考》和《殷虚卜辞中所见地名考》《古史新证》等，极大地提高了甲骨文的学术价值。治学方法上则创立"二重证据法"。这些与其他学者的研究成果一起促使甲骨学的形成。

关于甲骨文的发掘，1928—1937 年，前"中央研究院"对殷墟先后发掘了 15 次，共得甲骨 23491 片。抗战期间，日本人多次来到安阳盗掘。新中国成立以后，1950 年在小屯村设立"殷墟保管所"，中国科学院考古研究所组成专业队伍，对殷墟遗址开始有计划地发掘，1973 年两次，1989 年、1991 年各一次，共得有字甲骨 6243 片。此外，1954 年以来，在陕西、山西、北京等地先后发现周代甲骨。1977 年夏，对原西周宫室遗址（今陕西岐山）发掘，出土甲骨 17000 多片。从甲骨文发现至今，100 多年来，估计出土甲骨总数在 15 万片以上，单字共有 4500 多个，已释读 2000 余字，为学术界公认的才 1000 余字。新中国成立以后，群联出版社、科学出版社先后于 1954 年、1955 年出版胡厚宣编《战后京津新获甲骨集》、郭若愚等缀集《殷墟文字缀合》，中华书局于 1965 年出版《甲骨文编》（《考古学专刊》乙种第十四号），收可识字 1723 个，附不可识字。直到 20 世纪 80 年代以后，对甲骨文进行系统整理的成果得以出版，主要表现在以下方面。

一　甲骨文献的集录

甲骨文集录的集大成之作是郭沫若主编、中国社会科学院历史研究所汇编的《甲骨文合集》13 大册（中华书局 1978—1982 年版），精选文句较完整或较少见的甲骨 41956 片，先按时代分为五期，每期内再按内容分为四大类、22 小类①编排，内容非常丰富。之后又陆续出版释文、索引等

---

① 按：《甲骨文合集》四大类为阶级和国家、社会生产、科学文化及其他，22 小类分别为奴隶和平民、奴隶主贵族、官吏、军队 刑罚 监狱、战争、方域、贡纳、农业、渔猎 畜牧、手工业、商业 交通、天文 历法、气象、建筑、疾病、生育、鬼神崇拜、祭祀、吉凶梦幻、卜法、文字、其他。参见胡厚宣《〈甲骨文合集〉序》。

书以及《甲骨文合集补编》全 7 册（收甲骨 13450 片）。这些书籍的编纂出版是对甲骨文的系统整理和总结，也是一次最大规模的甲骨档案材料的公布。郭沫若在甲骨文研究方面成绩突出，代表作还有《甲骨文字研究》《卜辞通纂》《殷契粹编》等，研究方法是断片缀合与残辞互足，纠正了罗振玉、王国维之所误释，并识其所未识，对殷代世系多有发明，从而使甲骨学由草创走向成熟阶段。2009 年，福建人民出版社出版刘钊等编纂《新甲骨文编》，收入甲骨文出土以来所能见到的资料，出版所用古文字字形用计算机技术扫描后植入，保证了古文字字形的准确、美观和规范性。2014 年出版增订本。

继《甲骨文合集》之后又一部新的大型甲骨文资料书是《小屯南地甲骨》，全 5 册 8 开，中国社会科学院考古研究所编，中华书局 1980 年出版上册二分册，是拓片部分；1985 年下册三分册，是释文部分。[①] 中华书局还于 1986 年影印出版刘鹗撰《铁云藏货》（据郭若愚藏本）；于 1988 年出版姚孝遂主编《殷墟甲骨刻辞摹释总集》《殷墟甲骨刻辞类纂》，分别列为吉林大学古籍研究所丛刊之五、之六，是检索甲骨文辞例比较完备之书。2004 年，福建人民出版社的白于蓝著《殷墟甲骨刻辞摹释总集校订》，在核对甲骨文旧的著录、利用辞例比较和吸收新成果的基础上对《殷墟甲骨刻辞摹释总集》进行了逐条勘误。

北京图书馆出版社影印出版的《甲骨文研究资料汇编》收录更为全面，包含《铁云藏龟》《殷墟书契》《殷契粹编》《卜辞通纂》《殷契通释》《簠室殷契类纂》等典籍 50 种，囊括了甲骨文发现早期（多为 1949 年以前）学术价值较高、影响较大的图录和有关论著。[②] 2000 年版 28 函 95 册，2008 年第 2 版 20 册。此外，其他出版社则有齐鲁书社 1993 年版孙诒让撰、楼学礼校点《契文举例》、中国青年出版社 1999 年版罗振玉编《殷墟书契续编》（1 函 6 册）、上海古籍出版社 2005 年版郭若愚编集《殷契拾掇》等。山东画报出版社 2010 年版刘凤君编《寿光骨刻文》也值得一提，该图册首次公开发布了山东寿光地区发现的骨刻文化石。

---

① 《中华书局百年总书目 1912—2011》，中华书局 2012 年版，第 577 页。
② 《国家图书馆出版社三十年图书总目 1979—2009》，国家图书馆出版社 2009 年版，第 240 页。

第五章　出土文献与新的文献类型的整理出版　○●○

对于流散在国外的甲骨文也有搜集出版，如李学勤、齐文心、艾兰先后整理编辑，由中华书局出版的《英国所藏甲骨集》（1985年上编，1992年下编）、《瑞典斯德哥尔摩远东古物博物馆藏甲骨文字》（1999年）。又如1988年，四川辞书出版社出版了胡厚宣编集《苏德美日所见甲骨集》。

二　甲骨文字的考释

自甲骨文发现之后，学者们就开始进行释读，号称"开甲骨文识字之先"的是罗振玉的三部著作，2006年中华书局将其汇集，影印出版《殷虚书契考释三种》，含《殷商贞卜文字考》《殷虚书契考释》《增订殷虚书契考释》。《殷商贞卜文字考》出版后，罗氏在天眉做"补正"，这些"补正"后来收入《殷虚书契考释》（初印本）中；初印本出版后，他在其上又做"手批校补"，这些校补文字后来都融入《增订殷虚书契考释》一书中。这前后几部书的关系，正如陈梦家所说的"只是一种的增益"，然而这种"增益"不仅体现了罗振玉对甲骨文研究的不断深入，同时从侧面反映了早期甲骨文研究的进展过程。① 2008年，文物出版社的罗振玉撰《殷虚书契考释原稿信札》，据手稿的全部照片影印出版，以见原貌。

新中国成立后甲骨文考释方面著名者，一是姚孝遂、肖丁合撰《小屯南地甲骨考释》（中华书局1985年版），对1973年殷墟小屯南地出土的近五千片甲骨进行分类考释。二是于省吾先生的几部著作。《甲骨文字释林》，中华书局1979年初版，2009年影印版分别收入《中国文库》《于省吾著作集》。作者删订其1949年前所写的甲骨文字考释，与1949年以后所写的考释汇集，共190篇，考释了前人未识，或虽释而不知其造字本义的甲骨文约300字，成为罗振玉、王国维以来考释甲骨文最重要的著作。2010年，商务印书馆出版该书，收入《中华现代学术名著丛书》。1996年，中华书局出版于省吾主编《甲骨文字诂林》4册，汇集甲骨文发现以来90年间（至1989年底）的相关考释资料与研究成果。他还有《双剑誃殷契骈枝、双剑誃殷契骈枝续编 双剑誃殷契骈枝三编》，考释甲骨文共98

---

① 新闻出版总署信息中心、全国总书目编辑部编：《全国总书目2006》，2007年单机版。

个字词,《双剑誃尚书新证 双剑誃诗经新证 双剑誃易经新证》以甲骨、金文校正《尚书》《诗经》《易经》,对前人考释有所订正补充,又提出自己的新解,是考释先秦典籍的重要著作。2009 年,中华书局将此二书收入《于省吾著作集》。释文方面比较重要的还有胡厚宣主编《甲骨文合集释文》,中国社会科学出版社 1999 年版,全套 4 册。在甲骨文发现 100 周年之际,出版该书,亦别有意义。

甲骨文的注释翻译方面,有侯志义等著《西周甲文注》(学林出版社 2003 年版),对 20 世纪 70 年代在陕西岐山县出土的周代甲骨进行注释。又有王宇信等主编《甲骨文精粹释译》(云南人民出版社 2004 年版),收录 100 年来出土的 10 万余片甲骨精华,共计 692 片甲骨的拓片、摹片及片形,附释义及白话文。

三 甲骨文献工具书

甲骨文书目方面,中华书局于 1983 年、1988 年先后出版有胡厚宣编《五十年甲骨学论著目》、陈梦家著《殷墟卜辞综述》(《考古学专刊》甲种第二号)。又有刘一曼等编《北京图书馆藏甲骨文书籍提要》(书目文献出版社 1988 年版)。

甲骨文字典方面,比较早的是赵诚编辑《甲骨文简明词典:卜辞分类读本》(中华书局 1988 年初版,1999 年、2009 年重印,2011 年 2 版),词目 2000 余条。21 世纪以来还有刘兴隆编《新编甲骨文字典》(国际文化出版公司 2005 年增订版),收录甲骨文字约 1300 个;徐中舒主编《甲骨文字典》(四川辞书出版社 2006 年 2 版),列出确具代表性的甲骨文字并详加考释;王本兴编《甲骨文小字典》(文物出版社 2006 年版),编选 1292 个已确切辨出的甲骨文字;孟世凯编《甲骨学辞典》(上海人民出版社 2009 年版),以殷墟出土的甲骨文为主,兼收西周甲骨文,收录甲骨文字、词和甲骨学名词、术语共 3000 余条。

甲骨文书法方面,吉林大学出版社 1985 年影印罗振玉的《集殷墟文字楹帖》;《中国书法全集》中有《商周编·甲骨文卷》(荣宝斋出版社 2009 年版),收录相关甲骨图片数百幅;田其湜编《古今甲骨文书法集汇》(湖南人民出版社 2010 年版),收录甲骨文的拓片和摹写部分,同时收罗振玉、董作宾等的甲骨文研究作品。

第五章　出土文献与新的文献类型的整理出版　○●○

甲骨文虽然是殷商时的卜辞，但在客观上反映了中国上古社会的若干层面，甲骨文的发现将商代历史由传说推进到有可考之"信史"，具有重要的文献价值。对甲骨文的整理与研究虽然方兴未艾，但在释读与运用方面仍需大力开拓。

第二节　金石文献的整理出版

与甲骨文献相比较，目前对金石文献的整理出版数量更多，类型更为全面，尤其是随着考古发现的深入，金石文物源源不断地面世，所以很难说金石文献的整理出版有穷尽的时候。金石作为文献载体，起源于殷商，盛行于西周。金是在铜器上刻铸文字，称"金文"，铭文习称"钟鼎文"、"吉金文"，或"籀文"、"大篆"。秦代以后，逐渐为石刻所取代。宋代目录学家郑樵在其《通志·金石略》序云："三代而上，惟勒鼎彝。秦人始大其制而用石鼓。始皇欲详其文而用丰碑。自秦迄今，惟用石刻。"[①] 石刻品类众多，有石鼓、摩崖、碑碣、玉版等。金石的文献价值引起古代学者的注意，用以学术研究，北宋以后逐渐形成专门的金石之学。新中国成立以来，对于金石文献的搜集、整理、出版成绩巨大。

一　铜器铭文的整理出版

商周时的青铜器，自汉代以来屡有出土，目前发现的传世和出土的青铜器中有铭文的计10000多件，铭文长短不一，少则一二字，多至数百字。如毛公鼎铭文497字，散氏盘铭文359字，大盂鼎铭文291字，史墙盘铭文284字，大克鼎、小克鼎各有铭文290字、72字，中山王鼎、中山王方壶、中山王圆壶铭文各469字、448字、204字。通计商周金文单字，共约3500个，可释读的2000余字。这些铭文记载了祭祀典礼、征伐战功、天子册命、祖先颂辞、盟约契券等，成为研究商周历史的极为重要的文献材料。因此引起学者的重视，宋代至清末出现了一大批著作，新中国成立以来对其有系统的整理出版，详见表5–1。

[①]（宋）郑樵撰，王树民点校：《通志二十略·金石略》，中华书局1995年版，第1843页。

表 5–1　　宋代至清末有关金文文献的出版情况

著者	书名	出版社	出版年	备注
（宋）吕大临、赵九成撰	《考古图 续考古图 考古图释文》	中华书局	1987年2月	据《四库全书》本影印。《宋人著录金文丛刊》
（宋）吕大临撰	《泊如斋重修考古图》	北京图书馆出版社	2003年10月	据明万历年间刻本影印。收录公私器物224件
（宋）王黼撰	《重修宣和博古图》（30卷）	广陵书社	2010年11月	著录宋代宣和殿青铜器839件
（宋）王俅撰	《啸堂集古录》（1函4册）	北京图书馆出版社	2003年2月	据宋刻本影印。集录青铜彝器等345件。《中华再造善本》
（宋）王俅撰	《啸堂集古录》	中华书局	1985年6月	据宋刻本影印。收铜器铭文345件。《宋人著录金文丛刊》
（宋）薛尚功撰	《历代钟鼎彝器款识》	辽沈书社	1985年7月	据康熙五十八年汲古阁本影印
（宋）薛尚功撰	《历代钟鼎彝器款识法帖》	中国书店出版社	1996年1月	1函4册
（宋）薛尚功撰	《历代钟鼎彝器款识法帖》	线装书局	2003年1月	《雕版珍本选粹》1函4册
（宋）薛尚功撰	《历代钟鼎彝器款识法帖》	中华书局	1986年5月	《宋人著录金文丛刊》。据影明刻本影印。录铜器铭文511件
（宋）薛尚功撰	《历代钟鼎彝器款识法帖》	浙江古籍出版社	2012年5月	《浙江文丛》
（宋）王厚之辑	《钟鼎款识》	中华书局	1985年7月	《宋人著录金文丛刊》。据阮元刻琉球纸本影印。收录59件
（宋）张抡撰	《绍兴内府古器评》	中华书局	1986年6月	《宋人著录金文丛刊》。收录考释铜器195件
（明）吕震等撰	《宣德彝器图谱》	中国书店出版社	2006年1月	记载明宣德年间铸造的青铜器
（清）阮元编	《积古斋钟鼎彝器款识》	中国书店出版社	1996年1月	1函6册
（清）陈介祺撰	《簠斋金文考》	文物出版社	2005年12月	研究汉代八件青铜器

第五章　出土文献与新的文献类型的整理出版

续表

著者	书名	出版社	出版年	备注
（清）陈介祺撰	《簠斋金文题识》	文物出版社	2005年12月	陈继揆整理铜器铭文手稿
（清）刘心源撰	《奇觚室吉金文述》	江苏广陵古籍刻印社	1991年5月	据清光绪年间刊本影印。1函12册
（清）吴式芬辑	《捃古录金文》	中国书店出版社	1985年1月	著录铜器铭文1334件。据民国三年刻本影印。1函9册
（清）曹秋舫辑	《文石堂重刊曹氏吉金图》	江苏广陵古籍刻印社	1997年4月	据日本明治十五年重刊本影印
（清）吴大澂辑	《说文古籀补》	中华书局	1988年8月	据光绪二十四年重刊本影印
（清）吴大澂等	《说文古籀补 说文古籀补补 三补疏证》	中国书店出版社	1990年7月	《海王邨古籍丛刊》
（清）吴大澂辑	《说文古籀补》	团结出版社	1993年11月	
（清）孙诒让撰，戴家祥校	《古籀馀论》	华东师范大学出版社	1988年9月	
（清）孙诒让撰	《古籀拾遗 古籀馀论》	中华书局	1989年9月	
（清）罗振玉编	《三代吉金文存》	中华书局	1983年12月	20卷
（清）罗振玉撰	《贞松堂集古遗文》	北京图书馆出版社	2003年9月	青铜器铭文著作，有释文
（清）王国维、罗福颐编	《清代金文著录表》	北京图书馆出版社	2003年9月	据清末民国印本影印。包括王国维《国朝金文著录表》、罗福颐《国朝金文著录表校记》、鲍鼎《国朝金文著录表补遗》三种
（清）王国维、罗福颐编	《三代秦汉两宋金文著录表：隋唐元附》	北京图书馆出版社	2003年9月	包括《三代秦汉金文著录表》《宋代金文著录表》

对于表5-1中的古书，后人间有续作，如续清吴大澂《说文古籀补》的即有丁佛言辑《说文古籀补补》1988年版，强运开辑《说文古籀三补》

169

1986年版，均由中华书局出版。此外，还有把宋代铜器著录书择其善本集为一册影印出版的，如中华书局《宋人著录金文丛刊初编》，收宋代吕大临《考古图》《考古图释文》、赵九成《续考古图》、薛尚功《历代钟鼎彝器款识法帖》、张抡《绍兴内府古器评》、王厚之《钟鼎款识》等。书中还附有容庚先生对上述诸书的述评文字。

民国时期出现的一些铜器铭文著作在新中国成立后陆续出版或重印。如吴闿生集释、邢之襄校订《吉金文录》，有中华书局1963年据南宫邢氏原版线装木版刷印，中国书店出版社1986年影印版；闻宥编《古铜鼓图录》，有上海出版公司1955年版、古典文艺出版社1957年版；杨树达《积微居金文说》，曾列为《考古学专刊甲种》第一号，1997年中华书局出版增订本；郭沫若《两周金文辞大系图录考释》1930年在日本出版，合计金文辞324器，张政烺先生精研其书几十年，释读批注，考释器物真伪及时代、铭文涉及的史事等，2011年中华书局出版朱凤瀚等整理的批注本，原样彩色影印批注的线装书，排印批注部分，方便使用。

又如容庚编《金文编》，收录殷周金文16000余字（含重文），可识读者1900余字，其中大多数属于西周金文，1925年初版，1939年再版增修，科学出版社1959年增订版列为《考古学专刊》乙种第九号，中华书局1985年再修订，到2011年已重印13次，可见其影响非凡。容庚先生治学严谨周密，在金文研究方面成绩突出，著述亦多，2011年中华书局版《容庚学术著作全集》（全22册）中就收入以下各册：《殷契卜辞》《金文编》《金文续编》《秦汉金文录》《宝蕴楼彝器图录 武英殿彝器图录》《颂斋吉金图录 颂斋吉金续录 海外吉金图录》。此外，东北师范大学出版社于1995年还出版了董莲池的《金文编校补》。

再如于省吾编《商周金文录遗》，著录铜器铭文拓本616种，其中约三分之二为其搜集所得。科学出版社1957年版列为《考古学专刊》乙种第六号，中华书局1993年再版，2009年影印本收入《于省吾著作集》。他的另一部《双剑誃吉金文选》，江苏广陵古籍刻印社1994年据北平大业印刷局本影印，中华书局1998年出版《四部备要》本，2009年与其《双剑誃吉金图录》一起收入《于省吾著作集》。

新中国成立以来新编、集大成者当数《殷周金文集成》，国家"六五"、"七五"期间社科规划的重点项目，中国社会科学院考古研究所历时

第五章 出土文献与新的文献类型的整理出版

二十余年编纂成书,共收拓片10000余件,分18册,中华书局于1984—1994年陆续出版,列为《考古学特刊》,2007年出版修订增补本。该书汇集金文资料丰富,受到学术界广泛好评。围绕《殷周金文集成》,中华书局还出版了一系列相关作品,如张亚初编《殷周金文集成引得》(2001年),刘雨、卢岩编《近出殷周金文集录》(2002年)收录《殷周金文集成》未收的近出金文资料1300余件,刘雨等编《商周金文总著录表》(2008年)收录1999年5月底以前发表的全部商周有铭铜器13337件,刘雨、严志斌编《近出殷周金文集录二编》(2010年)收录1999年5月以后近十年间各地出土及发现的殷周金文1300余件;张桂光主编《商周金文摹释总集》(2010年)全8册,包括《殷周金文集成》《近出殷周金文集录》,以及宋代以来有过著录而此二书未收的商周金文,下限至2007年底,全书资料翔实,是继《殷墟甲骨刻辞摹释总集》之后又一部非常重要的古文字研究资料书。

其他出版社较为重要的铜器铭文著作,如书目文献出版社1997年版贾双喜编《北京图书馆藏青铜器全形拓片集》4册,北京图书馆出版社2001年《中华再造善本》(一期)试制图书中有《中国国家图书馆藏青铜器全形拓片精品集》,2004年徐蜀编《国家图书馆藏金文研究资料丛刊》全22册,收录国家图书馆藏有关青铜器铭文的目录、文字考释、订误等著作30余种,2009年版殷梦霞等编《国家图书馆藏古籀文献汇编》全32册,囊括国家图书馆所藏有关古籀的基本文献资料及相关著述,比较系统全面,史料价值高。又如,四川人民出版社1984年版《殷周金文集录》,四川大学历史研究所编,收铜器973件。天津古籍出版社2005年、2007年先后出版周宝宏著《近出西周金文集释》《西周青铜重器铭文集释》。文物出版社2010年版《闻宥落照堂藏青铜器拓本》收249件青铜器的283幅拓本,其尤有价值的是《殷周金文集成》未收者22器。黄山书社2020年出版王长丰著《殷周金文族徽集成》全40册,在近8000个殷周青铜器中总计分出2221个殷周金文族徽类型,是迄今最全的殷周金文族徽汇编整理成果。

以地区而论,有《上海博物馆所藏青铜器铭文拓片》(上海博物馆1956年版),《山东金文集成》(齐鲁书社2007年版)收山东地区的铜器铭文拓片等1021幅,《古滇青铜器画像拓片集》(云南美术出版社2008年版)展示古滇时期云南青铜器图饰,《安徽寿县朱家集出土青铜器铭文集释》(黑龙江人民出版社 2009 年版)系统全面研究 1938 年在安徽寿县发现的战国遗址所出土的铜器铭文。天地出版社 2009 年版《三星堆出土文物全记录》分 3 册《玉器石器》《陶器金器》《青铜器》。2011 年海南出版社《溪州铜柱铭文》据清代拓本影印，溪州铜柱铭文共 2300 余字。

从书法艺术角度出版的如古吴轩出版社 2002 年版《金文选》(《古今书法精粹》)，天津古籍出版社 2005 年版《毛公鼎放大本》(《历代名家名帖》)等。重庆出版社 2010 年版《盛世吉金·一九四九年后出土铜器铭文书法系列》包含《九年卫鼎》《五祀卫鼎》《墙盘》《多友鼎》《宰兽簋》等 10 册。河南美术出版社 2011 年版《金文·秦风十帖》汇编西周金文中陕西关中地区出土的青铜器精品，编为 10 册。

二　前代金石著作的整理出版

秦始皇统一六国巡行各地，摩崖刻石，以记其功，字体为小篆。后来演变为刻经于石碑。东汉时，碑刻成一时风气。就所刻内容则有功德纪事、儒家经典、宗教石刻、神道墓志等。如儒家经典历代都有刻石之举，有东汉末年"熹平石经"、三国曹魏"正始石经"、唐"开成石经"、蜀"广政石经"、宋代"嘉祐石经"、清代"乾隆石经"等。而神道碑、墓志石刻存留数量更为庞大。石制文献的史料价值引人注目，自宋代以来相关著述颇多，新中国成立以来对其整理出版的详见表 5-2。其中多数以石刻为收录主体，兼收铜器铭文。

表 5-2　　　　　宋代至清末金石文献的整理出版

书名	著者	出版社	出版年	备注
《集古录跋尾》	(宋)欧阳修撰	人民美术出版社	2010 年 8 月	邓宝剑、王怡琳注释
《金石录》(30卷)	(宋)赵明诚撰	文物出版社	1982 年 10 月	1 函 3 册。《嘉业堂丛书》
《金石录》	(宋)赵明诚撰	中华书局	1985 年 10 月	据北京图书馆藏南宋刻本影印线装。《古逸丛书三编》之二
《金石录校证》	(宋)赵明诚撰	上海书画出版社	1985 年 10 月	金文明校证

第五章　出土文献与新的文献类型的整理出版

续表

书名	著者	出版社	出版年	备注
《宋本金石录》	（宋）赵明诚撰	中华书局	1991年7月	据《古逸丛书三编》影印
《金石录》	（宋）赵明诚撰	北京图书馆出版社	2002年10月	1函5册。《中华再造善本》
《金石录校证》	（宋）赵明诚撰，金文明校证	广西师范大学出版社	2005年10月	著录金石刻录二千种
《金石录》	（宋）赵明诚撰	齐鲁书社	2009年4月	刘晓东、崔燕南点校。《齐鲁文化经典文库》
《八琼室金石补正》	（清）陆增祥撰，陆继辉校录	文物出版社	1982年5月	据浙江省图书馆藏版影印，130卷，8函64册。刘承干复校
《八琼室金石补正》	（清）陆增祥撰，陆继辉校录	文物出版社	1985年7月	据吴兴刘氏希古楼刻本影印
《台州金石录 严州金石录三卷》	（清）黄瑞撰，邹柏森撰	文物出版社	1982年10月	1函9册。《嘉业堂丛书》
《邠州石室录》	（清）叶昌炽编，刘承干校订	文物出版社	1982年7月	1函2册。《嘉业堂金石丛书》
《语石》	（清）叶昌炽撰	上海书店	1986年8月	
《语石 语石异同评》	（清）叶昌炽撰，柯昌泗评	中华书局	1994年4月	陈公柔、张明善校。《考古学专刊》丙种第四号
《语石》	（清）叶昌炽撰	辽宁教育出版社	1998年12月	王其祎校点
《希古楼金石萃编》	（清）刘承干编	文物出版社	1982年7月	1函4册。《嘉业堂金石丛书》
《海东金石苑》	（清）刘喜海编，刘承干校订	文物出版社	1982年7月	1函8册。《嘉业堂金石丛书》
《闽中金石志》	（清）冯登府撰	文物出版社	1982年7月	1函6册。《嘉业堂金石丛书》
《汉武梁祠画像考》	（清）瞿中溶编	文物出版社	1982年7月	1函2册。《嘉业堂金石丛书》
《刻碑姓名录》	（清）黄锡蕃编	中华书局	1958年7月	

173

续表

书名	著者	出版社	出版年	备注
《古泉山馆金石跋 西吴里语》	（清）瞿中溶撰，（明）宋雷撰	文物出版社	1992年2月	据《适园丛书》本影印。全6册
《金石萃编续编补正》①	（清）王昶辑	中国书店	1986年1月	方履篯补正。全5册
《金石索》	（清）冯云鹏、冯云鹓辑	书目文献出版社	1986年3月	据道光元年滋阳县署刻本影印。《海内古籍孤本稀见本选刊》
《两浙金石志》	（清）阮元编，阮福补遗	江苏广陵古籍刻印社	1984年2月	据光绪十六年浙江书局重刻本影印。2函16册
《广东通志·金石略》	（清）阮元主修，梁中民校点	广东人民出版社	2011月3年	收录广东自商朝迄元代金石近六百种。《岭南文库》
《授堂石跋》	（清）武亿撰	中州古籍出版社	1993年7月	高敏等点校
《授堂遗书》	（清）武亿撰	北京图书馆出版社	2007年9月	含金石序跋、诗、文、书等
《增补校碑随笔》	（清）方若著	上海书画出版社	1981年7月	王壮弘增补
《山右石刻丛编》（40卷）	（清）胡聘之撰	山西人民出版社	1988年2月	全6册。《三晋古籍丛书》
《愙斋集古录》	（清）吴大澂撰	江苏广陵古籍刻印社	1992年	2函14册
《赵绍祖金石学三种》	（清）赵绍祖撰，牛继清、赵敏校	黄山书社	2011年9月	《安徽金石略》10卷、《泾川金石记》1卷、《古墨斋金石跋》6卷。《安徽古籍丛书》
《金石全例：外一种》	（清）朱记荣辑	北京图书馆出版社	2008年1月	收《金石三例》《续刻金石三例》《金石三例再续编》《碑版文广例》四种
《二妙轩碑帖》	（清）宋琬辑	甘肃人民出版社	2000年1月	杜甫流寓诗六十首

---

① 按：校勘订补《金石萃编》的有罗尔纲校补《金石萃编校补》，中华书局2003年版。

第五章 出土文献与新的文献类型的整理出版

续表

书名	著者	出版社	出版年	备注
《汉碑大观》	（清）钱泳编	沈阳出版社	1998年5月	
《楹联碑帖》	（清）吴隐缩刻	西泠印社	2008年4月	陈进编著
《南汉金石志补征 南汉丛录补征》	（清）吴兰修辑，（清）梁廷枏辑	广东人民出版社	2010年10月	陈鸿钧、黄兆辉补征
《唐尚书省郎官石柱题名考》①	（清）劳格、赵钺撰	中华书局	1992年4月	徐敏霞、王桂珍点校
《金石大字典》	（清）汪仁寿纂	天津古籍出版社	1982年1月	据碧梧山庄本影印
《金石大字典》	（清）汪仁寿纂	天津人民美术出版社	2009年10月	

由上可见，目前所出版的以清人著述为多。民国二十四年，黄濬编《尊古斋金石集拓》，1990年，上海古籍出版社据此拓本影印全6册：《尊古斋金石集》《尊古斋古代瓦当文字》《尊古斋古兵精拓》《尊古斋古玉图录》《尊古斋古镜集景》《尊古斋造像集拓 尊古斋陶佛留真》。但收录最多、影印最大的是国家图书馆出版社2011年影印本《地方金石志汇编》，皇皇八十册，汇编地方金石志130余种，涉及各省市，多名家之作，有些还是稿本，文献价值尤高。

三　新中国成立以来石刻文献的出版

中国古代石刻，起源甚早。"石刻之祖"当为秦刻石鼓，战国时秦国的遗物，唐代出土于陕西凤翔，现陈列于北京故宫博物院。十块石鼓四周刻十首四言诗，内容是歌颂秦国国君的畋猎活动，因而亦称"猎碣"，字体为大篆，此即石鼓文。石鼓被发现时残缺文字600多个，至宋代欧阳修所见，仅485字，存北宋拓本。21世纪以来的整理本主要有刘星《石鼓诗

---

① 按：唐代张旭曾书《郎官石记》，今有天津杨柳青画社2005年版等。中华书局2004年出版的岑仲勉《郎官石柱题名新考订》，在清代劳格、赵钺的研究基础上做出了突出贡献，该书外三种包括《翰林学士壁记注补》《补唐代翰林两记》《登科记考订补》。

文复原》（暨南大学出版社2004年版），人民美术出版社2007年编辑出版《石鼓文释文详注》，上海书画出版社2010年编辑出版《石鼓文》，贵州大学出版社2011年版《石鼓诗文复原译释》等。

中国石刻文献非常丰富，现将神道碑志、宗教刻石、摩崖石刻别出，各为一类。以下从时代、藏所、地区三个角度述及新中国成立以来新编的石刻文献资料。

（1）按时代编录的综合性石刻文献，以北京图书馆出版社所出的比较系统，如2000年出版北京图书馆善本金石组编《历代石刻史料汇编》全16册，搜集整理金石资料10余万件。2003年出版《先秦秦汉魏晋南北朝石刻文献全编》2册、《隋唐五代石刻文献全编》4册、《宋代石刻文献全编》4册、《辽金元石刻文献全编》3册、《明清石刻文献全编》3册，囊括石刻文献分别为1700余篇、3000余篇、4000余篇、2500余篇、3600余篇，资料翔实，系统完备，内容丰富。2005年出版的贾贵荣辑《历代石经研究文献辑刊》，收录明清至民国时期著名学者编撰的有关历代石经的研究资料共计50余种。

其次重要的是文物出版社1992—1995年出版的《中国金石集萃》共10函，每函10册，分别为商周金文、商周秦汉金文、历代铜镜、秦汉瓦当、汉画像砖、石刻造像、六朝墓志、六朝墓志、隋唐墓志、唐代墓志。该社另外有2007年版《秦汉碑刻校刊图鉴》、2010年版《中国碑拓鉴别图典》等书。中华书局则有1984年版《善本碑帖录》（《考古学丛刊》乙种第十九号），收录碑帖近800种；1997年版《景刊唐开成石经》4册，附贾刻孟子严氏校文，据皕忍堂刻本影印。山西古籍出版社2005年、2007年、2009年版《明清山西碑刻资料选》及其续一、续二。

其他出版社的石刻文献，按收录年代有齐鲁书社1984年版《山东秦汉碑帖》、中国青年出版社2005年版《两汉石刻碑额》、中国书店出版社1993年版《汉碑文范》、大象出版社2008年版《中国北朝石刻拓片精品集》、新时代出版社2002年版《隋代碑志百品》、上海教育出版社2001年版《唐碑百选》等。通代的有如北京出版社1994年版《古今碑帖集成》9函68册，人民美术出版社2010年版《中国碑刻全集》6卷，上海辞书出版社2011年版《历代拓本精华》等。

专题性的如上海古籍出版社1980年版《明清进士题名碑录索引》、

第五章　出土文献与新的文献类型的整理出版　○●○

2009年版《秦汉石刻题跋辑录》，江苏人民出版社1981年版《明清苏州工商业碑刻集》，广东人民出版社1987年版《明清佛山碑刻文献经济资料》，中州古籍出版社1997年版《清代工商行业碑文集粹》，苏州大学出版社1998年版《明清以来苏州社会史碑刻集》，上海书画出版社2005年版《历代名家书画石刻》（收录王渔洋纪念馆现存石刻240余种），浙江古籍出版社2010年版《历代金石考古要籍序跋集录》5册。

（2）按藏所编录的石刻文献以国家图书馆为最，除中州古籍出版社1989年版《北京图书馆藏中国历代石刻拓本汇编》全101册、文物出版社1990年版《北京图书馆藏善拓题跋辑录》之外，基本是由北京图书馆出版社出版，先后有如1988年版《北京图书馆藏石刻叙录》，1993年版《北京图书馆藏画像拓本汇编》全10册，1994年版《北京图书馆藏北京石刻拓片目录》，2000年版国家图书馆藏孤本《柳公权神策军纪圣德碑》，2001年版《中国国家图书馆碑帖精华》全8册，以及2008年版《国家图书馆章钰藏拓题跋集录》等。

故宫博物院此类藏品也十分丰富，紫禁城出版社2010年出版《蓬莱宿约：故宫藏黄易汉魏碑刻特集》，2010年出版《故宫藏品·碑帖》，收录宋拓澄清堂帖、宋拓夫子庙堂记、宋拓麓山寺碑、宋拓李玄静碑、宋拓云麾将军李思训碑、元拓卫景武公李靖碑、元拓诅楚文等。上海科学技术出版社2009年版《故宫博物院藏文物珍品大系》，包括名碑十品、名帖善本、名碑善本等册。

其他公藏机构所藏出版的有《北京大学图书馆藏徐国卫捐赠石刻拓本选编》（上海人民出版社2007年版），《清华大学碑碣匾额拓片集》（清华大学出版社2011年版），《北海阅古楼三希堂法帖石刻》（中国旅游出版社2008年版）。分布在各地藏所的，上海古籍出版社所出较多，如2005年、2006年版《上海图书馆藏善本碑帖》2册、《上海图书馆藏珍本碑帖丛刊》10册；2006年版《戚叔玉捐赠历代石刻文字拓本目录》收录藏于上海博物馆的碑帖拓片4800余种；2008年版《西北民族大学图书馆于右任旧藏金石拓片精选》选收拓片200余种，同年出版《天一阁明州碑林集录》辑录161种碑文。又如西泠印社2007年版《绍兴图书馆馆藏地方碑拓选》，收录该馆藏历代碑拓300余件；济南出版社2008年版《金石精萃》，收录济南市图书馆所藏碑刻拓本96种，分济南石刻和历代石刻两部

177

分。文物出版社2009年版《东莞市博物馆藏碑刻》收录馆藏历代碑刻的拓片近60种。

私藏方面出版有《阿英旧藏金石拓片瓦当集》（古吴轩出版社1993年版），《于右任藏碑集锦》（世界图书出版西安公司2009年版）收录藏碑100余方。金三益藏石出版有《金石缘》（上海书画出版社2002年版）及《续集》（上海锦绣文章出版社、上海文艺出版社2008年版）。

（3）按地方编录的石刻文献，新中国成立以来出版更多，有按地区、省、市编的，有按风景名胜编的，也有按相关专题编的，总之，以搜集整理地方石刻资料为主，体现出地方性色彩。著名的如三晋出版社2010—2011年出版的《三晋石刻大全》，为国家古籍整理出版"十二五"规划项目，按山西的市、区、县分卷，收录古今碑刻，如运城市盐湖区卷收400余通，阳泉市盂县卷700余通，晋中市左权县卷400余通，晋中市灵石县卷600余通，晋中市寿阳县卷604通，大同市灵丘县卷100余通，忻州市宁武县卷240篇，太原市杏花岭区卷石刻278通、佚失石刻80通，临汾市安泽县卷200余通，临汾市尧都区卷520余通，临汾市曲沃县卷545通，晋城市高平市卷600余通等。早在2005年，山西古籍出版社还出版了《三晋石刻总目》，亦按市分卷，如太原市卷收录1586条，大同市卷1276条，朔州市卷920条。

陕西出土金石众多，整理出版亦勤，如陕西人民出版社1979年版《陕西历代碑石选辑》；陕西人民美术出版社1985年版《陕西古代美术巡礼》收录《秦汉瓦当》《陕北东汉画像石》《霍去病墓石刻》等。三秦出版社1993—2003年版《陕西金石文献汇集》，包括《陕西金文汇编》《高陵碑石》《秦铜器铭文编年集释》《鸳鸯七志斋藏石》《咸阳碑刻》《榆林碑石》等。该社2006年版《陕西碑石精华》，编选现藏陕西的自东汉至民国265件作品，其中174件为唐及以前的。又一个比较集中的地方是洛阳，如朝华出版社2003年版《洛阳名碑集释》；北京图书馆出版社2005—2007年版《洛阳考古集成》7册，分卷出版：原始社会卷、夏商周卷、秦汉魏晋南北朝卷、隋唐五代宋卷、补编。

名山石刻，如泰山刻石名闻天下，江苏美术出版社2005年版《中华瑰宝·泰山碑刻经典》丛书9册，收泰山刻石、衡方碑、张迁碑、泰山金刚经、孙夫人碑、纪泰山铭、灵岩寺颂、楞严经、重修天封寺记碑等，各

第五章 出土文献与新的文献类型的整理出版

为1册。中华书局2007年版《泰山石刻》全10册。又如中州古籍出版社2007年版《中岳嵩山名碑名帖》全5册，包括徐浩《嵩阳观圣德感应颂碑》、薛曜《大周封祀坛碑》《石淙河摩崖题记》、赵孟𫖯《少林寺禅师裕公碑》、董其昌《少林寺禅师道公碑》等。以下兹将各地碑刻列表，以见出版的丰富性，见表5-3。

表5-3　　　　　　各省市石刻文献的出版情况
（按书名首字汉语拼音音序排）

书名	编著者	出版社	出版年	备注
《白鹿洞书院碑记集》	李才栋等编	江西教育出版社	1995年8月	《白鹿洞书院研究丛书》
《保山碑刻》	赵家华主编	云南美术出版社	2008年5月	
《趵突泉碑刻》	朱传东主编	济南出版社	2006年1月	趵突泉公园碑刻64幅
《北海快雪堂法帖石刻》	北海公园管理处编	中国旅游出版社	2009年2月	收录石刻48方
《苍南金石志》	杨思好主编	浙江古籍出版社	2011年7月	收录苍南城内的墓志铭112方，碑记119方，摩崖题刻18处，铭文211则
《楚雄历代碑刻》	张方玉主编	云南民族出版社	2005年10月	收录189块碑刻
《大理历代名碑》	段金录主编	云南民族出版社	2000年3月	精选历代名碑180多通
《大理五华楼新出元碑选录并考释》	方龄贵选录	云南大学出版社	2000年3月	收录碑石拓片70余幅
《大明湖楹联碑刻》	孔宪雷等编	济南出版社	2009年9月	《明湖风月丛书》
《大泽山诗文石刻辑注》	高瑞吾等编	青岛出版社	1998年6月	
《丰台区石刻文物图录》	王艳秋主编	北京燕山出版社	2008年6月	汇集丰台区石刻58种
《固原历代碑刻选编》	程云霞主编	宁夏人民出版社	2010年4月	选录重要碑记资料80篇
《关东碑林》	郝武华编	辽宁人民出版社	2010年6月	收录碑林作品210幅

续表

书名	编著者	出版社	出版年	备注
《广西少数民族地区碑文 契约资料集》	广西壮族自治区编辑组编	广西民族出版社	1987年12月	国家民委《民族问题五种丛书》
《广州碑刻集》	冼剑民等编	广东高等教育出版社	2006年12月	广州碑刻以隋唐到清代为主
《翰墨石影》（2盒8册）	李源河主编	广陵书社	2003年4月	辑录河南地区拓片650余种
《河北柏乡金石录》	史云征主编	文物出版社	2006年10月	选录碑刻三通，石志四方
《河北金石辑录》	石永士等编	河北人民出版社	1993年12月	《河北出版史志文献丛书》
《河北省明代长城碑刻辑录》	河北文物局长城资源调查队	科学出版社	2009年1月	收录河北地区长城周边文物古迹碑刻、摩崖石刻等500余幅
《河间金石遗录》	田国福主编	河北教育出版社	2008年1月	
《洪洞介休水利碑刻辑录》	黄竹三等编	中华书局	2003年7月	收录水利碑刻68个
《洪洞金石录》	李国富主编	山西古籍出版社	2008年1月	
《湖湘碑刻》	刘刚主编	湖南美术出版社	2009年9月	《湖湘文库》
《荆门古迹碑文抄注》	刘南陔等编	华中师范大学出版社	2011年12月	精选荆门历来古迹碑刻117篇
《珏山金石文编》	孔庆祥主编	山西人民出版社	2010年3月	《珏山历史文化系列丛书》
《乐清历代碑志选》	陈纬编	民族摄影艺术出版社	2004年6月	《东海岸丛书》全10册
《凉山历史碑刻注评》	刘弘、唐亮主编	文物出版社	2011年7月	精选凉山州110通碑刻
《辽南碑刻》	崔世浩编	大连出版社	2007年1月	收录辽南地区石刻200余通
《辽宁碑志》	王晶辰主编	辽宁人民出版社	2002年12月	收录辽宁境内450块
《辽阳碑志选编》	邹宝库辑录	辽宁民族出版社	2011年4月	收录辽阳地区碑志近250块
《临潼碑石》	赵康民等编	三秦出版社	2006年12月	《临潼文史资料》第15辑

第五章 出土文献与新的文献类型的整理出版

续表

书名	编著者	出版社	出版年	备注
《灵川历代碑文集》	曾旺桥编	中央文献出版社	2010年11月	收录灵川境内石刻资料415篇
《隆阳碑铭石刻》	闵成燕主编	云南美术出版社	2005年7月	保山市隆阳区政协文史资料
《庐山历代石刻》	陶勇清主编	江西美术出版社	2010年5月	收取庐山历代石刻300余幅
《庐山诗文金石广存》	吴宗慈编	江西人民出版社	1996年1月	
《满城历代碑石刻辑录》	范福生主编	河北教育出版社	2011年12月	收录碑刻63通、画像石20余件
《孟子林庙历代石刻集》	刘培桂编	齐鲁书社	2005年9月	收录邹城孟庙、孟林等处71幅
《南湖揽秀园碑刻》	嘉兴南湖革命纪念馆编	群言出版社	2008年12月	《南湖碑刻丛书》
《南京历代碑刻集成》	南京文物局编	上海书画出版社	2011年1月	收集南京碑刻200多种
《南京栖霞山贞石录》	隆相、徐业海编	凤凰出版社	2009年12月	包括南京栖霞古寺明徽君碑、南京栖霞古寺摩崖石刻
《南靖石刻集》	江清溪主编	海潮摄影艺术出版社	2007年8月	收录南靖地方石刻600多段
《宁波现存碑刻文所见录》	龚烈沸编	宁波出版社	2006年3月	收录宁波历代碑刻碑文2670通
《瓯海金石志》	黄舟松等编	中国戏剧出版社	2011年1月	《瓯海文化丛书》第三辑
《蓬莱金石录》	张永强著	黄河出版社	2007年8月	全4册。《蓬莱文库》
《蓬溪石雕》	政协蓬溪县委、《蓬溪石雕》编写组编	天地出版社	2011年12月	中国非物质文化遗产：遂宁卷
《平谷石刻》	张兴主编	北京燕山出版社	2010年6月	《平谷文化丛书》
《平鲁石刻图志》	范和平主编	三晋出版社	2009年6月	收录平鲁碑刻208通
《平阳稽古录》	李明煜著	山东人民出版社	2010年4月	悟源斋藏珍
《沁水碑刻蒐编》	贾志军主编	山西人民出版社	2008年3月	《沁水文史资料》
《曲阜历代名碑刻石选》	陈传平编	广陵书社	2004年9月	遴选名碑拓片100幅。1盒2函

续表

书名	编著者	出版社	出版年	备注
《泉州府文庙碑文录》	泉州府文庙文物保管处编	海潮摄影艺术出版社	2009年8月	收入泉州府文庙76篇碑文
《三峡湖北段沿江石刻》	国家文物局编	科学出版社	2010年12月	收录摩崖石刻69处、碑刻53块
《山西戏曲碑刻辑考》	冯俊杰主编	中华书局	2002年1月	精选自宋至清100通古碑
《圣旨雁门关碑》	武喜荣著	三晋出版社	2009年7月	《朔州历史文化丛书》第3辑
《滕王阁碑刻墨迹》	宗九奇编	江西美术出版社	2009年9月	《滕王阁旅游小丛书》
《天书地字·大伾文化》	班朝忠主编	文物出版社	2006年11月	收录浚县石刻拓片800余幅
《温州历代碑刻二集》	吴明哲编	上海社会科学院出版社	2006年4月	《温州文献丛书》第2辑
《姚江碑碣》	叶树望编	浙江古籍出版社	2011年9月	《姚江文化丛书》
《沂山石刻》	张孝友主编	山东友谊出版社	2009年7月	145幢碑碣、200余篇碑文刻石
《宜良碑刻》	周恩福主编	云南民族出版社	2006年12月	碑刻数百篇。《宜良文化丛书》
《永城石刻》	李俊山等编	河南大学出版社	2010年7月	西汉梁国王室陵墓中出土石刻
《甬城现存历代碑碣志》	章国庆等编	宁波出版社	2009年12月	收录各类碑石143种
《长兴茶文化碑刻集》	张梦新主编	西泠印社	2008年5月	汇集历代长兴茶文化的碑刻
《中宁碑录》	中宁县党史县志办公室编	宁夏人民出版社	2008年1月	收录中宁县境内碑刻60通

以上是1949—2011年所见较重要的新编石刻文献，但收录范围更大的是《中国西南地区历代石刻汇编》《中国西北地区历代石刻汇编》，天津古籍出版社1998年版、2000年版。

四 石刻墓碑的整理出版

石刻墓碑，在石制文献中为数最多，而且历年不断有出土，对其整理出版，规模大而系统。以时代论，有赵万里《汉魏南北朝墓志集释》（科

第五章　出土文献与新的文献类型的整理出版

学出版社 1956 年石印本）、赵超《汉魏南北朝墓志汇编》（天津古籍出版社 1992 年版，2008 年再版），接续此二书的《新出魏晋南北朝墓志疏证》，中华书局 2005 年版，汇集新出土的魏晋南北朝和隋代墓志，每方包括录文和疏证两部分，所收墓志详备。陕西人民出版社 2008 年版《北魏墓志三种》《北魏卢兰墓志铭》《齐隋隶书墓志铭三种》。

隋唐墓志，原石多存，如河南新安县铁门镇千唐志斋主人张钫藏唐代墓志，拓本《千唐志斋藏志》，文物出版社 1984 年版，收墓志拓片 1360 件。2006 年，三秦出版社《全唐文补遗：千唐志斋新藏专辑》收新发现的隋唐五代时期的墓志。上海书画出版社 1994 年版《隋唐墓志百种》分装 10 袋；上海古籍出版社 1992 年版、2001 年版周绍良编《唐代墓志汇编》《唐代墓志汇编续集》；上海人民美术出版社 2003 年版《唐代墓志》精选 100 方；西泠印社 2010 年版《新出唐墓志百种》等。

宋元及其以后各代墓志，多收入一些大型的套书或丛刊中，以专书出版的则较为少见。值得一提的是文物出版社 2019 年版、2020 年版《新出宋代墓志碑刻辑录》北宋卷、南宋卷，各 1 函 6 册、1 函 8 册；北宋卷收录石刻拓本 451 种，南宋卷（含金元），收录墓志碑刻 569 种（南宋碑志 515 种、金代 50 种、元代 4 种）。"所收金元碑志在时间上和南宋并立，在地域上是北宋故土，这些金元碑志和南宋文化有着密切关系，可以互为补充，故将这一部分碑志也收入本书。"[1]

就地区而论，最引人注目的当数文物出版社的《新中国出土墓志》，第一期工程 1994—2009 年，共计 10 卷 19 册，由中国文物研究所与全国各省、市、自治区文博考古及古籍整理单位合作编辑。先后荣获第二十五届（2009 年度）全国优秀古籍图书奖一等奖、第二届（2010 年）中国出版政府奖"图书奖"等。

《新中国出土墓志》第二期工程，是以项目的形式进行的，2012 年 10 月，"新中国出土墓志整理与研究"项目获批国家社科基金重大招标项目立项，之后续出若干卷。两期工程均按省、市、自治区分卷出版，第一期工程合第二期已出版者，分卷情况如下：（1）河南卷壹、贰、叁（千唐志斋一），各分上下册，收录墓志各 460 方、360 余方、350 方；（2）北京卷

---

[1] 何新所编著：《新出宋代墓志碑刻辑录 南宋卷》，文物出版社 2020 年版，"前言"。

壹，上下册，收录北京石刻艺术博物馆所藏的出土墓志410方；北京贰，收录首都博物馆藏北京1949年以来出土墓志500余方；（3）重庆卷全1册，收录重庆地区出土墓志170多方；（4）陕西卷壹、贰、叁，各分上下册，收录墓志共1380多方；陕西肆，上下册，共收录330种、598方墓志；（5）河北卷壹，上下册，收录新出土墓志450方（东汉1方，魏晋35方，隋唐133方，宋代以后271方）；（6）江苏卷壹 常熟，上下册，以常熟市石刻博物馆藏品为主，收录常熟地区新出土墓志323方；江苏卷贰 南京，上下册，收1949—2012年南京地区出土历代墓志321合、523方；（7）上海 天津卷，上下册，收录上海、天津出土墓志261方。

其次比较集中的是洛阳地区，如《洛阳新获墓志》（文物出版社1996年版），《洛阳新获墓志续编》（科学出版社2008年版）收墓志328方，《洛阳新出土墓志释录》（北京图书馆出版社2004年版），《洛阳新见墓志选》（文物出版社2011年版），《洛阳出土少数民族墓志汇编》（河南美术出版社2011年版）；《洛阳出土北魏墓志选编》（科学出版社2001年版），《洛阳北魏墓志精选十二品》（文物出版社2011年版）；《洛阳出土墓志卒葬地资料汇编》（北京图书馆出版社2002年版）收录墓志3000余方；《邙洛碑志三百种》（中华书局2004年版）收录碑志220方，《河洛墓刻拾零》（北京图书馆出版社2007年版）收录洛阳地区出土的墓刻拓片共500余幅。其他各地的如西北大学出版社1995年版《陕西碑石墓志资料汇编》，中州古籍出版社2003年版《濮阳碑刻墓志》，河北美术出版社2003年版《保定出土墓志选注》，浙江人民美术出版社2006年版《衢州墓志碑刻集录》，科学出版社2007年版《沧州出土墓志》收录108方，黄山书社2011年版《永嘉场墓志集录》收录墓志文209篇，文物出版社2011年版《长安新出墓志》收录墓志近200方。

就藏所来说，整理出版的除上述综合性金石文献收录外，又有专书，如国家图书馆所藏的，有中华书局1990年版《北京图书馆藏墓志拓片目录》，北京图书馆出版社2001年版《墓志精华三十八种》《颜真卿书郭虚己墓志铭》等。故宫博物院收藏也多，紫禁城出版社2010年出版《故宫博物院藏历代墓志汇编》3册，展示涉及中原地区出土的历朝石刻墓志和新疆出土的高昌砖志等；同年出版的《故宫珍藏历代墓志初集》，包括魏洛州刺史乐安王墓志、魏梁州刺史元君墓志、魏青州刺史伯阳墓志、魏武

第五章　出土文献与新的文献类型的整理出版

卫将军于公墓志、魏司马景和妻墓志、隋兖州长史徐府君墓志、唐张君第五息墓志、唐赵君夫人姚氏墓志、唐郭君墓志，以及高昌墓表八种等。又如齐鲁书社1986年版《曲石精庐藏唐墓志》，北京燕山出版社2003年版《北京市文物研究所藏墓志拓片》，三晋出版社2010年版《汾阳市博物馆藏墓志选编》等。单人墓志的出版更是不计其数，如辽宁博物馆藏《曹娥碑墨迹》（上海人民美术出版社1964年版）、甘肃省博物馆藏《汉杨统碑》（甘肃人民出版社1979年版）等。

墓志碑刻的学术价值早已为人们认识，在宋代就有编集，如宋杜大珪编《新刊名臣碑传琬琰集》，有江苏广陵古籍刻印社1988年版2函12册，北京图书馆出版社2003年版、2006年版《新刊名臣碑传琬琰之集》《皇朝名臣续碑传琬琰录》，分别收入《中华再造善本》之唐宋编、金元编。金石学史上遂有碑传一体，相关著述层出不穷，如上海古籍出版社1987年版《清代碑传全集》，收录清钱仪吉《碑传集》、缪荃孙《续碑传集》、闵尔昌《碑传集补》、汪兆镛《碑传集三编》，共计5500多人7300多篇碑传。钱仪吉《碑传集》又有上海书店出版社1988年版5册、中华书局1993年标点本12册。之后有卞孝萱编《辛亥人物碑传集》（团结出版社1991年版）、钱仲联主编《广清碑传集》（苏州大学出版社1999年版）等。地方性的则有《滇南碑传集》32卷（云南民族出版社2003年版），收录明清个人碑传400余篇。工具书方面，有中华书局1959年版姜亮夫纂定《历代人物年里碑传综录》，北京图书馆出版社2003年版陈乃乾编纂《清代碑传文通检》，收录清代碑传文有关文字1025种。

墓志碑刻的书法鉴赏价值不言而喻，收入各类法帖、碑帖丛书者不计其数，多由书画出版社或美术出版社出版，如人民美术出版社2004年版《古代善本碑帖选萃》，即收录汉张迁碑、汉尹宙碑、汉衡方碑、北齐文殊般若经碑、北齐朱岱林墓志、魏皇甫骥墓志、隋龙藏寺碑、唐皇甫诞碑、唐李秀碑、明文徵明书邵公去思碑记、明宋克书七姬志二种、明宋克章草书二种等。又如湖南美术出版社2006年版《中国历代法书名碑原版放大折页》丛书、浙江人民美术出版社2006年版《历代善本碑刻》、上海书画出版社2007年版丛书《欧阳询法帖品珍》《赵孟頫法书品珍》、河南美术出版社2008年版《中国历代书法名家作品精选系列》等，皆收入相关墓志碑刻。而其他各类出版社亦如此，如文物出版社2004年版《历代碑帖法书选・历代善本碑帖菁华》、天津古籍出版社2005年版《历代名家名帖》、光明日报出版社2008年版《中国古代经典碑帖》。著名的还如陕西人民出版社2007年版《中国珍稀碑帖丛书》，收录汉肥致碑、唐徐浩书李岘墓志铭、唐毛伯良书杨志廉墓志铭、清何绍基书顾荃士墓志铭、隋窦俨墓志铭、唐高力士墓志等碑刻。

墓志碑刻因其出土的延续性，新编出版物多冠以"新获"、"新见"及"新出"等字样，如河南美术出版社2008—2011年版《近年新出历代碑志精选系列》多为初拓本，含元珍墓志、东魏茹茹公主墓志、北魏裴谭墓志、北魏罗宗墓志、北魏王虬墓志、北魏元昭墓志、北魏元子直墓志、元钦墓志、大燕严希庄墓志、北魏猴静墓志、北魏源延伯墓志、唐王琳墓志、唐张说墓志、唐徐顼墓志、唐徐峤墓志、唐段氏墓志、晋赵仲南墓志、唐侯知什墓志、大唐张君墓志铭、大隋开府长史扬州故司士墓志、大周郭继祖墓志铭等；该社2010年《稀见古石刻丛刊》，内含墓志有北魏赵盛夫妻墓志、唐吕府君墓志、唐大周梁玉墓志、北魏元华光墓志残石、东魏郭挺墓志、北魏李晖仪墓志、东魏田洛墓记、北魏元翩墓志残石、北齐天保造像题记、东魏李光显墓志、北魏穆景胄墓志、北魏元长文墓志、唐秦客墓志等。一般情况是墓志出土后就予以整理出版，如文物出版社2004年版《司马光茔祠碑志》、山西人民出版社2003年版《司马公神道碑释注》；或者是一些藏家续加搜集，汇编成册，如国家图书馆出版社2020年版《洛阳新获墓志百品》。

还有一些著名的碑刻为多个出版社一版再版，如南朝刘宋《爨龙颜碑》，自清代阮元访得后引起了广泛关注，康有为甚至将其推为"古今中外楷书第一"。仅如21世纪以来，即有天津杨柳青画社2005年版、文物出版社2007年版、光明日报出版社2008年版、古吴轩出版社2009年版、湖南美术出版社2009年版、北京工艺美术出版社2009年版、贵州民族出版社2011年版等多个版本。

墓志碑刻中有一类较特殊的，即帝王陵墓所出，已加整理出版的如河南美术出版社2010年版《曹操高陵新出土石刻选》收录30余帧；三秦出版社2010年版《昭陵墓志通释》；广陵书社2006年版《明孝陵碑刻》；北京燕山出版社2010年版、2011年版《大明长陵神功圣德碑》《明长陵神功圣德碑清代刻文》等。

第五章　出土文献与新的文献类型的整理出版　○●○

五　宗教刻石的整理出版

儒家经典最早刻之于石，始自东汉，此后历代都有刻石之举。与此相类似，宗教石刻也是绵延千载的，而以佛教石刻数量居多，其中规模最大、历时最悠久、保存最全的是房山云居寺石刻佛教大藏经，即"房山石经"，共刻佛经1122部、3572卷于14620石上。《房山云居寺石经》由文物出版社于1978年出版，中国佛教协会编辑。1987年书目文献出版社的《房山石经题记汇编》收录碑刻和题记6800余条，北京图书馆善本部金石组、中国佛教图书文物馆石经整理组合编。相关著述还有云居寺文物管理处编《云居寺贞石录》，北京燕山出版社2008年版等。

中国佛经刻石比较普遍，各地佛寺的石刻在《中国佛寺志丛刊》（广陵书社2006年版）中多有收录。单行本如文物出版社1976年版《龙藏寺碑》、2011年版《雷峰藏经》，中国大百科全书出版社1998年版《龙门石窟碑刻题记汇录》，巴蜀书社2004年版《巴蜀佛教碑文集成》收录佛教碑文千余篇，上海古籍出版社2004年版《上海佛教碑刻文献集》收集佛教碑刻文献240多篇，陕西人民出版社2005年版《仙游寺隋唐塔铭两种》《唐荐福寺德律师碑》，河北教育出版社2007年版《古涿州佛教刻石》收录拓本及原石作品约300件，吉林文史出版社2009年版《兴福寺断碑》，中国文史出版社2010年版《邹城北朝佛教刻经全集》，国家图书馆出版社2011年版《北京内城寺庙碑刻志》等。

以佛经为书名者，如民族出版社1998年据明刻本影印《明刻三十二篆体金刚经》，天津人民美术出版社2004年版《泰山金刚经》，光明日报出版社2008年版《泰山经石峪金刚经》；浙江古籍出版社2006年版《文殊般若经》，山东美术出版社2010年版《僧安道壹刻经全集》展示僧安道壹所刻500余幅作品。

道教石刻较少，已出版的如北京大学出版社2005年版《金元全真教石刻新编》，齐鲁书社2010年版、2011年版《山东道教碑刻集》之青州昌乐卷、临朐卷，陕西师范大学出版社2011年版《楼观千古道刻》收录楼观道教石碑、造像、石刻。其他宗教石刻仅如2009年北京出版社《西藏嘛呢石刻》，文物出版社《景教遗珍　洛阳新出土唐代景教经幢研究》以洛阳新出土的唐代景教经幢为研究对象。

综录各种宗教石刻为一书者，以泉州最为有名。吴文良著《泉州宗教石刻》，科学出版社 1957 年版列为《考古学专刊》乙种第七号，2005 年出版吴幼雄增订本，收录明清时期泉州地方的宗教建筑遗物及墓葬石刻，涉及伊斯兰教、基督教、佛教、印度教、道教、摩尼教及民间信仰等，成为研究中西交通史的重要资料。又如福建人民出版社 2003 年版《福建宗教碑铭汇编》之泉州府分册，收入泉州府城及晋江、南安、惠安、安溪、永泰、德化、同安等县区的碑刻资料。

以上从不同角度概述了新中国成立以来金石文献的出版情况，它们都是会说话的，讲述并见证着历史，包含文化价值，许多可作为学术研究的原始材料。石刻中还有摩崖一类，其艺术价值较多，下列各地摩崖的整理出版，见表 5-4。

表 5-4　　　　　　　　　　中国各地摩崖的出版情况

书名	编者	出版社	出版年	备注
《秦始皇金石刻辞注》	《秦始皇金石刻辞注》注释组	上海人民出版社	1975 年 8 月	刻石记功，摩崖字体均为小篆
《安宁温泉摩崖石刻古碑集》	邬振宇主编	云南民族出版社	2008 年 11 月	收录摩崖石刻、古碑拓片 156 幅
《北京地区摩崖石刻》	王晓静主编	学苑出版社	2010 年 10 月	收录北京地区 1949 年以前的摩崖石刻 70 余处 410 余则
《池州摩崖石刻》	刘国庆主编	上海人民美术出版社	2011 年 3 月	收录 156 幅
《处州摩崖石刻》	徐文平著	浙江古籍出版社	2008 年 5 月	《丽水绿谷文化丛书》
《福建摩崖石刻精品》	福建政协文史资料委员会编	福建人民出版社	2005 年 12 月	汇编福建九市摩崖石刻 600 多幅
《福州摩崖石刻》	黄荣春编	福建美术出版社	2011 年 9 月	收录福州市区摩崖石刻 750 件
《福州十邑摩崖石刻》	黄荣春主编	福建美术出版社	2008 年 11 月	选录现存摩崖 586 段
《泉州摩崖诗刻》	庄炳章编	福建人民出版社	1991 年 11 月	收录诗刻 163 方，其中摩崖 145 方，碑刻 18 方
《三明摩崖石刻》	三明市政协文史资料委员会	福建美术出版社	2005 年 9 月	收录三明市摩崖石刻 300 余件

第五章　出土文献与新的文献类型的整理出版　○●○

续表

书名	编者	出版社	出版年	备注
《武夷山摩崖石刻》	李崇英主编	大众文艺出版社	2007年4月	武夷山市地方志编纂委员会编
《武夷山书法大观》	陆永建等编	海风出版社	2008年11月	汇集武夷山摩崖石刻、石碑等
《黄山摩崖石刻》	黄山风景区管委会编	学林出版社	2006年8月	收录黄山摩崖石刻280处历代名人题刻胜迹
《山东北朝摩崖刻经全集》	山东石刻艺术博物馆等编	齐鲁书社	1992年10月	包括泰出经石峪刻经、徂徕山刻经、峄山刻经等
《雁荡山摩崖碑刻》	吴云峰主编	线装书局	2010年4月	收入雁荡山摩崖石刻300余方
《杨淮表记摩崖》	许洪流等编	浙江人民美术出版社	2006年6月	西狭颂
《石门石刻大全》	郭荣章编	三秦出版社	2001年9月	陕西勉县古栈道旁摩崖石刻
《石门铭》	冀亚平主编	浙江古籍出版社	2006年9月	国家图书馆善本特藏部特藏
《石门铭》	许洪流等编	浙江人民美术出版社	2006年6月	石门摩崖
《石淙河摩崖题记》	宫嵩涛编	中州古籍出版社	2007年9月	《中岳嵩山名碑名帖》
《瘗鹤铭》	冀亚平主编	浙江古籍出版社	2006年6月	国家图书馆善本特藏部特藏
《瘗鹤铭摩崖石刻》	文物出版社编	文物出版社	2009年2月	水前本
《宋拓瘗鹤铭两种》	施安昌主编	紫禁城出版社	2010年5月	水前本、五石本
《西泠印社摩崖石刻》	王佩智编	西泠印社	2007年12月	收录现存收藏的300多件摩崖

第三节　简帛文献的整理出版

简帛文献包括简牍和帛书。竹木简、木牍合称简牍，是战国至汉晋时期的主要书写材料。古代时有发现，《汉书·艺文志》载，西汉武帝末年，

189

"鲁恭王坏孔子宅，欲以广其宫，而得《古文尚书》及《礼记》《论语》《孝经》凡数十篇，皆古字也"①，孔安国得壁中书，考见行世 29 篇外，更得 16 篇，此即所谓孔壁《古文尚书》。罗振玉曾说："古简册于当世，载于前籍者，凡三事焉：一曰晋之汲郡，二曰齐之襄阳，三曰宋之陕右。"②"晋之汲郡"是指西晋武帝太康二年（281 年），河南汲郡人不准盗发战国魏襄王冢（或言安釐王冢），得竹简数十车，计 10 余万言，漆书古文小篆。经考订得古文献《穆天子传》《逸周书》等 16 种 75 篇，此即著名的汲冢竹书。其中的《纪年》13 篇，"记夏以来至周幽王为犬戎所灭，以事接之，三家分（晋），仍述魏事至安釐王之二十年。盖魏国之史书，大略与《春秋》皆多相应"③。《竹书纪年》作为魏国的史书，记载战国史事可靠，影响尤大；原书虽亡佚，但颇为他书引用。清代朱右曾著《汲冢纪年存真》、近代王国维著《古本竹书纪年辑校》。辽宁教育出版社 1997 年将二书合并出版《古本竹书纪年辑校 今本竹书纪年疏证》。新中国成立以来续加校订增补，如范祥雍著《古本竹书纪年辑校订补》，有新知识出版社 1956 年版、上海人民出版社 1957 年版、上海古籍出版社 2011 年版等版本；此外有方诗铭、王修龄辑证《古本竹书纪年辑证》（上海古籍出版社 1981 年版）、李民等编《古本竹书纪年译注》（中州古籍出版社 1990 年版）、张玉春《竹书纪年译注》（黑龙江人民出版社 2003 年版）等。

20 世纪以来，随着古代简牍的不断出土面世，简牍学应运而生。每当一批简牍出土不久，整理出版工作随之而来。结合简牍出土之事与整理情况，可见一百年来，简帛文献的出版已成系列，如汉简系列、西汉帛书、秦简系列、战国楚简、三国吴简等，按简帛所属的时代与出土时间的先后分述如下。

一 汉简系列

20 世纪前期，从今内蒙古自治区及甘肃西部汉代烽燧遗址，如居延、武威、敦煌等地发掘出大批汉简，其中多数是文书档案，也有部分古籍。

---

① （东汉）班固撰：《汉书》卷 30《艺文志》，中华书局 1962 年版，第 1706 页。
② 罗振玉、王国维编著：《流沙坠简》，中华书局 1993 年版，"罗振玉序"。
③ （唐）房玄龄等撰：《晋书》卷 51《束皙传》，中华书局 1974 年版，第 1432 页。

第五章　出土文献与新的文献类型的整理出版

（一）敦煌汉简

1907年，英国人斯坦因在敦煌一带汉代遗址盗掘木简、纸文书近千件，得汉简708枚。后交法国学者沙畹研究。罗振玉、王国维依据沙畹的释文原稿分别考释，各撰一卷，成《流沙坠简》一书。1913—1915年，斯坦因在敦煌、酒泉一带得汉木简168枚，在楼兰遗址得晋代木简49枚。见于上海有正书局1931年版《汉晋西陲木简汇编》。其后西北科学考察团又有新获，成书《新获之敦煌汉简》。以上三书后来由林梅村、李均明汇编为《疏勒河流域出土汉简》，文物出版社1984年版，列入《秦汉魏晋出土文献》。该丛书尚包含林梅村编《楼兰尼雅出土文书》（1985年）、《沙海古卷》（1988年）。该社1985年版《吐蕃简牍综录》收录斯坦因所得380枚、新疆维吾尔自治区博物馆发掘所得78枚。

《流沙坠简》有中华书局1993年版、浙江古籍出版社2013年何立民点校本等。1991年中华书局、甘肃人民出版社分别出版甘肃省文物考古研究所编《敦煌汉简》《敦煌汉简释文》。此外有重庆出版社2003年版《河西简牍》、2008年版《甘肃敦煌汉简》4册，以及上海书画出版社2003年版《楼兰简牍墨迹》等书。

1990—1992年，甘肃考古研究所对汉代"敦煌悬泉置"遗址进行考古发掘，出土简牍2.2万余枚，有纪年的数千枚。相关的出版物，如2001年中华书局的《敦煌悬泉月令诏条》、上海古籍出版社的《敦煌悬泉汉简释粹》等。

（二）居延汉简

1930—1931年，西北科学考察团在居延地获汉简1万余枚，现藏于台北"中央研究院"历史语言研究所。20世纪70年代，在居延再次出土汉简，其中绝大部分是当时的档案资料。1972—1974年，居延考古队在居延汉代遗址考古发掘出土肩水金关汉简，共约11000枚。整理出版的如劳榦著《居延汉简考释》（释文之部），商务印书馆1949年版；中国科学院考古研究所《居延汉简甲编》，收简2555枚，科学出版社1959年版列为《考古学专刊》乙种第八号；在此书的基础上，增入中国台湾出版的《居延汉简图版》，而成《居延汉简甲乙编》，中华书局1980年版列为《考古学专刊》乙种第十六号，上册图版，下册释文，收简9200多枚。

居延新简的整理，有甘肃省文物考古研究所编《居延新简释粹》（兰州大学出版社 1988 年版)、《居延新简 甲渠候官与第四燧》(文物出版社 1990 年版)、《居延新简 甲渠候官》(中华书局 1994 年版) 等。还有甘肃简牍保护研究中心等编、中西书局出版的套书《肩水金关汉简》，分卷出版，每卷 3 册；2011 年壹，收录 2300 余枚简牍；2012 年贰，收录金关简 2334 枚；2013 年叁，收录金关简 2066 枚；2015 年肆，实际收简 2036 枚；2016 年伍，缀合断简 100 枚，实际收简 1869 枚。以上 5 卷，共收简 10000 多枚，丰富了秦汉史及边疆民族史地研究的资料。

其他相关作品有文物出版社 1986 年版《居延汉简释文合校》、1990 年版《散见简牍合辑》，均收入《秦汉魏晋出土文献》丛书；中华书局 1980 年版陈梦家著《汉简缀述》，列为《考古学专刊》甲种第十五号；又有北京图书馆出版社 2007 年版劳榦等撰《汉简研究文献四种》、科学出版社 2008 年版《居延汉简语词汇释》等。

(三) 武威汉简

1959 年 7 月，甘肃武威东汉墓出土的竹木简中有比较完整的《仪礼》九篇，469 枚，甲本七篇，木简 398 枚；乙本一篇，木简 37 枚；丙本一篇，竹简 34 枚，共 27400 余字。中国科学院考古研究所和甘肃省博物馆整理编辑《武威汉简》，文物出版社 1964 年版为《考古学专刊》乙种第十二号，2005 年，又有中华书局本。2009 年，武汉大学出版社出版《武威汉简〈仪礼〉整理与研究》。

1972 年，武威汉代医简 (木简 78 枚，木牍 14 枚) 出土后，甘肃省博物馆、武威县文化馆合编《武威汉代医简》，文物出版社 1975 年出版，分为影印线装本和缩印平装本。2006 年，中医古籍出版社出版张延昌主编《武威汉代医简注解》，结合考古学、历史学、文字学、中医药学等方面的研究成果，对医简及方药进行注解。

(四) 银雀山汉简

1972 年 4 月，在山东临沂银雀山西汉墓出土竹简 4974 枚，主要是兵书，如《孙子兵法》《孙膑兵法》《尉缭子》《守法令十三篇》《六韬》，以及《管子》《晏子》《元光元年历谱》和阴阳杂占等。整理小组对其反复缀合、校注，编辑《银雀山汉墓竹简》，由文物出版社出版，1975 年第 1 辑，收录出土竹简 13 篇，附原简照片、摹本和释文注释，线装 1 函 10 册；2010 年版第 2 辑，所收主要为古佚书，分编为"论政论兵之类"、

第五章　出土文献与新的文献类型的整理出版

"阴阳时令占候之类"和"其他"三部分。1985年，文物出版社还出版了吴九龙释《银雀山汉简释文》。2003年，天津古籍出版社出版宋开霞等著《银雀山汉墓竹简校本》2册。

《孙子兵法》与《孙膑兵法》的同时出土，澄清了有关孙武、孙膑二人兵法及与他人兵法的关系，这让学术界为之惊喜。之后出现了一批利用银雀山汉简进行整理的，如《孙子兵法》有文物出版社1976年版、中国书店出版社1990年版、山东友谊出版社2009年版，《孙膑兵法》有文物出版社1975年版、辽宁人民出版社1975年版、齐鲁书社2002年版、军事科学出版社2002年版、海潮出版社2009年版等版本。此外如骈宇骞的《晏子春秋校释》（书目文献出版社1988年版），也以银雀山汉简为据进行校释。

（五）阜阳双古堆汉简

1977年，安徽阜阳双古堆1号汉墓（西汉第二代汝阴侯夏侯灶墓葬）出土一批竹木简、木牍，大部分很破碎，烂简断编严重，经过整理有十余种古籍，《诗经》170多枚残简，《周易》约600支残简，《苍颉篇》120多片、存字540余，《万物》130余片，《作务员程》170余片，《吕氏春秋》40余片，另外有《年表》《大事记》《刑德》《日书》《行气》《相狗》等简片。这批简牍后运送北京，整理研究成果陆续发表在《文物》《文物研究》《出土文献研究》等期刊。整理工作虽告完成，但由于各种原因，简牍内容迟迟未完全公布。直到2005年，敦煌文艺出版社《中国简牍集成》第13—20卷收录阜阳简中《苍颉篇》《万物》《诗经》《周易》《年表》《相狗》等简片的照片，同时有《苍颉篇》《万物》《诗经》《周易》等的释文及注释。今所见考释或研究性的专著不多。上海古籍出版社1988年出版胡平生、韩自强著《阜阳汉简诗经研究》，公布了《诗经》全部竹简的照片及释文；该社2004年版韩自强著《阜阳汉简〈周易〉研究》，公布了《周易》全部残简照片、释文等。

（六）张家山汉简

1983年12月，在湖北江陵县发掘张家山二四七号汉墓，得竹简共1236枚（不含残简），发现时的堆放顺序，自上而下是历谱、二年律令、奏谳书、脉书、算数书、盖庐、引书等，遣策另置他处，这些古书涉及西汉早期的律令、司法诉讼、医学、导引、数学、军事理论等方面，是研究西汉社会状况和科学技术的极其重要的文献。① 见于文物出版社 2001 年版《张家山汉墓竹简 二四七号墓》，2006 年出版释文修订本。对这批竹简校释整理的先后有成都出版社 1992 年版高大伦撰《张家山汉简〈脉书〉校释》、科学出版社 2001 年版彭浩辑注《张家山汉简〈算数书〉注释》、社会科学文献出版社 2005 年版朱红林著《张家山汉简〈二年律令〉集释》、上海古籍出版社 2007 年版彭浩等主编《二年律令与奏谳书 张家山二四七号汉墓出土法律文献释读》等成果。

（七）其他汉简

1973 年，河北定县汉墓出土《论语》《儒家者言》《文子》等 8 种残简。文物出版社 1997 年出版《定州汉墓竹简——论语》。

1978 年 7 月，青海省博物馆考古工作队在青海大通县上孙家寨一一五号西汉晚期墓葬中发现 400 枚珍贵的木简，大多数残断。《文物》1981 年第 2 期发表大通上孙家寨汉简整理小组的《大通上孙家寨汉简释文》；2000 年，敦煌文艺出版社《中国简牍集成》公布了《大通县上孙家寨一一五号汉墓出土木简》的图版、释文及校注。李零先生说："我读了这批木简的释文，认为他们全部是古代军法、军令一类文书。"② 所以这批木简成为研究西汉军事制度的重要史料。

1993 年，在江苏东海县出土尹湾汉墓简牍，竹简 133 枚、木牍 23 方。连云港市博物馆等单位编《尹湾汉墓简牍》，中华书局 1997 年出版，包括图版、释文。2011 年，天津古籍出版社出版张显成、周群丽撰《尹湾汉墓简牍校理》。

2018—2019 年，湖北荆州博物馆对胡家草场墓地（西汉早期墓葬）进行发掘，其中的 M12 出土简牍 4600 余枚，保存情况完好，字迹比较清晰。2021 年 8 月，文物出版社及时出版了《荆州胡家草场西汉简牍选粹》，选录简牍 192 枚，分为岁纪、律令、历日、日书、医杂方、簿籍六类，收其图版和释文。

其他各地出土的汉简整理本，有如文物出版社 2006 年版《长沙东牌

---

① 张家山二四七号汉墓竹简整理小组：《张家山汉墓竹简》释文修订本，文物出版社 2006 年版，"前言"。
② 李零：《青海大通县上孙家寨汉简性质小议》，《考古》1983 年第 6 期。

第五章　出土文献与新的文献类型的整理出版

楼东汉简牍》（收录2004年长沙东牌楼建筑工地七号古井发掘出土的206枚东汉简牍）、2007年版《额济纳汉简释文校本》等。

二　西汉帛书

相较于简牍，历来帛书出土较少。1973年12月，在长沙马王堆三号汉墓出土西汉帛书20多种，12万多字，其中有不少古籍。如《老子》甲乙本、甲本卷后无篇目的四篇佚书，乙本卷前的《经法》《十大经》《称》《道原》四种，以及《周易》《春秋事语》《战国纵横家书》等著述，2幅地图，1幅导引图。根据该墓出土的一枚纪年木牍，初步断定这些帛书沉埋地下已经2100多年。学术价值极为珍贵，成为研究战国、秦汉史的第一手材料。文物出版社所出版较多，如1974年版《马王堆汉墓帛书 壹》1函8册，收入老子甲本及卷后古佚书，1980年再版精装本；1978年版《马王堆汉墓帛书 叁》1函3册，收古佚书《春秋事语》《战国纵横家书》，1983年再版精装本；1985年版《马王堆汉墓帛书 肆》，8开布面精装，主要收古医书。该社1976—1979年版《马王堆汉墓帛书》丛书，包括《老子》《经法》《战国纵横家书》《古地图》《五十二病方》《导引图》共6册。该社与其他出版社的相关作品列表如下，见表5-5。

表5-5　　　　　马王堆出土汉墓帛书的出版情况

书名	编著者	出版社	出版年	备注
《西汉帛画》	文物出版社编	文物出版社	1972年9月	4开，每套12张，附说明1册
《长沙楚墓帛画》	文物出版社编	文物出版社	1973年8月	8开，每套5张
《长沙马王堆一号汉墓》	湖南博物馆等编	文物出版社	1973年10月	上下集
《长沙马王堆汉墓》	湖南博物馆等编	湖南人民出版社	1979年8月	
《帛书老子注译与研究》	许抗生著	浙江人民出版社	1982年2月	以马王堆帛书《老子》甲乙本对照
《帛书老子校注》	高明校注	中华书局	1996年5月	《新编诸子集成》第一辑
《帛书老子校释》	戴维校释	岳麓书社	1998年7月	

续表

书名	编著者	出版社	出版年	备注
《老子帛书校注》	徐志钧校注	学林出版社	2002年5月	以马王堆帛书《老子》为底本
《帛书老子再疏义》	尹振环著	商务印书馆	2007年5月	《国家社科基金成果文库》
《老子解读》	兰喜并著	中华书局	2005年8月	以马王堆帛书《老子》为底本
《老子译注》	冯达甫译注	上海古籍出版社	2007年4月	结合帛书《老子》译注
《道德经》	李一冉编著	中国广播电视出版社	2007年6月	以帛书《老子》原文为底本
《马王堆汉墓帛书〈德行〉校释》	魏启鹏著	巴蜀书社	1991年8月	
《帛书〈要〉篇校释》	刘彬著	光明日报出版社	2009年2月	包括新校新释、彙校集注
《帛书周易注释》	张立文著	中州古籍出版社	1992年9月	2008年《帛书周易注译》
《帛书周易校释》	邓球柏著	湖南人民出版社	2002年6月	1987年初版；1996年增订2版
《马王堆帛书周易经传校读》	张政烺著	中华书局	2008年4月	作者当年参与帛书整理工作
《马王堆医书考注》	周一谋主编	上海科学技术出版社	1988年2月	
《马王堆汉墓医书校释》	魏启鹏等撰	成都出版社	1992年8月	二十世纪出土中国古医书集成
《马王堆汉墓帛书〈黄帝书〉笺证》	魏启鹏著	中华书局	2004年12月	二十世纪出土简帛文献校释及研究丛书
《五十二病方补译》	严健民编著	中医古籍出版社	2005年2月	收录病种53种
《长沙楚帛书文字编》	曾宪通撰集	中华书局	1993年2月	
《马王堆简帛文字编》	陈松长编著	文物出版社	2001年6月	

由上可见，除对马王堆帛书本身进行整理出版外，学术界更重在利用，作为校勘、注释之资，尤其表现在《老子》《周易》及医书等方面。作为集大成性质的著作，中华书局2014年版裘锡圭主编《长沙马王堆汉

第五章　出土文献与新的文献类型的整理出版　○●○

墓简帛集成》全 7 册，包括整理图版、释文注释、原始图版三部分。该书的出版，是对马王堆汉墓简帛出土以来 40 多年研究成果的一次学术总结，又为进一步研究提供了更全面的图版资料。

众所周知，著名的长沙子弹库帛书出土后即流失海外，现藏于美国华盛顿弗利尔—赛克勒美术馆，国内学人难得一见。2017 年，文物出版社出版了李零著《子弹库帛书》，除了叙述子弹库楚墓的盗掘发掘、帛书流转美国等情况，重要的是收录帛书《四时令》《五行令》《攻守占》的彩色图版及释文，帛书《四时令》的早期图版以及摹本等。子弹库帛书是今见唯一战国时期以楚文字书写的，该书可谓战国楚帛书研究的集成和总结，对先秦学术思想研究有一定的推动作用。

三　秦简系列

1975 年冬，在湖北省云梦县睡虎地十一号秦墓中出土一批秦简，共 1155 枚，这是大量秦代竹简的首次发现；以法律文书为主，有《编年记》《南郡守腾文书》《秦律十八种》《秦律杂抄》《效律》《法律答问》《封诊式》《为吏之道》及《日书》（甲乙）等。经过拼接整理，文物出版社 1977 年出版《睡虎地秦墓竹简》7 册，6 开线装本，有释文、注释，1978 年版大 32 开，1990 年、2001 年重印。陈振裕、张守中的同名书《睡虎地秦简文字编》，分别有湖北人民出版社 1993 年版、文物出版社 1994 年版。另有岳麓书社 2000 年版《秦简日书集释》、湖北教育出版社 2003 年版《睡虎地秦简日书甲种疏证》等。此外，1989 年 12 月，湖北云梦龙岗地区 6 号秦墓出土 293 枚竹简，138 枚残片，内容为秦代律令。科学出版社 1997 年出版《云梦龙岗秦简》，中华书局 2001 年出版《龙岗秦简》。

除了云梦秦简，在甘肃天水、湖南里耶、湖北江陵等地亦有秦简发现。1979 年 2 月—1980 年 8 月，四川青川郝家坪五十号墓出土秦木牍，三行古隶墨书，内容是秦武王二年（公元前 309 年）颁布的更修田律。

1986 年 4 月，甘肃天水放马滩一号秦墓出土竹简 460 枚，以小篆书写，杂有隶书，主要内容为甲乙两种《日书》452 枚、《墓主记》8 枚。2009 年，中华书局出版甘肃省文物考古研究所编《天水放马滩秦简》，8 开精装。另外有秦汉简牍同时出土的，1993 年，在湖北荆州市沙市区关沮乡清河村周家台三十号秦墓出土竹简 381 枚、木牍 1 方，包含日书、历谱和多枚病方等；同时在关沮乡岳桥村萧家草场二十六号汉墓出土若干竹简，主要是遣策。2001年，中华书局出版《关沮秦汉墓简牍》，8开繁体竖排，包括图版、释文、注释等。

2002年，湖南省龙山里耶古城遗址一号井出土38000余枚秦简，内容涉及政治、法律、户口、田赋、徭役、土地、刑徒、祭祀、医药、教育等方面的官府档案文书。2012年，文物出版社出版湖南省文物考古研究所编《里耶秦简》（壹、贰），刊载出里耶古井第五、六、八层出土的简牍图版和释文。

2007—2008年，湖南大学岳麓书院购藏了从香港古玩市场收得的一批濒临损毁的秦简，共计有2174个编号，第一批竹、木简2098枚，其中比较完整的有1300余枚；第二批为76个编号，30余枚比较完整。整理成果是朱汉民、陈松长等主编的《岳麓书院藏秦简》第壹至陆卷，上海辞书出版社陆续出版。具体编录情况如次：

2010年版 壹，收录秦简300多枚，包含《质日》《为吏治官及黔首》《占梦书》三种，分别刊出彩色图版和红外线图版；

2011年版 贰，收录《数书》简236枚及18枚残简；

2013年版 叁，收录竹木简252枚，为秦王政时代的司法文书《为狱等状四种》，主要内容为奏谳书，有15个案例；

2015年版 肆，收录竹简391枚（拼合后的简数），内容有《亡律》《田律》等19种、"内史郡二千石官共令"；均为秦律、秦令等，编为"秦律令（壹）"；

2017年版 伍，收录秦简337枚，续编有关秦代律令，编为"秦律令（贰）"；

2020年版 陆，收录简牍274枚，再续秦代法律类文书，编为"秦律令（叁）"。

另据《岳麓书院藏秦简》第陆卷"前言"，至今已公布近千枚秦律令的简文，"余下400多个简号（包括残简、漏简等）的秦令内容将在接下来的《岳麓书院藏秦简（柒）》中全部刊布"。由这批秦简的内容可知，它们为研究秦代法律、司法审判、田制等提供了更多的新材料，对了解秦代历史地理、占梦习俗、文字语词等有重要的文献价值，将进一步推动秦汉史的研究。2017年，上海辞书出版社还出版陈松长等编《岳麓书院藏秦简（壹—叁）释文修订本》，即文字编，修订完善岳麓秦简前三卷的释文、

第五章　出土文献与新的文献类型的整理出版　○●○

注释。

各类秦代简牍的陆续出土，弥补了秦代研究史资料的不足，为秦帝国的政治、经济、法律、文化、医学、书法等方面的学术研究提供了原始资料，对其辑录、分类、注释、考证的著作不断出现，如社会科学文献出版社2008年版《秦汉简牍中法制文书辑考》、文物出版社2009年版《秦汉简牍文书分类辑解》，以及四川大学出版社2010年版《秦简逐字索引》等。随着秦简数量增多，秦研究也不断深化，如陈伟著《秦简牍整理与研究》，经济科学出版社2017年版，是教育部哲学社会科学研究重大攻关项目"秦简牍的综合整理与研究"的最终成果。

四　战国楚简

至今出土的简牍，以战国时期的为最早，是研究战国文字的极可贵的资料，也补充了古史记载的诸多缺漏，学术文献价值弥足珍贵。战国楚简今见较早的是信阳楚简，[①] 1957年，在河南省信阳长台关一号楚墓出土战国早期竹简148枚（据内容分为两组，一组古佚书简119支，均为断简；一组遣策29支，简多完整），为楚系文字。1986年，文物出版社出版河南省文物研究所编《信阳楚墓》报告（《考古学专刊》丁种第三十号），发表全部照片及信阳楚简释文与考释。1995年，齐鲁书社出版商承祚编《战国楚竹简汇编》，刊发竹简照片及其摹本、考释等。

除河南信阳楚简外，战国楚简的出土地绝大多数都在湖北省，有江陵望山、江陵九店以及荆门包山、郭店等地。1965年、1966年在江陵望山发掘一号、二号墓，得望山楚简270多枚。中华书局有1995年版湖北文物考古研究所、北京大学中文系合编《望山楚简》、2007年版程燕编《望山楚简文字编》等。

1978年，在湖北随县擂鼓墩战国曾侯乙墓出土竹简，1989年文物出版社的《曾侯乙墓》2册，简文部分收竹简240枚，包括图版、释文和考释。

1981—1989年，湖北省博物馆江陵工作站发掘江陵九店东周墓597座，其

[①] 按：1957年，《文物参考资料》第9期发表的发掘简报，题名为《我国考古史上的空前发现：信阳长台关发掘一座战国大墓》，同时发布信阳竹简照片。在此之前，有长沙楚简之三次发现，即1951年长沙五里牌战国楚竹简38枚，1953年长沙仰天湖战国楚竹简42枚，1954年长沙杨家湾战国楚竹简72枚。

中有三墓出土竹简230多枚，后收入中华书局2000年版《九店楚简》一书。

1987年，湖北荆门包山大冢发掘从战国到西汉时的古墓9座，其中二号楚墓出土楚简。文物出版社于1991年、1996年分别出版《包山楚简》《包山楚简文字编》。

1993年冬，在湖北荆门郭店一号楚墓出土战国楚简700余枚，13000余字。1998年文物出版社出版荆门市博物馆编《郭店楚墓竹简》，公布了郭店楚简的图版和释文。其中有最早的《老子》版本甲、乙、丙三组文字（丙本系首次发现）。同时有儒家的《缁衣》《性自命出》《成之闻之》《尊德义》《六德》及五篇《五行》，揭示了失传已久的思孟"五行学说"的原始面貌，六篇竹简形制相同，简长32.5厘米左右。郭店楚简包含十余种儒家、道家的经典，皆学术内容，对于研究先秦时期的儒道关系及其哲学思想意义重大，引起学术界的高度重视。如对《老子》故书的探讨，就有彭浩校编《郭店楚简老子校读》（湖北人民出版社2000年版）、廖名春著《郭店楚简老子校释》（清华大学出版社2003年版）、邓谷泉著《郭店楚简老子释读》（湖南人民出版社2005年版）、丁四新著《郭店楚竹书老子校注》（武汉大学出版社2010年版）等部书。其他相关著述尚有文物出版社2000年版张守中等集《郭店楚简文字编》、北京大学出版社2002年版李零著《郭店楚简校读记》、福建人民出版社2003年版刘钊著《郭店楚简校释》等。

1994年8月，河南省新蔡葛陵故城发掘出土战国楚简1500余枚，以楚系文字书写，有字近8000个。楚简内容，一类为卜筮祭祷记录，另一类为遣策。这批楚简属于战国早期与中期之交的，所以独具其文献意义，为研究楚地文字、音韵、词汇及楚国其他方面提供了新资料。2003年10月，大象出版社出版河南省文物考古研究所编《新蔡葛陵楚墓》，内容包含全部竹简的黑白照片及释文。

影响更大的还有1994年上海博物馆从香港古玩市场收购的楚简1200余枚（含残简），可能也出自湖北荆门一带，学界习称"上博简"。上海古籍出版社自2001年开始陆续出版《上海博物馆藏战国楚竹书》，大8开精装，至今已出版9册。现将各册收录篇题胪列，以见"上博简"内容的丰富，详见表5-6。

第五章　出土文献与新的文献类型的整理出版

表 5-6　　　《上海博物馆藏战国楚竹书》1—9 册收录情况

册次	出版年	收录篇题
第一册	2001 年 12 月	3 篇。《孔子诗论》《缁衣》《性情论》
第二册	2002 年 12 月	6 篇。《民之父母》《子羔》《鲁邦大旱》《昔者君老》《容成氏》及《从政（甲乙篇）》，简 115 枚，约 4000 字
第三册	2003 年 12 月	4 篇。《周易》《恒先》《仲弓》《彭祖》
第四册	2004 年 12 月	7 篇。《采风曲目》《逸诗》《柬大王泊旱》《昭王毁室》《内豊》《相邦之道》《曹沫之陈》
第五册	2005 年 12 月	8 篇。《竞内建之》《鲍叔牙与隰朋之谏》《季庚子问于孔子》《姑成家父》《君子为礼》《弟子问》《三德》《鬼神之明 融师有成氏》
第六册	2007 年 7 月	9 篇。《竞公疟》《孔子见季桓子》《庄王既成 申公臣灵王》《平王问郑寿》《平王与王子木》《慎子曰恭俭》《用曰》《天子建州（甲乙）》
第七册	2008 年 12 月	5 篇。《武王践阼》《郑子家丧（甲乙本）》《君人者何必安哉（甲乙本）》《凡物流形（甲乙本）》《吴命》
第八册	2009 年 12 月	10 篇。《子道饿》《颜渊问于孔子》《成王既邦》《命》《王居》《志书乃言》《有皇将起》《李颂》《兰赋》《鹠鹏》
第九册	2012 年 12 月	7 篇。《成王为城濮之行（甲乙本）》《灵王遂申》《陈公治兵》《举治王天下（五篇）》《邦人不称》《史蒥问于夫子》《卜书》

以上 9 册共收录 61 篇，涉及历史、哲学、宗教、文学、音乐、文字、军事等方面，为学术研究带来极大的方便。这套书除以上 9 册外，还有 5 册文字编，作家出版社 2007 年出版。研究性的著作有上海书店出版社 2002 年版《上博馆藏战国楚竹书研究》、社会科学文献出版社 2004 年版《上海博物馆藏战国楚竹书〈诗论〉解义》、北京大学出版社 2009 年版《〈上海博物馆藏战国楚竹书（一）〉读本》、武汉大学出版社 2009 年版《上博馆藏楚竹书〈缁衣〉综合研究》等。

2008 年 7 月，一批流散境外的战国竹简经校友捐赠，入藏清华大学，据测定，为战国中晚期竹简，约 2500 枚（含残简），学界称"清华简"。2010—2020 年，中西书局出版了清华大学出土文献研究与保护中心编《清华大学藏战国竹简》，共 10 辑，收录战国简册共 51 篇，多为传世文献及以往出土材料所未见。

战国楚简的多次出土，使得综合性的整理、利用和研究成为可能。规模较大的如经济科学出版社 2009 年版《楚地出土战国简册》，汇编了 14

种战国简册资料,含简册文本和注释。文物出版社《楚地出土战国简册合集》由武汉大学简帛研究中心等单位编,2003年立项,2011年出版第1集"郭店楚墓竹书",收录儒道著作18篇,分释文注释、参考文献和图版三部分。2013年第2集,收录"葛陵楚墓竹简 长台关楚墓竹简",2019年出版3、4集,分别收录"曾侯乙墓竹简"、"望山楚墓竹简 曹家岗楚墓竹简"。武汉大学出版社2016年版陈伟等编《楚地出土战国简册十四种》(内含包山2号墓简册、郭店1号墓简册、望山1号墓简册、望山2号墓简册、九店56号墓简册、九店621号墓简册、曹家岗5号墓简册、曾侯乙墓简册、长台关1号墓简册、葛陵1号墓简册、五里牌406号墓简册、仰天湖25号墓简册、杨家湾6号墓简册、夕阳坡2号墓简册)。

从楚文字研究的角度编录的,有华东师范大学出版社2003年出版李守奎编《楚文字编》、安徽大学出版社2007年出版黄德宽等著《新出楚简文字考》、湖北教育出版社2008年版滕壬生著《楚系简帛文字编》(增订本)。考证性的则如武汉大学出版社2010年版吴良宝著《战国楚简地名辑证》,以出土楚简为依据进行考证,分为4章:"楚简纪年资料所见国名"、"楚简中的都鄙地名"、"楚简所见楚国封君辑考"和"楚简所见县名考"。

五 三国吴简

1996年,在长沙走马楼古井内出土三国吴简牍,包括竹简17万余枚,木简2000多枚,这是历次出土简牍最多的一次,也是20世纪震惊世界的重大考古发现之一。2000年6月,专门修建了长沙简牍保护研究中心予以贮藏,此为全国首家。这批简牍的内容基本是当时地方官府的户籍和征收赋税的文书。今见系统整理的两套书皆由长沙市文物考古研究所、中国文物研究所、北京大学历史系及走马楼简牍整理组合编,由文物出版社出版。其一是《长沙走马楼三国吴简·嘉禾吏民田家莂》上下卷,1999年版,公布了经整理之后的孙吴时期(嘉禾年间)的佃田类大木简及释文,收录有编年号的共2051枚,无年份标识的吏民田家莂残片90枚。

第二套书是《长沙走马楼三国吴简·竹简》,分卷出版,每卷3册,其上册、中册均为图板,下册为释文及注释等内容。2003年第1卷,收录竹简10545号,2007年第2卷,收录竹简9000余枚,2008年第3卷,收录竹简8424枚;2011年第4卷,收录竹简近6000枚,也就是从第4卷开

第五章 出土文献与新的文献类型的整理出版

始,收录的都是未经扰动的出土竹简。至 2019 年出版第 9 卷,这项浩大的工程历时 17 年,成书 9 卷 27 册,共计公布 67348 枚有字简牍的图版与释文。2021 年 7 月,荣获第五届中国出版政府奖"图书奖"。走马楼简牍的整理出版意义非凡,为研究汉末、三国孙吴时期的政治、经济、军事、历史、文化等提供了宝贵的文献资料,随着简牍整理工作的完成,势必促使相关学术研究的进一步深化。

综上所述,一百多年来出土发现了从战国至晋代的各类简牍,目前保存简牍资料比较完备的是《中国简牍集成》,由《中国简牍集成》编辑委员会编、敦煌文艺出版社出版,2001 年出版第一编 1—12 卷(册),收入甘肃、内蒙古出土的简牍;2005 年出版第二编 13—20 卷(册),收入湖南、广西、江西、陕西、青海、安徽、河北、江苏、新疆、四川、北京等省、市、自治区出土的简牍。每编的前二册为"图版选",其余各册为标注本,即标点注释。

成批简帛文献的出土发现,使得诸多湮没千年的古籍佚而复出,重见天日,极大地丰富了中国古文献的类型和文字学的内容;因其保存了资料的原始面貌,记载着历史的真实,故可借以考校、释读传世的古籍,并引导人们走出某些研究领域的传统误区,或可解决某些学术上悬而未决的问题,对中国考古学、历史学、文字学及有关学科研究都产生了重大的影响。譬如社会科学文献出版社 2007 年出版的张丰乾著《出土文献与文子公案》一书,就是通过考察竹简《文子》、传世本《文子》及《淮南子》等材料,从而明确了《文子》的撰作年代和主题思想等。总之,简帛文献必将对中国哲学、文学、历史、军事、医学、宗教等学科的发展产生巨大的推进作用。如历次陆续出土的数术、方技等文献,尤其引人注目,合计 28 种,别本 4 种(其中,长沙马王堆简帛 15 种、湖北江陵张家山竹简 11 种,其他 6 种),见表 5 - 7。[①] 这些医籍的出土,揭开了封存地下的医学宝藏,对中医学及其学术史的研究产生了深远的影响。

不唯如此,新发现的简牍还有其艺术价值,这也早已为人注意,如湖

[①] 资料源自:马继兴《全国各地出土的秦汉以前医药文化资源》,见《出土亡佚古医籍研究》,中医古籍出版社 2005 年版,第 1—36 页;顾漫《中医古籍整理与学术传承》,博士学位论文,中国中医科学院,2007 年,第 39—40 页。

北美术出版社 2009 年版《简牍帛书书法字典》，含字头 2860 多个、图片 2 万余件。丛书则如湖北美术出版社 2002 年版《简牍书法艺术精粹》，选收张家山汉墓竹简、郭店楚墓竹简、凤凰山汉墓简牍、睡虎地秦墓竹简等。重庆出版社的《中国简牍书法系列》，2008 年版包括内蒙古居延汉简、甘肃宝塔汉简、甘肃天水秦简、甘肃武威汉简，2010 年版则包括湖南长沙三国吴简、湖南里耶秦简等。

表 5-7　　历年出土医药方技类简帛文献及分类

类别 种数	书名	出土地
医经 8 种 别本 4 种	《足臂十一脉灸经》	湖南长沙马王堆
	《阴阳十一脉灸经》甲本	湖南长沙马王堆
	《阴阳十一脉灸经》乙本	湖南长沙马王堆
	《阴阳十一脉灸经》丙本	湖北江陵张家山
	《脉法》甲本	湖南长沙马王堆
	《脉法》乙本	湖北江陵张家山
	《阴阳脉死候》甲本	湖南长沙马王堆
	《阴阳脉死候》乙本	湖北江陵张家山
	《病候》	湖北江陵张家山
	《六痛》	湖北江陵张家山
	《四时养生法》	湖北江陵张家山
	《病源说》	湖北江陵张家山
经方 5 种	《五十二病方》	湖南长沙马王堆
	《治百病方》	甘肃武威旱滩坡
	《万物》	安徽阜阳双古堆
	《病方》	湖北荆州周家台
	《美食方》	湖南沅陵虎溪山
房中 5 种	《养生方》	湖南长沙马王堆
	《杂疗方》	湖南长沙马王堆
	《天下至道谈》	湖南长沙马王堆
	《十问》	湖南长沙马王堆
	《合阴阳》	湖南长沙马王堆

续表

类别 种数	书名	出土地
神仙 10 种	《却谷食气》	湖南长沙马王堆
	《导引图》	湖南长沙马王堆
	《胎产书》	湖南长沙马王堆
	《杂禁方》	湖南长沙马王堆
	《导引九法》	湖北江陵张家山
	《导引三十二法》	湖北江陵张家山
	《四十八病导引》	湖北江陵张家山
	《导引之效》	湖北江陵张家山
	《行气》	安徽省阜阳双古堆
	《彭祖》	上海博物馆藏楚简

第四节　敦煌文献的整理出版

敦煌位于中国河西走廊西端，是"丝绸之路"通往西域各国的交通要道。受印度佛教文化的影响，东晋以后，佛教徒开始在敦煌凿窟造像，到了唐代，莫高窟已经凿有上千个内有壁画佛像的石窟，即"千佛洞"。至宋代初期，建窟造像绵延 700 多年。大约公元 11 世纪，大量的经卷、文书、绘画、法器等被集中在一个洞窟的复室里封存。清光绪二十六年五月廿六日（1900 年 6 月 22 日），此复室被发现，洞中所藏的 5 万多件经卷和抄本书籍，就是著名的藏经洞遗书（亦称敦煌遗书）。自从发现后，这批珍贵文书就遭到各国探险队的掠夺，大量流失国外。据《敦煌吐鲁番文献集成》（上海古籍出版社 1991—2005 年出版），国外收藏 3/4，国内残存约 1/4，中国国家图书馆藏 1.6 万余号敦煌遗书。

中国学者罗振玉开启了敦煌遗书整理研究的先导，先后成书《敦煌石室遗书》《敦煌石室记》《石室秘录》《鸣沙石室古佚书》《鸣沙石室佚书续编》《鸣沙石室古籍丛残》《敦煌石室碎金》等，进行校读，撰写题跋；并以写本校勘古代典籍，完成《敦煌古写本毛诗校记》《南华真经残卷校记》《抱朴子残卷校记》《列子残卷校记》《道德经考异》《老子考异补遗》等。王国维重视敦煌遗书的学术价值，据唐写本考订唐初职官、瀚海军设立的时间及唐前期实行的均田制，取得突出成绩。罗振玉与王国维一起，为敦煌遗书的整理研究奠定了良好的基础。之后，王重民搜集、复制、整理分藏在英法的敦煌卷子，成书《伯希和劫经录》《巴黎敦煌残卷叙录》《敦煌古籍馀录》等。加上陈垣《敦煌劫馀录》、向达《伦敦所藏敦煌卷子经眼录》等书，这样，敦煌遗书的重要部分都得到著录，并逐渐形成"敦煌学"。

"敦煌学"是由陈寅恪先生在20世纪30年代初期提出的，经过十年创业，而初具规模。50年代和60年代前期，成绩较为显著，表现在文物考古工作的展开、敦煌文献资源的调查与整理出版，以及人才培养、学术机构设置等方面。十年浩劫也中断了敦煌学的继续发展。1978年以后重新得到重视，并有极大的发展，1983年，"中国敦煌吐鲁番学会"成立，季羡林为会长，标志着敦煌学迈进新的发展阶段。一项重要的整理成果就是中国社会科学院历史研究所、中国敦煌吐鲁番学会"敦煌古文献"编委会、英国国家图书馆、英国伦敦大学亚非学院合作编辑的《英藏敦煌文献（汉文佛经以外部分）》，将伦敦藏敦煌汉文文献（非佛教）全部据原件拍摄，重新定名，1990年起，由四川人民出版社出齐全部15册。[①] 随着敦煌遗书搜集的日益丰富，敦煌文献、敦煌史地、敦煌艺术等方面的整理研究稳步进行。

一 敦煌遗书的搜集、整理与出版

敦煌遗书以纸质卷子为主，多数为手写本，也有少量罕见的雕印本。卷子所涉及的年代，起于北魏，止于宋初，大多未见于史志著录，其中，宗教典籍约占80%，世俗文献占20%；对于研究中国魏晋至唐宋时期的政治、经济、文化、文学、艺术、宗教、历史地理等都有重要的资料价值。目前敦煌文献的整理出版出现了一系列大部头的著作，为学术研究提供了一批基础性的文献。

（1）上海古籍出版社在敦煌遗书的整理出版方面起步比较早、用力甚勤。通过拍照、复制等方式搜求流失于国外的敦煌文献并加以整理出版，

[①] 赵和平：《敦煌学的世纪回顾与展望》，《北京理工大学学报》（社会科学版）2000年第2期，第13—16页。

第五章 出土文献与新的文献类型的整理出版

同时又和国内收藏敦煌文献的单位合作编辑出版,以《敦煌吐鲁番文献集成》丛刊著名。

敦煌藏经洞遗书发现后,俄国"探险家"鄂登堡搜购发掘大量写卷与文献残本,总数达18000多件,现藏于俄罗斯科学院东方研究所圣彼得堡分所。1990年,上海古籍出版社与其签订协议,和俄罗斯科学出版社东方文学部一起合作编纂、影印出版全部俄藏敦煌文献,陆续出版《俄罗斯科学院东方研究所圣彼德堡分所藏敦煌文献》,简称《俄藏敦煌文献》,1992—2001年出版全17册。上海古籍出版社还与俄罗斯国立艾尔米塔什博物馆合编出版《俄藏敦煌艺术品》,1997—2005年出版全6册。与法国国家图书馆合作出版《法藏敦煌西域文献》,将伯希和所劫敦煌文献据原件拍摄,1994—2005年出版全34册。

国内所藏部分,上海古籍出版社与上海博物馆合作出版《上海博物馆藏敦煌吐鲁番文献》2册,1993年版;与北京大学图书馆合作出版《北京大学藏敦煌文献》2册,1995年版;与天津市艺术博物馆合作出版《天津市艺术博物馆藏敦煌文献》全7册,1996—1998年版;与上海图书馆合作出版《上海图书馆藏敦煌吐鲁番文献》全4册,1999年版。以上七种书均收入《敦煌吐鲁番文献集成》。

上海古籍出版社2000年还出版了《敦煌汉文文书》,2006年又与法国国家图书馆、西北民族大学合作,出版了《法国国家图书馆藏敦煌藏文文献》(2册),特精装。2011—2020年,与西北民族大学、英国国家图书馆合作,编辑出版《英国国家图书馆藏敦煌西域藏文文献》共14卷。

(2)国家图书馆出版社(原书目文献出版社、北京图书馆出版社)整理出版其馆藏敦煌文献不遗余力。国内的敦煌遗书以国家图书馆所藏最多,总共编号16579件。2005年,由任继愈先生主编,该社开始出版《国家图书馆藏敦煌遗书》,至2013年,影印出版达146册。各册除图版之外,有总目、条记目录及新旧编号对照表;各册按馆藏编号收录全部图版,如第1册包括馆藏编号1—71号、第2册收72—134号、第3册为135—200号,其余不复举例。早先,国家图书馆还编有《中国国家图书馆藏敦煌遗书》(共7册),也是由任继愈主编,江苏古籍出版社1999—2001年出版。

国家图书馆出版社1986年出版的《敦煌社会经济文献真迹释录》,资料是从国家图书馆、大英博物馆、巴黎图书馆及有关单位所藏敦煌文书的缩微胶卷中选出。该社在 2007—2009 年出版的《国家图书馆敦煌研究资料丛刊》收录四种书，由申国美、李德范各自分编，或者合编。其一是《中国散藏敦煌文献分类目录》，收录国内 32 个单位所收藏的敦煌文献 2400 多种，比较完整地反映了国内散藏的部分。其二是《王重民向达所摄敦煌西域文献照片合集》，收录王重民、向达先生在法、英、德等地拍摄的流落于海外的敦煌西域文献，共含有 1400 余种、11000 余张老照片，这是斯坦因、伯希和所劫敦煌文献中的精华部分。其三是《敦煌西域文献旧照片合校》，将王重民、向达先生所摄的敦煌西域文献的照片与《英藏敦煌文献》《法藏敦煌文献》《甘肃藏敦煌文献》等已出版的资料进行对比。其四是《英藏法藏敦煌遗书研究按号索引》，汇集有关研究敦煌遗书的数据 10 万余条，按遗书的编号排列。

国家图书馆出版社还注意整理出版以往的相关著述，如 2000 年版《敦煌资料丛编三种》，线装 1 函 5 册，收录《敦煌零拾》《流沙访古记》《敦煌石室遗书》等 3 种丛书所含有关敦煌文献或论述 30 余种；2004 年出版罗振玉辑撰《鸣沙石室佚书正续编》；2010 年版《敦煌书目题跋辑刊》3 册，收录《敦煌新出唐写本提要》《敦煌劫馀录》等 16 种敦煌目录题跋，多为民国时期的敦煌学研究成果。

（3）其他出版社比较重要的整理成果。社会科学文献出版社 2001—2018 年版《英藏敦煌社会历史文献释录》1—15 卷（册），收录英国国家图书馆收藏的汉文敦煌社会历史文献写本 1087 号 1259 件文书。每件文书包括标题、释文、说明、校记、参考文献等项。属国家社科基金重大招标项目"英藏敦煌社会历史文献整理与研究"。此套书对这些古代手写本全部按号释录成通行的繁体字，与以往的影印不同，这是国内首次开始大规模对敦煌文献进行排印，其难度不言自明。

按收藏地出版的，除上文所述之外，如甘肃人民出版社 1999 年版《甘肃藏敦煌文献》6 册，收录甘肃各地所藏约 4000 张图版；浙江教育出版社 2000 年版《浙藏敦煌文献》，收录浙江省所藏敦煌文献 200 余件；中国书店出版社 2007 年版《中国书店藏敦煌文献》，收录近百种店藏敦煌文献资料，400 余张图片，并附文字说明。

按门类出版的，如作家出版社 2006 年版张锡厚主编《全敦煌诗 敦煌

第五章　出土文献与新的文献类型的整理出版

遗书藏诗歌写本真迹选辑》全20册，汇集并重新勘校了敦煌遗书中的全部诗歌。中华书局2008年版张涌泉主编《敦煌经部文献合集》全11册，收录敦煌文献中汉文翻译佛经以外部分，按四部分类法编排，分"群经类"和"小学类"两部分。

（4）敦煌吐鲁番文书的整理出版。20世纪初，在新疆吐鲁番地区发掘了大量的西汉以来墓葬中的纸质文书，50—70年代，科学发掘十余次，出土了一大批文物和近万件文书。1975年底，国家文物局组建"吐鲁番文书整理组"，专门负责整理研究这批文书。整理成果是文物出版社出版的《吐鲁番出土文书》，一是"图版本"，1981—1991年影印10册，国家文物局古文献研究室、新疆维吾尔自治区博物馆、武汉大学历史系等单位合编；① 二是"图文对照本"，1992—1996年版，全4册，唐长孺主编，中国文物研究所等编。2007年，文物出版社的《吐鲁番柏孜克里克石窟出土汉文佛教典籍》，收录了清理柏孜克里克千佛洞崖前横土和部分洞窟所获的典籍。

20世纪80年代以来，在新疆吐鲁番棉花厂墓地以及吐鲁番各地陆续有新发现，连同其他收集、捐赠的吐鲁番文书，总数在500件以上。中华书局2008年出版《新获吐鲁番出土文献》2册，多加整理收录，并进行释读。

与敦煌遗书一样，吐鲁番文书也多有流失海外的，相关的整理作品如江西人民出版社1996年版荣新江著《海外敦煌吐鲁番文献知见录》，以及武汉大学出版社的《吐鲁番文书总目》，分"日本收藏卷"（2005年版）、"欧美收藏卷"（2007年版），分别搜集整理收录日本、欧美等海外关于吐鲁番文书的文献资料。

二　各类敦煌遗书的整理出版

敦煌遗书的内容非常丰富，几乎涉及当时中国社会学术文化的各个方面，除了大量的佛教典籍，就是世俗文献。主要类型大致有：（1）宗教文献，以佛经居多；（2）古韵书和字书；（3）文学类，绝大多数是唐、五代及宋初的作品；（4）敦煌史地资料；（5）古代科技类，如数学、工艺、

---

① 按：2017年，"图版本"复由新疆文化出版社出版为7册。

水利等；（6）古代医药文献。其他的有关政治、经济、军事、贸易、账册、函状、民俗、音乐、舞蹈、曲艺、书画、建筑、中西交通、占卜书等文献不胜枚举。

就江苏古籍出版社1996—1998年版《敦煌文献分类录校丛刊》的类别来看，收书有《敦煌赋汇》《敦煌天文历法文献辑校》《敦煌佛教经录辑校》《敦煌社邑文书辑校》《敦煌表状笺启书仪辑校》《敦煌〈论语集解〉校证》《敦煌变文讲经文因缘辑校》《敦煌本禅籍录校》《敦煌契约文书辑校》《敦煌医药文献辑校》等，可见内容十分广泛。再如，甘肃人民出版社及其所属各出版社致力于整理、出版敦煌艺术、敦煌史地及敦煌遗书，我们统计其1950—2000年这一区间出版的敦煌类图书，多达190余种，已自成体系，可分六类说明。

（1）敦煌艺术类42种，有《敦煌莫高窟》（1957年）、《敦煌石窟艺术》（1979年）、《敦煌壁画故事》（1981年第1辑，1984年第2辑，1995年第3辑）、《敦煌壁画连环画故事》（5种，1984年）、《敦煌艺术丛书》（全16册，1986年）、《敦煌石窟鉴赏丛书》（1990年第1辑10册，1992年第2辑10册，1995年第3辑10册）、《敦煌壁画白描精萃丛书》（6种，1996年）等。

（2）敦煌遗书类51种，敦煌遗书含文学、音乐、舞蹈、书法等，文学类又有僧诗、变文、传奇、说唱、曲子词、俗赋、碑铭赞之分。举例如张澍《续敦煌实录》（1985年）、吴福熙《敦煌残卷〈古文尚书〉校注》（1992年），王震亚《敦煌残卷争讼文牒集释》（1993年）、伏俊连《敦煌赋校注》（1994年），以及《甘肃藏敦煌文献》（6册，1999年）等。

（3）敦煌史地及遗留文化类32种，如郑炳林《敦煌地理文书汇辑校注》（1989年）、汪泛舟编《敦煌古代儿童课本》（2000年）等。

（4）翻译类20种，如许传德辑《白话六祖坛经》（1992年）、张弘强编《敦煌脐密梦谈》（1994年）、黄布凡与马德译《敦煌藏文吐蕃史文献译注》（2000年）等。

（5）研究文献及理论类17种，如《敦煌本〈佛说十三经〉校录研究》（1989年）、《敦煌僧诗校辑》（1994年）等。

（6）综合类28种，如《敦煌文献丛书》《敦煌文化系列丛书》等。

敦煌遗书中的文学作品较多，如王梵志的白话诗写本约有30个，新

第五章　出土文献与新的文献类型的整理出版

中国成立以来据此进行整理，1983 年有中华书局、中州书画出版社的同名书《王梵志诗校辑》；1991 年上海古籍出版社出版项楚著《王梵志诗校注》，2010 年版增订本，收入《中国古典文学丛书》；1999 年有春风文艺出版社《王梵志诗》，张锡厚校辑。又如敦煌曲子词，有王重民辑《敦煌曲子词集》，商务印书馆 1950 年版、1986 年版，张剑的《敦煌曲子词百首译注》，敦煌文艺出版社 1991 年版。任二北（半塘）对敦煌歌辞的收集用力较多，上海文艺联合出版社 1955 年版《敦煌曲校录》，收敦煌曲词 545 首，上海古籍出版社 1987 年版《敦煌歌辞总编》，收录敦煌各类歌辞 1200 余首，2006 年版收入《任半塘文集》。之后有项楚《敦煌歌辞总编匡补》，巴蜀书社 2000 年版。关于敦煌唐人诗集，先后有高嵩撰《敦煌唐人诗集残卷考释》，宁夏人民出版社 1982 年版；徐俊纂辑《敦煌诗集残卷辑考》，中华书局 2000 年版。关于敦煌僧诗的辑录，甘肃人民出版社 1994 年版汪泛舟校注《敦煌僧诗校辑》。关于敦煌本《文心雕龙》残卷，上海书店出版社于 1988 年、1991 年出版《敦煌遗书刘子残卷集录》《敦煌遗书文心雕龙残卷集校》，皆为林其锬、陈凤金合作编校。

敦煌文学类中数量最多的是俗文学作品，除传奇、说唱、俗赋以外，留存有《降魔变文》《伍子胥变文》《张议潮变文》等，学术界对变文的整理甚多，如上海出版公司 1954 年版周绍良《敦煌变文汇录》、人民文学出版社 1957 年版王重民等编《敦煌变文集》上下集、北京大学出版社 1989 年版《敦煌变文集补编》、岳麓书社 1990 年版郭在贻等编《敦煌变文集校议》。中华书局出版两种，黄征、张涌泉《敦煌变文校注》1997 年版，项楚《敦煌变文选注》2006 年增订本。

敦煌遗书其他各类的出版数量不等，如佛经较多，有上海古籍出版社 1993 年版《敦煌新本六祖坛经》、文物出版社 1997 年版《敦煌写本坛经原本》、山西古籍出版社 1999 年版《敦煌坛经合校简注》、宗教文化出版社 2011 年版《敦煌新本六祖坛经》等，另有综合性的《敦煌密宗文献集成》2000 年版、《敦煌写经残片》2006 年版。其他如棋类、韵书、医书、地志等皆有相应的作品，各举一例，蜀蓉棋艺出版社 1990 年版《敦煌棋经笺证》、浙江古籍出版社 1990 年版《瀛涯敦煌韵书卷子考释》、贵州人民出版社 1988 年版《敦煌医粹》、中华书局 2007 年版《敦煌石室地志残卷考释》。

关于敦煌遗书，还出版有为数众多的工具书性质的作品或资料集，书目索引类如《敦煌遗书总目索引》，商务印书馆1962年初版，中华书局1983年新一版；又有敦煌研究院编《敦煌遗书总目索引新编》《敦煌石窟内容总录》，分别是中华书局2000年版、文物出版社1996年版。叙录类如商务印书馆1958年版王重民著《敦煌古籍叙录》、浙江古籍出版社1992年版《敦煌碎金》、上海古籍出版社1996年版《敦煌遗书叙录》、中华书局2006年版《敦煌经籍叙录》。专门编录国外所藏的有上海古籍出版社1999年版《俄藏敦煌汉文写卷叙录》、宗教文化出版社2000年版《英国图书馆藏敦煌遗书目录》。资料集如中华书局1961年版《敦煌资料第一辑》，以北京图书馆所藏敦煌写经及其他单位的胶片、照片等为资料源，分类编排。

敦煌文献中的艺术类则另当别论，按其出版的品类，首先是敦煌壁画类，1952—1956年，荣宝斋出版社《敦煌壁画选》1—4辑；1957—1959年，中国古典艺术出版社的丛书《敦煌艺术画库》按时代编为11种；1963年，文物出版社的《敦煌壁画》分12集，每集10张；1989年，辽宁美术出版社、天津人民美术出版社合作出版《中国敦煌壁画全集·敦煌》，按朝代分卷共11册；2000年，上海人民出版社的《敦煌石窟全集》按类编排，收录画卷6册；2010年，重庆出版社《西域绘画·敦煌藏经洞流失海外的绘画作品》系列，共10辑。

其次为敦煌书法类，如广东人民出版社1993年版《法藏敦煌书苑精华》全8册，辽宁美术出版社2000年版《敦煌写本书法精选系列》全20册，西泠印社2002年版《敦煌书法精品选》系列，中国书店出版社2009年版《中国书店藏敦煌写经丛帖》。此外有印集，如钱默君、张济华编《敦煌印集》，兰州大学出版社1989年版。其他艺术类如《敦煌丝绸艺术全集 英藏卷》，东华大学出版社2007年版。

近百年来，尤其是20世纪90年代以后，敦煌遗书得到了较为系统的整理，许多大型丛刊的出版为学术界供应了大批新的文献资料，遂引动了敦煌研究热。且如2005—2007年民族出版社的《敦煌学研究文库》，包括《敦煌写本解梦书校录研究》《敦煌佛儒道相关医书释要》《敦煌写本宅经葬书校注》《敦煌写本宅经校录研究》《敦煌写本类书〈励忠节钞〉研究》等书。其他如中华书局1989年版刘俊文著《敦煌吐鲁番唐代法制文书考

第五章　出土文献与新的文献类型的整理出版

释》、上海音乐学院出版社2005年版陈应时著《敦煌乐谱解译辨证》、甘肃人民出版社2009年版杨宝玉著《敦煌本佛教灵验记校注并研究》，以及上海古籍出版社2010年版《邓文宽敦煌天文历法考察》等，有对敦煌遗书本身的校注、考释、探究，但更多的是将敦煌遗书用以各学科、各专业领域的研究，连同整理成果，无一不丰富了敦煌学的内容。

以上对新中国成立以来中国甲骨文献、金石文献、简帛文献、敦煌文献的整理出版进行了系统的梳理，间亦述及出土或发现情况，可见这数十年来整理之勤，用力之多，成果之丰，成绩极为突出，作为学术研究的基础性资料，这些新文献、新材料弥补了传世文献之阙，或可作校勘之资，或可补其不足，因其时代久远，且多未加扰动，以其资料的原始性而对中国学术研究产生着巨大的推动作用和影响。

除了以上各类文献，还出土有陶文等类，相关整理出版成果附列于此。陶文不断出土面世，也进入学人整理研究的视野，如清人陈介祺的《簠斋论陶》（文物出版社2004年版）、朱琰《陶说》（山东画报出版社2010年版）、陈浏《匋雅》（金城出版社2011年版）等一系列撰著。北京图书馆出版社2005年版、2009年版《历代陶文研究资料选刊》及《续编》，各3册，收录清代以来学者有关陶文、砖文的研究资料。关于陶文汇编之作，中华书局1990年出版高明等编《古陶文汇编》及《古陶文字征》；天津人民美术出版社2004年版《南越陶文录》汇编岭南传世和近年出土的陶文，以及潘六如、蔡哲夫研究南越陶文的稿本；齐鲁书社2006年版王恩田编《陶文图录》全6册，收录出土陶文的拓片12000余片，每件拓片均标出其出土地点，并尽可能进行识读，可谓这方面的集大成之作。在此书及相关图书之后，有徐在国编著的《新出齐陶文图录》全8册、《新出古陶文图录》上下册，分别为学苑出版社2014年版、安徽大学出版社2018年版，弥补了此前诸作之不足。

第六章　中国古籍整理出版的发展与国家行动

《国务院办公厅关于进一步加强古籍保护工作的意见》（国办发〔2007〕6号）："十一五"期间，大力实施"中华古籍保护计划"和"十一五"国家古籍整理重点图书出版规划。对全国公共图书馆、博物馆和教育、宗教、民族、文物等系统的古籍收藏和保护状况进行全面普查，建立中华古籍联合目录和古籍数字资源库；实现古籍分级保护，建立《国家珍贵古籍名录》；完成一批古籍书库的标准化建设，命名"全国古籍重点保护单位"；加强古籍修复工作，培养一批具有较高水平的古籍保护专业人员。通过努力，逐步形成完善的古籍保护工作体系，使我国古籍得到全面保护。

——中国新闻网2007年3月1日

新中国成立以来的古籍整理出版取得了巨大的成就，但这只占现存古籍的很小比例，还有大量的有价值、有出版必要的品种等着去挖掘。然而，随着社会的日益信息化、现代化，古籍读者群呈现出日益缩小的趋势，古籍读者仅限于专业研究者的趋向越来越明显，加之古籍出版在学术上的难度相对较高，对于专业古籍出版社来说，既要注重出版的社会效益，又要考虑到经济效益，所以面临着两难选择。中国古籍整理出版的进一步发展，专业古籍出版社如何走出困境，直接关系到古籍出版的前景，事关重大。要做好这项事关千秋的工作，古籍整理出版就要在更高层次上运行，本身就应视为一种国家行为或行动。

第六章　中国古籍整理出版的发展与国家行动　○●○

第一节　中国古籍出版的质量问题

新中国成立以来，古籍出版事业取得了辉煌的业绩，抢救整理了大量的古典文献，对弘扬祖国文化遗产、保存古代典籍为功尤巨。然而出于各种原因，古籍出版还存在一些缺失，一分为二地看，无外乎"质"与"量"两个方面。就"质"而言，指古籍的质量，有些新出古籍存在失校误标、乱点乱编、错注乱注等问题；古籍今译问题更多，如错译误译、漏译乱译、错字别字等；还有的校勘方法不规范，体例前后不统一，编辑章法不伦不类，有的没有考证版本源流，亦无前言、后记的版本介绍或点校说明，目录也不列出相关调查研究的参考书目，有的竟不加选择，而以劣本出版，有的选题情趣不高，致使格调低下的读物一度泛滥，均造成相当恶劣的社会影响，贻害学林。就"量"而言之，突出表现为低水平重复出版现象十分严重，实在是出版资源的极大浪费；同一整理课题同时获得多种出版基金资助也是不合理的；某些部类内还存在着出书结构失调的现象。总结古籍出版中存在的问题，是为了提出有针对性的方法与对策，而不是否定已经取得的巨大成就。①

一　新出古籍的校注问题

中国古籍流传既久，便存在"脱"、"衍"、"倒"、"误"等方面的讹误，对此予以纠正，并恢复原本的面目就需要进行校勘，即审定古籍版本，比勘章节异同，审定正文真伪，对误字、时间、地点、人名、讹脱、异说等进行考证校正。古籍注释是加注说明古籍中字、词、音义训诂、有关人物情况，以及背景典故等，可分为词义、章句、义理、史传、音义等体例，且各自有其章法。

校勘、注释古书，最见学者的功力（学力、学养等）和治学态度。汉唐以来，中国文献学史上，以校勘、注释名家者如贾逵、马融、郑玄、孔颖达、贾公彦、李善、司马贞、张守节等人，无不功力深厚，态度严谨。至清代，考据之学大盛，更涌现出如卢文弨、戴震、钱大昕、段玉裁、黄丕烈、

---

①　黄义侠：《50多年来我国古籍出版的质量问题》，《出版科学》2006年第3期。

215

顾广圻、俞樾以及王念孙、王引之父子等大家，他们博涉多通，或经或史，均有名作传世，方法精当细密。读书治学与校书也多有关涉，如清人王鸣盛云："尝谓好著书不如多读书，欲读书必先精校书，校之未精而遽读，恐读亦多误矣。"① 叶德辉在其《藏书十约》"校勘七"说："书不校勘，不如不读。"由此可见校勘的作用重大，很不一般，书不经校勘而出版为害甚多，而现代出版的一些古籍新印本，有的就没有校勘，有的虽然校过，但校而不精，该校的不校，以致错误百出。20世纪90年代以来，虽然校书、注书的人员有所增多，但校勘方法不当者亦甚有之（按：校勘方法的失误在于，有些点校本中，除少量采用"理校法"外，大多数采用的是"他校法"；注释方面则显得没有章法，从而影响了古籍出版质量）。以下参考有关学者对新出古籍校注、标点的研究，以列举案例的形式说明这个问题。

案例一，中华书局版的古籍新印本，一向为人称道，在学界享有一定的盛誉，却也有其不完美之处。即使著名的中华书局本"二十四史"出版后，还有许多学者发现其较多的失误之处。表现为，往往有多人对某一部史书进行研究，如周国林著文探讨《三国志》点校本（1982年版）专名号的问题，其中"人名类"列举人名误标与漏标共8例、体例不一5例，"地名类"列举地名误标与体例不一共13例，"朝代族名类"体例不一10例；② 王柯校《三国志》又得标点疑问多达221例。③ 又如，高振铎研究《魏书》多年，发文两篇，一篇得误处70例，一篇得29例，暴露了《魏书》点校的谬误颇多。另一个现象是某学者对其中几部史书进行重校，如周俊勋通过对《史记》《汉书》的相关部分比勘，得出存在着词语理解错误、句意混淆、缺字脱字等问题，并认为致误的原因有六种，即因不明词语、句意、地理、官制、史实、历法而误。④ 其他史书也存在着诸多问题，这就不难理解中华书局为何在2006年4月启动点校本"二十四史"及《清史稿》的修订工程。自2013年新修订本《史记》出版后，《旧五代史》《新五代史》《辽史》《魏书》《南齐书》《宋书》的修订本陆续面世。到2019年，点校本《隋书》修订本出版，至今已修订八部正史，无疑是

---

① （清）王鸣盛：《十七史商榷》，上海书店出版社2005年版，卷首"自序"。
② 周国林：《〈三国志〉点校本专名号问题》，《古籍整理研究学刊》1994年第2期。
③ 王柯：《〈三国志〉标点拾误》，《古籍整理研究学刊》1998年第3、4期。
④ 周俊勋：《〈史记〉〈汉书〉校读札记》，《古籍整理研究学刊》2000年第2期。

第六章　中国古籍整理出版的发展与国家行动

中外学术界的福音。

中华书局版其他古籍的失误也常为人发现并指出,如董志翘在其一篇文章中谈了 5 种中华版古籍的标点问题,即 1979 年版《朝野佥载》有 4 处,1981 年版《酉阳杂俎》有 2 处,1983 年版《独异志》共 4 处,1984 年版《五灯会元》共 7 处,1985 年版《西京杂记》有 2 处。① 董志翘还对 1992 年版《高僧传》进行校勘,除了时贤言及的失误,他又得失校、误点共计 44 例。② 对于中华版《揅经室集》(1993 年),王章涛指出的问题是底本选择不佳、未用多种版本互校和与其他书籍对校、不该删减部分附图,点校方面的失误则表现在,当属上而属下、当属下而属上、当断而不断、不当断而断、专名号误、字误等,统共 44 条。③ 又如,熊清元举正中华版 1988 年田瑞娟点校本《学林》凡 23 条,④ 刘永海指出中华版点校本《化书》的漏校多达 130 余处、误校也有 20 多处。⑤ 综上,在学术界有一定影响的中华版古籍也存在着各类问题(又比如 2021 年 12 月 30 日,中华书局通过其微信公众号发表"致读者书",就其 2019 年版《梁佩兰集校注》中出现的错误向公众道歉,并提出了善后方案),所以,从出版社整体来说,特别是专业古籍出版社都有提高古籍出版质量的必要。

案例二,中国古籍中集部数量最大,新印本自然为最,而存在的问题也与此相应,突出表现在古典戏曲、小说的出版方面,这里主要指排印本。即使是为人看重的诗文集,校注问题也不少,如熊清元曾研究《曹植集校注》(人民文学出版社 1986 年版),举出"失校"例、"误校"例、"疑所不当疑"例、"误释词语"例、"误注词语出处"例等多种。⑥ 他还勘校《汉唐方志辑佚》(北京图书馆出版社 1997 年版),举其误处达 44 例(《古籍研究》2000 年第 3 期)。

案例三,曾主陶曾对吉林人民出版社 1995 年版《简体字本二十六史》中的《旧五代史》进行研究,认为该书以百衲本为底本,简体横排,装帧

---

① 董志翘:《中华版古籍标点献疑》,《古籍整理研究学刊》1991 年第 1 期。
② 董志翘:《〈高僧传〉校点商榷》,《古籍整理研究学刊》1999 年第 1 期。按:实为 43 例。
③ 王章涛:《〈揅经室集〉点校本辨误》,《古籍整理出版情况简报》1997 年第 5 期。
④ 熊清元:《〈学林〉点校遗误举正》,《古籍研究》2000 年第 1 期。
⑤ 刘永海:《中华书局点校本〈化书〉商榷》,《古籍研究》2000 年第 3 期。
⑥ 熊清元:《〈曹植集校注〉商兑》,《古籍整理研究学刊》1997 年第 1 期。

精美，是其优点；同时指出点校马虎，编辑草率，并举例归纳出断句、标点、体例、文字等方面的错误，指出吉林本多以中华书局本的校勘成果改百衲本之误而不作说明；百衲本正确而中华本有失校之处，吉林本依中华本反而错改，以讹传讹。① 如果在出版前能对百衲本、中华本的不同之处认真研究，也不至于出现这种问题。

案例四，对于不同出版社所出版的同一种书而不同的点校本进行比勘举例，如吴金华、季忠平研究《建康实录》，以中华书局1986年版张忱石的点校本与上海古籍出版社1987年版孟昭庚的点校本参校对照，列举出"史误宜注"、"讹文宜改"、"脱文宜补"、"衍文宜删"、"倒文当乙"、"断句不当割裂词语"、"不明语词所属文句错乱"和"叙事误为记言"八例，误处共计32。② 又如，顾易生研究《阮籍集》，对勘上海古籍出版社1978年版李志钧校点本、中华书局1987年版陈伯君校注本，得出问题有"不明语法例"、"不明用典例"、"误拆连绵词例"、"不明文例例"、"不明文意例"和"失韵例"凡11条。③

案例五，对于影印本采取迷信态度。以为影印本没有错误，后出本子多不加甄别地以影印本为底本，贻害无穷。如1955年人民卫生出版社影印明代杨继洲原著、靳贤重编的《针灸大成》一书，采取拼版的形式，即拼凑明刊本（明万历二十九年）、重修本（清顺治十四年）、递修本（清康熙三十七年）等，却在书前写着依据明刊。此影印本错误较多，而后出的各种本子一再以这个影印本作为点校的蓝本，它们的版本特征也与此影印本同，正因此而谬种遗传。这样的例子随处可见，足以看出古籍整理出版中校注、标点等方面的问题颇多。

以上仅就新出古籍校注中的问题举例说明，告诫我们做校注时要慎之又慎，实际上，人们最不能容忍的是古籍校注中的抄袭行为，不认真下功夫去做而剽窃他人校注成果，无视学术道德，有失学术节操。一个案例是合肥工业大学出版社2013年12月出版的《〈因话录〉校笺》，整理者为安徽师范大学黎泽潮教授。被举报涉嫌大规模、低水平抄袭鲁明《〈因话录〉

---

① 曾主陶：《吉林版〈旧五代史〉指误》，《古籍整理出版情况简报》2000年第1期。
② 吴金华、季忠平：《〈建康实录〉校议》，《古籍研究》2000年第3期。
③ 顾易生：《〈阮籍集〉校点札记》，《古籍整理研究学刊》1996年第2期。

第六章 中国古籍整理出版的发展与国家行动

研究》（复旦大学 2010 年硕士学位论文）。资助该书校笺项目的全国高校古籍整理研究工作委员会委托两位资深专家进行鉴定。结论是：《〈因话录〉校笺》存在抄袭问题，违背学术规范。专家鉴定指出："黎书校记部分与鲁明论文校记的区别，主要是写法上略有不同，其内容实质大多数仍是袭自鲁明。与《校笺说明》中的公然抄袭相比，这种有意抄袭而又泯灭痕迹的做法，实际上更为恶劣。"①

二 古籍今译的质量问题

古籍出版质量问题还表现在古籍白话今译方面。古籍今译是沟通古代语言与现代汉语的中介，是古籍整理和普及的重要手段之一，其基本原则应遵从"信"、"达"、"雅"，这三条标准是严复当时翻译《天演论》时提出的，显然是针对中外文翻译而言的，他说："译事三难：信、达、雅。求其信已大难矣，顾信矣不达，虽译犹不译也，则达尚焉。……《易》曰：'修辞立诚。'子曰：'辞达而已。''言之无文，行之不远。'三者乃文章正轨，亦即为译事楷模。故信、达而外，求其尔雅。"② 这三则如作重新解释，移作古汉语之翻译亦具有适用性。"信"，是要做到忠实原作，不能背离其宗旨；"达"，则明白晓畅，文从字顺；"雅"，是说译文要讲究文采，给人以阅读的美感。其实古籍翻译，古已有之，如西汉司马迁撰《史记》，引用前代典籍或古代史料，在语言上的处理各不相同，对于遥远的《尚书》，他进行彻底的译写；而对《左传》《国语》等有很多改动；对于和他时代最接近的《战国策》主要是剪裁，有时也大段抄录。到后来东汉班固撰《汉书》，对《史记》的引用，在语言上的处理也是如此。

关于古籍今译，早在 1981 年 4 月，陈云同志关于整理我国古籍问题谈话的讲话指示："整理古籍，为了让更多的人看得懂，仅作标点、注释、校勘、训诂还不够，要有今译，争取做到能读报纸的人多数都能看懂。有了今译，年轻人看得懂，觉得有意思，才会有兴趣去阅读。今译要经过选

---

① 杜羽：《黎泽潮〈《因话录》校笺〉抄袭》，《光明日报》2015 年 1 月 6 日第 9 版。
② ［英］赫胥黎：《天演论》，（清）严复译，商务印书馆 1982 年版，"译《天演论》例言"。

择，要列出一个精选的古籍今译的目录，不要贪多。"① 十分明确地指出实施古籍今译的必要性、重要性，以及操作指南、注意问题等，具有非凡的现实指导意义。古籍今译的目的是帮助读者准确理解而不是代替原作，因为无论译文有多么好、质量有多么高，其价值，毕竟不能与古籍原作相提并论。1986 年，周谷城先生在《史记》白文本序中提到，"白话译本决不能保证百分之百与正文相符"，这已指出了古文翻译势必与原文有出入。关于古籍今译，学术界还存在两种极端的看法，一种意见是主张废译文而读原籍，另一种观点是重译文而轻原籍，二者偏颇都较大，均不可取。因为对于那些文言文水平不太高而又想读古文献、古代作品的读者来说，没有白话本是不行的；再说，白话本作为一种翻译文体、作为一种学习方法，必然有其存在的合理性，比如好的译本能够帮助读者阅读文言作品，理解古籍的基本意义。所以从根本上来说，古籍今译应当忠实于底本，出版前应认真细致地研究原文本义；切忌按字面意思牵强附会，彻底剔除误译、误注、误解等不良习气。

是不是要把全部古籍都译成白文，已出版的白话译本的真实状况又是什么，这是出版者首先应该考察研究的问题。1994 年 3—4 月间，新闻出版署曾聘请了中华书局、人民文学出版社、文物出版社、北京古籍出版社的古籍专业人员组成检查小组，对内蒙古人民出版社等 9 家出版社的 9 种古籍今译图书进行了随机质量检查（按：每种抽查 10 万字左右），其检查的结果是，9 种古籍的今译作品"硬伤"差错率平均为万分之 6.305，最低的也达到万分之 3.125，而最高的竟为万分之 9.126，全部为不合格品。需要说明的是，这次对 9 家出版社及其各自的图书品种的检查是随机的，随机抽查的结果也竟如此，不得不说古籍今译的质量实在是令人担忧。又如，巴蜀书社 1995 年出版的《唐伯虎全集白话全译》，据研究，注释失当之处可列举为：与原意相悖、不知用典、误解字义、不识异体字，另外还有错别字、误标点、漏字、名实不符等错误。②

---

① 陈云：《整理古籍是继承祖国文化遗产的一项重要工作》（1981 年 4 月），《陈云文选》第 3 卷，人民出版社 1995 年版，第 289 页。按：1981 年 9 月 17 日，中共中央书记处依据陈云同志的意见，以中共中央的名义下发第 37 号文件《关于整理我国古籍的指示》。

② 王宁章、王毓骅：《评〈唐伯虎全集白话全译〉》，《古籍整理出版情况简报》2000 年第 7 期。

第六章　中国古籍整理出版的发展与国家行动　○●○

分析古籍今译的质量问题，可以归结为四个方面：其一，译文有误，表现为错译误译（讹文）、多译（衍文）、漏译（脱文）等；其二，编校有错，表现为错字、别字、误标点等；其三，编排方法不规范，体例不统一，不严格依据底本，又未作校语；其四，随意性较大，违背文献校勘常识，如以《史记》的文字删改《战国策》，正如清人张之洞所说，"空谈臆说，望文生义，即或有理，亦所谓郢书燕说耳"（《輏轩语·语学》）。另外，还有正文与引文、前后所引书名、注文与译文、封面与护封内封版权页字体都存在不一致的地方。以上这些失误，究其原因主要还是译者学力不够，古代汉语、现代汉语功夫均不过关，文史哲基本修养欠缺；最怕的是态度不严谨，不认真不细致，又不勤于查阅资料；再加上20世纪90年代初期的古籍今译热推波助澜，使得某些出版者以营利为目的，抢市场，快译快出，所以致误在所难免，质量低劣的译本充斥市场。

当然，也不能因此而否定实绩，今译诸作中较好的白文本却也委实不少。如中华书局《中国古典名著译注丛书》就是一套由名家注释并今译的读本，其中所收书有的已成经典，多次再版或重印。杨伯峻译注《论语》《孟子》《春秋左传》、胡平生译注《孝经》、周振甫译注《周易》《诗经》等，皆广采前贤、今人见解，译文流畅，注释简明并有考证。有的译本还善用考古资料，如陈鼓应《老子注译及评介》与李零《吴孙子发微》就分别用到马王堆帛书与银雀山汉简。

三　选题情趣问题

虽然说古籍整理出版应当在一个平和而开放的氛围中进行，为读者提供高质量的"精神食粮"，但由于存在一些复杂的社会因素，新编出版物还出现选题方面的问题。通俗性、普及性的古籍且不说，选题情趣不当主要表现在文学类古籍的古旧小说出版方面。1992年，新闻出版署制定的《关于调整部分选题管理规定的通知》（新出图字〔1992〕第1109号）规定："凡我署核定的出版范围中有文学图书的出版社可按一般选题管理程序出版。古旧小说中确有文学价值、可供学术研究工作参考，但有较多性描写内容、不适合青少年阅读的，仍需专题报我署审批。"该《通知》对古旧小说选题的放开，旨在为学术研究和推广有价值的古典小说的流传。然而，这一良好动机和愿望却被个别营利者利用，无论是禁止的，还是放开的,只要能赚钱,都会出版的,尤其对那些禁止的选题好像更感兴趣。在古典小说出版热的背后,存在着质量低劣与重复出版等问题。在一段时间内,古籍图书市场上的确充斥着艳情、阴阳星象、帝王后妃传记之类的图书,这是出版社选题策划所致,而更有非法出版推波助澜。不可否认,我们今天面对的古籍中的确是精华与糟粕鱼龙混杂,出版者如果受经济利益的驱动,见利忘义,不加选择,难免会忘其本应承担的社会责任,而一味迎合市场,出版一些格调低下的读物。例如,曾经为满足一些文学研究者的需要,《金瓶梅》被批准限量出版发行,但此禁一开,市场则乱,有正式出版的,更有非法盗印的,还有那些将只有淫秽内容的也冠以"足本"、"珍稀本"或"孤本"的,一概推向图书市场,引起了不良的社会影响。又如关于历朝皇室、后宫的奇闻异趣,是因为某些读者的猎奇心态或猎艳心理,还是出版者有这样的出版倾向,这类读物便不断涌现,仅如2007年出版的就有《康熙后妃子女传稿》《宫闱秘史 帝王身边的女人们》《大清后宫秘史》《大清奇案冤案 悲大清十二朝怨鬼冤魂》《中国帝王秘闻轶事》《大清未解之谜》等书。又如2009年出版的题名为《汉宫秘史》《隋宫秘史》《唐宫秘史》《宋宫秘史》《元宫秘史》《明宫秘史》一套书,2010年出版的《皇室奇案传23个皇室离奇之说》等,均属此类,而且还堂而皇之地宣称"不但激发读者的猎奇心理",更具有"现代启示录"的思考。

就书名而言,也出现诸多令人费解的,如2007年版《历史的心机》署名宋代张预著,2011年版《贵州名胜志研究》署名明代曹学佺著,都是不可理解的,而且还认为这是"开创一代古籍整理、校释的新规范"。又如"经"在中国古代有着崇高的地位,而现代某些出版物动辄以"经"为书名,命名其书,乍一看像是古籍读物,其实不然,让人哑然失笑。广东科技出版社1981—1990年陆续推出《食经》第1—5辑,其间还有1985年版第1—3辑的合订本。据其"出版说明":第1辑收入《羊城晚报》副刊《晚会》1980年2月至8月刊出的"食经"专栏文章42篇;第2辑收入该副刊1980年9月至1981年6月刊出的"食经"专栏文章54篇;第3辑收入该副刊1981年7月至1983年6月在广州出版的报刊发表的食谱和讨论烹调技艺的文章。[①] 可知,撰稿者多为从事饮食行业的当代人士。此

---

① 广东科技出版社编辑:《食经》(1—3辑合订本),广东科技出版社1985年版,"出版说明"。

且不说，中国纺织出版社 2006 年版《食经》，收录元明清著名饮食文化的专著《随园食单》《闲情偶寄·饮馔部》《养小录》《饮食须知》，赫然题名作者为清袁枚等著，袁枚何曾有《食经》一书？又如上海书店出版社 2010 年版《鬼话》，从《列异传》《幽明录》《搜神记》《述异记》《玄怪录》《夷坚志》等古代有关鬼怪的书中遴选出五六十则故事，编为一册，书名《鬼话》，署名李梦生编注，倒是可以理解的。再如岳麓书社 2004 年版的《诗疗馆丛书》5 册，前 4 册每册选收 120 首诗歌，书名为《古诗》《唐诗》《宋词》《元曲》《植物》，但其每册所配的副标题让人感觉不适，分别是"我的能量补给"、"我的灵魂伴侣"、"我的忧郁抗体"、"我的压力解药"及"我的精神导师"，虽然有现代气息，虽然起点题作用，但毕竟不能形成一一对应的关系。比如说《古诗》是"我的能量补给"，难道唐诗、宋词、元曲等册就不是能量补给？余亦如此。再说，《植物》这一书名，与前四个不搭，显得不伦不类。

对于某些古代典籍，尤其是一些古典名著，不知出于何种动机，往往被乱编乱造，鲁莽灭裂，以致同一部书就出现白文版、缩略本、改编本、普及本、新世纪普及版、升级版、学生版等名目，可见版本泛滥，古典四大名著、"二十五史"、《史记》、《资治通鉴》等都没能逃脱此厄运。2006 年出版的署名明代施耐庵著《水浒群英传》，副书名"江湖版"，又有何意义？还有一种情况是，一部古籍，为同一人校注，如清代童岳荐编撰《调鼎集》，校注本副书名却不同，如"筵席菜肴编"1988 年、"酒茶点心编"1991 年、"清代食谱大观"2006 年等。

四　低水平重复出版现象

20 世纪 80 年代以来，随着国家形势的不断好转，古籍整理出版事业逐步走向繁荣，但随之而来的古籍重复出版现象，也达到了令人吃惊的地步。业界普遍认为"古籍无版权"，于是出现专业古籍出版社和非专业出版社群集古籍出版领域、争吃"祖宗饭"的现象。[①] 古籍出版涉及各个门类，文学类出版品种最多，重复出版现象最为严重，尤其是古典小说名著、通俗与艳情小说、古典诗词戏曲、著名作家文集随笔，表现得更为突

---

① 阎京萌：《四大古典名著：出版社争吃的祖宗饭》，《出版发行研究》1997 年第 1 期。

出。历史类的正史、编年史、杂史，哲学类的先秦诸子和易类，医学类的经典如《黄帝内经》《金匮要略》《神农本草经》《伤寒论》《千金翼方》《寿世保元》等都曾被大批量地重复炮制。重复出版会产生许多负面影响，如出版资源的极大浪费、劣质版本的流布损害读者利益、不正当竞争等。专业古籍出版社的职责就是出版古籍整理的成果，当古籍图书市场出现繁荣时，其他非专业出版社也纷纷染指，加进来角逐，而当市场冷落时，他们自然又都离此而去，但专业古籍出版社却没有更多的选择余地。这种"冷热现象"，一方面把专业古籍出版社带入难堪之境地，另一方面则加速了某些热门古籍的频度更高的重复出版。最引人瞩目的，就是古典文学四大名著《红楼梦》《三国演义》《水浒传》《西游记》的批量出版，有所谓"家家西游，社社红楼"，① 这里通过统计数据分析古籍重复出版的具体表现，由此也可推知其他图书。

（1）版本数量惊人，粗略统计，自1950年至2011年（除少年版、彩绘本、改写本、简写本、缩编本、改编本、注音本、白话本、汉英对照本等），出版的《红楼梦》版本共260多个，《三国演义》240多个版本，《水浒传》《西游记》也都超过220个，可见版本数量相当惊人。而从时间段来看，《红楼梦》版本，1949—1977年15个，1978—1993年27个，1994—1996年39个，1997—2011年共180多个，其余三部与此类似，从中可见1997年以来是重复出版的高峰期。

（2）涉及的出版社数量众多，出版四大名著的出版社有如文艺社、古籍社、文学社、综合社等。1985年以前，四大名著的标点排印本基本上只由人民文学出版社一家承担，此后，少数专业古籍社如中华书局、岳麓书社、上海古籍出版社、黄山书社等参与进来，也都力求做出自己的版本特色。如上海古籍出版社的会评会注本《三国演义》、内蒙古人民出版社的毛宗岗批点

---

① 按：康华《关于国学经典普及出版的几点思考》，《出版发行研究》2014年第7期。此文作者时任海燕出版社副总编辑，从八个方面谈及如何做好国学经典的普及出版，带有一定的普遍性，其要点摘录于此。（1）对国学经典要存有足够的敬畏之心；（2）对国学经典的普及和出版要有理性的态度；（3）要牢固树立国学经典普及出版的精品意识；（4）要掌握正确的方向采取正确的方法；（5）要在满足读者需求上下功夫；（6）要在出版形式上求创新；（7）合适作者的选择至关重要；（8）普及读物必须要有一个合理的定价（天价书背离全民阅读、普及出版的路线本质，也令经典本身应该传递的价值趋向蒙羞）。

第六章　中国古籍整理出版的发展与国家行动

本《三国演义》。但从 1991 年后，则是急剧膨胀。1992 年，新闻出版署对古典小说出版的选题管理进行了调整，下放部分古典小说出书的审批权，但却造成"一放就乱"的局面。据阎京萌统计，1978—1996 年上半年，出版《三国演义》《水浒传》《西游记》的出版社分别有 38 家、25 家、23 家。除了古籍出版社，从中央到地方的各类出版社都来切分这块蛋糕，四大名著版本、印数剧增。笔者统计 1949—2011 年，出版《红楼梦》的出版社 150 多家，出过其余三部的出版社也都在 130 家以上。

（3）各种各样的版本形式纷然出现，名目繁多，除了为数众多的普通本，还有精装本、袖珍本、豪华本、豪华珍藏本、豪华大字珍藏本、绘画本、插图本、绣像本、名家评点本、评点本、选评本、节选本，有影印本、点校本、校订本、标点本、白话本、全译本、全注全译本、文白对照本、文白对照全译本等类。① 同类图书充斥市场，不但造成编印资源的浪费，也使图书质量大打折扣。

（4）各版的印数蔚为大观。据阎京萌统计，1992 年以前的初版《红楼梦》一次印数均在 1 万部（册）以上者，最高印数为人民文学出版社 1982 年版的 435000 部；1993 年以后，印数多在五六千到一二万之间，最高印数为 26000 部，系齐鲁书社 1994 年版。《三国演义》1991 年以前初版一次印数多在万部（册）以上，最高印数为长江文艺出版社 1981 年版的 25 万部；1992 年后仍有 2/3 的初版一次印到万部（册）以上，最高印数为 7 万多册（人民文学出版社 1992 年版），其余 1/3 在 3000—10000 部（册）之间。《水浒传》初版一次印数多在 3000 到几万部（册）之间，最高印数为 67000 册（三秦出版社 1992 年版）。《西游记》1992 年以前初版一次印数多在 2 万册以上，最高为长江文艺出版社 1981 年版的 30 万册，1994 年以后多在 3000—20000 之间。②

（5）四大名著除重复制作的单行本大量出现外，收入各种丛书的屡见不鲜。仅 1997 年以后，收入丛书成套推出的四大名著达 120 多套，除了《四大名著》《中国古典长篇小说四大名著》《中国古典文学四大名著》，常用的丛书名如《中国古典名著》《中国古代文学名著点评丛书》《中国

---

① 王育红：《从四大名著看古籍重复出版》，《光明日报》2006 年 7 月 26 日第 10 版。
② 阎京萌：《四大古典名著：出版社争吃的祖宗饭》，《出版发行研究》1997 年第 1 期。

古典文学名著丛书》《中国古典小说名著丛书》《中国古典名著系列》《中国古典文学名著精选》《中国古典文学普及读本》等，大同小异。重复出版还表现在同一出版社所出的丛书，比如某出版社 2004 年将四大名著分别收入其《古典名著文库：迎奥运纪念版》（2 版）、《金榜之路系列丛书》《中国古典文学普及读本》三套丛书，2005 年 2 版《语文新课标必读丛书》又重复收录。又如，某出版社 2002 年版《中国古典四大名著》、2003 年版《古典名著文库》《青少年素质教育必读·春蕾卷》、2005 年版《足本珍藏版》四套丛书亦皆收入四大名著。

此外，四大名著不同版本书价也大不相同，从几元到上千元不等，以早期的版本来说，如《红楼梦》最低价钱为 3.45 元（人民文学出版社 1979 年版，山东人民出版社 1980 年版），而最高价钱达 1500 元，系荣宝斋出版社 1995 年版，函套装。

由以上统计数字和分析可见四大名著重版率之高、重版数量之多、重版现象之惊人，而这在其他古籍新印本中也是普遍存在的。究其原因，最主要的一条是：古典名著市场需求量大，而且有现成的底本，底本又无版权，对众多策划创意能力不足、缺少出版资源的出版社来说，这是捷径。

其次，从管理的角度来看，尤其是 2000 年之前，古籍出版存在各自为政、缺乏统筹之失，一些出版社甚至非出版单位，以经济利益为驱动，追求盈利，急于出书，草率行事，不管已出了哪些，也不管已出了多少，只要市场销路好，只要有钱可赚，就大批量地进行生产。其结果是各种版本大同小异，相互因袭，甚至后来出的还达不到先前出版的版本水平。对此，原中国出版集团总裁杨牧之先生曾建议成立一个评议审定小组，请专家学者对已经出版的古籍进行评议，确定"善本"，最终形成古籍整理图书"善本"目录，以古籍领导小组的名义公布，以此引导、规范古籍出版，不失为一条良策。

再次，20 世纪 90 年代，"国学热"又一次在中国大地上兴起，传统典籍备受青睐，于是古籍出版出现一系列"鉴赏热"、"白译热"、"翻印热"、"黄金版热"、"收藏版热"等，伴随着出版热，也造成大量的重复出版。如 1991—2000 年的 10 年间，《资治通鉴》约有 60 个版本，涉及 40 多家出版社。

最后，一些出版单位，为了方便省事，采用影印的手段出版古籍，也

第六章　中国古籍整理出版的发展与国家行动　○●○

造成了大量的重复出版；不仅如此，有些不负责任的则违背影印常规，既不认真选择底本，也不加些微校勘，即行影印。例如，学术界已公认中华书局点校本"二十四史"是质量最好的新版本，然而在此中华本之后，一些出版社却大量影印错误较多、没有整理过的清代乾隆武英殿刊本等，实在是令人费解。

由以上例证可见，古籍的重复出版现象十分严重，虽然如此，但也不能因此而就否认其中也有质量较高的本子，而且数量可观。如1982年人民文学出版社的《红楼梦》，将传世的10种抄本同乾隆、嘉庆、道光年间的4种刻本加以对照排比，择善而从，成为目前最好的本子。① 又如，2000年作家出版社的《脂砚斋重评石头记甲戌校本》是20世纪被发现的11种脂评本的最早版本的首次出版、发行，研究价值尤高（按：原本存于美国），此本与2001年版《脂砚斋重评石头记庚辰校本》《蒙古王府本石头记校本》均列入该社《红楼梦脂评校本丛书》之中。

以上主要从"新出古籍的校注"、"古籍今译的质量"、"选题情趣问题"、"低水平重复出版"四个方面阐述了1949年以来古籍整理出版中存在的问题，而其中有些问题似乎成了痼疾，长久以来得不到妥善的处理和比较有针对性的解决。2018年，时任教育部全国高校古委会秘书长、北京大学中文系杨忠教授撰文，对古籍整理出版中的相关问题总结道："目前古籍整理研究和出版工作还面临着不少困难和问题，比如，某些古籍整理成果质量不高，甚至错得离谱，重要古籍的深度整理还做得不够。再如，古籍整理成果中有过多重复，浪费了人力财力，不仅有项目的过多重复，还有一些大型丛书引用资料大量重复，或将古籍资料不断地排列组合。近些年，海外汉籍的复制与出版成了热门，大家一哄而上，一些项目对国内已有成果不甚了解，极易造成重复、浪费。"② 很显然，整理出版的古籍是为了利用的，或可传之后世，既然还存在诸多问题，那么，无论哪个目的都不可能达到。所以要深刻反思、总结近70年来的古籍整理出版，正视问题，加强管理，最重要的是端正人心。

---

① 杨牧之：《古籍出版中的几个问题》（上），《中国出版》1991年第3期。
② 杨忠：《古文献专业与新中国古籍整理事业60年》，《中华读书报》2018年9月19日第13版。

第二节　中国古籍出版的数字化

古籍的电子出版已取得一定成就，随着古籍扫描、识别与制作技术的不断优化以及网络技术的不断发展，在网络上推出数字化古籍（善本），使传统古籍出版走向网络出版已成为现实，其优越性是传统出版所无法比拟的。古籍出版作为我国出版业的必要组成部分，遇到了难逢的好时机，在网络时代，古籍出版大有可为。随之而来的如何处理古籍数字化出版与传统古籍出版的关系等问题也提上日程，值得思考。

一　中国古籍数字化的历程

中国古籍电子出版（古籍数字化）已经取得了一定的成就，其努力可追溯到1992年国家古籍整理出版规划领导小组制定的《中国古籍整理出版十年规划和"八五"计划》，其中确定的两项任务之一就是扩大整理基本典籍输入微机工作的试点，最好搞出能够发行的古籍电子版。1994年，修订了1987年国家标准局颁发的GB 3792.7—87《古籍著录规则》，基本与国际MARC格式衔接，是建设统一的古籍书目数据库的著录标准。1996年3月14日，颁布的中、日、韩三国ISO 10646大字符集，收录20902个汉字作为国际标准化汉字字符集，其中包括了6763个国标汉字（GB 2312—80《信息交换用汉字编码字符集·标准集》），这就解决了古籍数据库字库问题，为古籍书目数据库提供了必要条件。

中国传统文化的传承，尤其是古代典籍的后传，绝不能游离于现代科技的大发展之外，现代信息技术的飞速发展，计算机作为信息处理工具，可以支持处理单一文字和数据，以及声像、色彩、动画、图表等多媒体功能。储存介质的革命化进步，容量越来越大，速度越来越高，全社会每一个领域都在新技术的带动下走向进步，传统出版业，包括古籍出版也应以此为契机，从以电脑排版逐步发展为光盘版、网络版电子图书，进而向数字化、网络化在线版图书过渡，这种趋势是不可阻挡的，同时也可以使古籍出版与时代节奏合拍。新旧世纪之交，曾出现两套《四库全书》及《二十五史多媒体全文检索阅读系统》《古今图书集成》等光盘图书，以其精良清晰、方便快捷的检索系统打开了人们的眼界，将一种全新的古籍出版

第六章　中国古籍整理出版的发展与国家行动

方式呈现在人们的面前。这种挟带着高科技风暴冲击古籍出版的形式，原江苏古籍出版社马清江社长将其称为"致命的挑战"。① 王选先生曾说报业和印刷业经历过这么几次技术革新：第一次技术革新（1987—1993 年），"告别铅和火"；第二次技术革新（1991 年开始），"告别报纸传真机"；第三次技术革新（1992 年开始），"告别电子分色机"；第四次技术革新（1994 年初开始），"告别纸和笔"；第五次技术革新，"直接制排"。② 基本说明了这一趋势。

在网上推出数字化古籍善本，使传统古籍出版走向网络出版（又称在线出版 Online Publications），其优越性是传统出版无法比拟的，具体表现为，扩大出版市场、可缩短出版时间、强化出版商与古籍整理者的联系、价位低、阅读空间大、使出版与发行同步、节省出版资源等。网上数字化古籍可提供屏幕阅览、智能化网上浏览、书目及内容多途径检索、下载打印提供印刷出版、可远程全文传送、古籍善本的网上参考咨询以及制作多媒体等多方面的服务。还可利用超文本链接把古籍正文、校勘、参考文献等不同的文件相互连接起来用以研究。因此，数字化古籍善本的网络化服务可定位在"知识导航"这一层面，例如在查到的善本目录上直接点击即可打开页面，在页面上点击可任意放大页面，便于对批注、句读、印章等细微之处加以仔细的研究。此外，高分辨率的数字化图像非常逼真，视觉效果好。有线阅读逐渐普及后，传统出版机构不得不完全改变现有的经营模式，而变成一个提供在线阅读的站点。许多国际著名的出版社已开辟了网上站点，如大英百科全书公司将其 32 卷本的全书内容通过网站 Britannica.com 免费向网民提供。尽管前景非常诱人，但古籍数字化的难点也很多，首先，我国古籍的数量庞大，精选优选困难，这同样需要进行选题，必须精心选题，首选哪些学科的哪些古籍及其哪种版本进行数字化处理，应当统筹规划，避免撞车，以免浪费人力物力。如 1998 年至少出现 3 种光盘版《四库全书》，投资额度非常惊人，不得不说是人力物力等资源的极大浪费。其次，中文古籍数字化识别困难：（1）古籍用字的繁体与简体选择问题，如选繁体，电脑基本字库则需要扩张；（2）古籍中存在大量的

---

① 马清江：《致命的挑战》，《中国出版》2001 年第 1 期。
② 王选：《出版印刷业将迈向数字化网络时代》，《计算机世界》2000 年 1 月 3 日第 F7 版。

异体字，如説和説，偽和僞、刅有創、刱、剏等不同字形，鎌又写作鐮、鎌，历有歴、曆、厤、歷、歴等字体，此外还有一字多音、一字多义、通假字、讹错字、古隶化等；（3）古籍版面异常复杂，如文字直排、框线有粗有细、时隐时现，文字有大有小、页面有时含有图表等，都造成了识别的困难。①

好在经过多年探索，古籍数字化的技术难点得到初步解决，比如陆续研制出《四库全书》识别系统、汉王OCR新世纪专业版系统、超星图书数字化工厂系统等。以《四库全书》的识别为例，古籍数字化系统的实现方法，其系统流程图有二，一为总体流程图，一为识别子系统流程图。②OCR技术对单字的识别率和识别速度高，基本可以满足录入的要求，可利用扫描仪等设备对选定专题范围内的古籍逐页扫描。扫描的方法，一是将原书拆线分页，打开书页扫描，可获得完整的页面；二是不拆原书，将其前后相连的不同页面合而为一进行扫描，这样可保护善本，扫描速度快，但版心却被分割，得不到完整的页面。珍本、善本古籍属于国家文物范畴，是特殊类型的文献，保存的数量不多，以扫描的方式制作数字化图像时，要讲求质量，注意版本的纸色、墨迹、印章、圈点、批注、修版，以及虫蛀、水渍等痕迹，这些对研究者是非常重要的线索，必须做得丝毫不差。同时，扫描对善本原件会造成隐性损伤，所以，数字化图像要一次到位，要绝对避免善本原件的重复扫描。技术性问题的解决带来数字化古籍的发展。1995年以后，中国全国性的四大网络ChinaNET、GBNET、CSTNET、CERNET和八大专业网络建成，大大推进了网络发展，但当时存在着网上信息分散、使用不便、中文信息占有量不足1%等问题。到2000年，中国数图网（www.d-library.com.cn）开通，初步解决了这些问题，该网拥有多个资源库群，主要提供网上读书与检索、专题文献等服务。2000年8月，辽宁出版集团与秦通公司联手推出第一代中文电子图书及其阅读器"掌上书房"，并建设中国大规模的电子图书网站，生产高水平的电子图书，首批提供500种可下载的电子图书。

---

① 王育红：《未来古籍出版的对策与趋势分析》，《科技与出版》2002年第3期。
② 姜哲：《大型中文古籍四库全书自动版面分析系统》，《中文信息学报》2000年第1期，第2页。

第六章　中国古籍整理出版的发展与国家行动　　○●○

古籍专门网站"国学网"（www.guoxue.com）系尹小林先生创办，最初将他集十年心血构建的大型古籍文献数据库《国学宝典》中的重要数据制成网页上网，免费提供使用。2000年《国学宝典》收入近2000种3亿汉字的先秦至晚清文献，同时启动《太平御览》、唐宋笔记全集、禅宗典籍大全、数术大全、三通（《通典》《通志》《文献通考》）等工程；按计划每月录入800万至1000万字的古代文献。《国学宝典》出现后，经北京、上海、天津、广州等地数十个科研教学单位及港台、美国、日本等地数百位专家学者使用，反应良好，并给予了多方支持和很高的评价。经过20年持续不断的升级扩容，如今已建成"全球最大中国传统文化检索引擎"（下文详述）。21世纪以来，随着古籍数字化技术的日益成熟与网络的发达，古籍数据库及古籍全文检索系统越来越多，据张三夕、毛建军主编的《汉语古籍电子文献知见录》统计，已达100多种。品种丰富，而且不断增新，使用检索功能也愈加完善。

二　古籍数字化的初步成就

早期的数据库录入基本采用键盘输入方式，优点是录入的文字可编辑、检索、统计，但费时费力；而采取扫描录入，则能保持古籍原貌，方便省力，录入的文字同样可通过识读系统处理为可编辑文字。综合来看，古籍数字化方式可概括为四种：（1）完全图像方式，将古籍原版扫描成图像并存储在存储介质上（不能提供任何检索手段），用这种方法制作的称"全图像版"。（2）目录文本、正文图像方式，目录采用文本方式存储，正文部分与（1）同，并建立目录与正文之间的索引关系，可据目录提供的篇名、卷名、书名、大小标题、图表名称进行正文检索。这种版本称"标题检索版"。（3）全文本方式，将全书所有文字全部以文本方式存储，是真正意义上的数字化图书，可实现全文检索。这种版本称为"全文本版"。（4）全文图文对照方式，是（1）（3）的混合体，通过一一对应的切换，可以在"全文本版"中检索、阅读古籍，又可方便迅速地翻阅到当前文字在"全图像版"中所对应的位置。这种版本称"图文检索版"。[1]

---

[1]　高文、刘峰、黄铁军等：《数字图书馆——原理与技术实现》，清华大学出版社2000年版，第295—296页。

就目前所知见的情况来看,这四种数据化方式的古籍数据库不同程度地都存在着,亦各有利弊。如"全文本方式",因为是文本输入生成,对于古籍使用者、研究者,其录入文字有无误差,是否可靠都是问题,毕竟不如图像方式,最理想、最受欢迎的应是第四种,既可以看到原版,又能进行全文检索。笔者一直留意于古籍数字化,积累了不少这方面的资料,如曾将"国学网"截至2001年5月20日已上网和正在建设的经史子集四部古籍列目,参见表6-1(表中凡书名前带*号者为正在建设)。

表6-1 "国学网"2001年列目古籍(凡书名前带*号者为正在建设中)

分类		书名
经部	十三经	《周易》《尚书》《诗经》《周礼》《仪礼》《礼记》《春秋左传》《春秋公羊传》《春秋穀梁传》《论语》《孝经》《尔雅》《孟子》
史部	正史	《三家注史记》《汉书》《后汉书》《裴注三国志》《晋书》《宋书》《南齐书》《梁书》《陈书》《魏书》《北齐书》《隋书》《北史》《旧唐书》《新唐书》《旧五代史》《新五代史》《金史》《元史》《明史》《清史稿》 *《周书》 *《南史》 *《宋史》 *《辽史》
	编年	《资治通鉴》卷1—294 《续资治通鉴》卷1—220
子部	笔记	《归田录》 *《搜神记》《搜神后记》 *《古今注》 *《殷芸小说》 *《世说新语》 *《大业拾遗记》 *《武林旧事》 *《容斋随笔》 *《老学庵笔记》 *《梦溪笔谈》 *《东坡志林》 *《东京梦华录》 *《杂事秘辛》 *《南村辍耕录》 *《围炉夜话》 *《阅微草堂笔记》 *《日知录》 *《浮生六记》
	杂家	《山海经》《穆天子传》 *《传习录》 *《一贯问答》 *《齐民要术》 *《棋经》 *《金漳兰谱》 *《王氏兰谱》 *《洛阳牡丹记》 *《氾胜之书》 *《西京杂记》 *《三字经·千字文》 *《增广贤文》 *《乐府杂录》 *《茶经》 *《煎茶水记》 *《酒经》 *《养鱼经》 *《忍经》 *《忠经》 *《蒙求》 *《菜根谭》 *《了凡四训》 *《金人铭》 *《医学三字经》 *《素女经》 *《声律启蒙》 *《百家姓》
	佛典	*《圆觉经》 *《金刚经》 *《观无量寿经》《四十二章经》 *《维摩诘所说经》 *《心经》 *《六祖坛经》 *《楞严经》 *《禅林僧宝传》 *《五灯会元》《碧岩录》
	道典	《老子(道德经)》 *《庄子(南华真经)》 *《无能子》《化书》 *《阴符经兵书》 *《太平经》 *《云笈七签》 *《周易参同契》 *《修真演义》 *《太上感应篇》 *《既济真经》 *《北斗真经》 *《黄庭内景经》 *《黄庭外景经》 *《玉皇经》 *《六十甲子本命历》 *《海内十洲三岛记》 *《三元妙经》 *《阴骘文》 *《悟真篇》 *《月波洞中记》 *《人伦大统赋》 *《玉管照神局》 *《洞天福地记》 *《还原篇》 *《测字秘牒》

第六章 中国古籍整理出版的发展与国家行动

续表

分类		书名
子部	秦汉诸子	《老子》 *《庄子》 *《公孙龙子》《韩非子》《淮南子》《列子》 *《荀子》 *《孙子》《新书》《吕氏春秋》《论衡》《韩诗外传》 *《说苑》 *《管子》《新序》《春秋繁露》《盐铁论》《颜氏家训》 *《尹文子》 *《扬子法言》《晏子春秋》《慎子》《申鉴》《商君书》《新论》
	明清小说	《西游记（简体）》《西游记（繁体）》 *《水浒传》《三国演义》《红楼梦》 *《醒世恒言》 *《喻世明言》《警世通言》《拍案惊奇》 *《二刻拍案惊奇》《封神演义》 *《三遂平妖传》《聊斋志异》《儒林外史》《醒世姻缘传》 *《孽海花》《花月痕》《九命奇冤》《说唐》《绣鞋记》 *《海上花列传》《平山冷燕》《赛花铃》《玉梨魂》《狐狸缘全传》《情梦析》 *《老残游记》《侠义风月传》《九云记》《青楼梦》《风流悟》《女娲石》《醒名花》《明珠缘》《粉妆楼》《幻中游》《五美缘》《醋葫芦》 *《疗妒缘》《警寤钟》《玉蟾记》《珍珠舶》《梦中缘》《都是幻》 *《玉楼春》 *《浮生六记》
	香艳小说	
	兵书	*《孙子》《三十六计》 *《吴子》 *《尉缭子》 *《三略》《六韬》 *《司马法》《何博士备论》《素书》《鬼谷子》《风后握奇经》 *《十七史百将传》
	类书	《艺文类聚》
集部	楚辞	《离骚》《九歌》《天问》《九章》《远游》《卜居》《渔父》《九辩》《招魂》《大招》《惜誓》《招隐士》《七谏》《哀时命》《九怀》《九叹》《九思》
		《全唐诗》（扬州诗局本）卷1—900
	词曲	《全宋词》卷1—100　《乐府诗集》卷1—100
	历代诗话	*《诗式》《二十四诗品》 *《全唐诗话》《六一诗话》 *《温公续诗话》 *《中山诗话》《后山诗话》《临汉隐居诗话》《竹坡诗话》《紫微诗话》《彦周诗话》《石林诗话》《唐子西文录》《珊瑚钩诗话》《韵语阳秋》 *《二老堂诗话》《白石诗说》《沧浪诗话》《山房随笔》 *《诗法家数》 *《木天禁语》《谈艺录》《诗学禁脔》 *《艺圃撷余》 *《存余堂诗话》《夷白斋诗话》《历代诗话考索》《本事诗》《乐府古题要解》《诗人主客图》 *《风骚旨格》《观林诗话》《诚斋诗话》《庚溪诗话》《杜工部草堂诗话》《优古堂诗话》 *《艇斋诗话》《藏海诗话》 *《碧溪诗话》 *《对床夜语》《岁寒堂诗话》《江西诗派小序》 *《娱书堂诗话》《漳南诗话》《梅磵诗话》《吴礼部诗话》《诗谱》《升庵诗话》《艺苑卮言》《国雅品》《四溟诗话》《归田诗话》《逸老堂诗话》《南濠诗话》《麓堂诗话》《诗镜总论》《续诗品》《钝吟杂录》《答万季埜诗问》《薑斋诗话》

233

续表

分类		书名
集部	历代词话	
	词话丛编	*《时贤本事曲子集》 *《古今词话》 *《复雅歌词》 *《碧鸡漫志》 *《能改斋词话》 *《苕溪渔隐词话》 *《拙轩词话》 *《魏庆之词话》 *《浩然斋词话》 *《词源》 *《乐府指迷》 *《吴礼部词话》 *《词旨》 *《渚山堂词话》 *《艺苑卮言》 *《爰园词话》 *《窥词管见》 *《西河词话》 *《古今词论》 *《七颂堂词绎》 *《填词杂说》 *《远志斋词衷》 *《花草蒙拾》 *《皱水轩词筌》 *《金粟词话》 *《古今词话》 *《历代词话》 *《词洁辑评》 *《雨村词话》 *《西圃词说》 *《铜鼓书堂词话》 *《雕菰楼词话》 *《灵芬馆词话》 *《词综偶评》 *《戏鸥居词话》 *《张惠言论词》 *《介存斋论词杂著》 *《宋四家词选目录序论》 *《片玉山房词话》 *《词苑萃编》 *《本事词》 *《莲子居词话》 *《乐府余论》 *《填词浅说》 *《双砚斋词话》 *《问花楼词话》 *《词迳》 *《听秋声馆词话》 *《憩园词话》 *《雨华盦词话》 *《蓼园词评》 *《左庵词话》 *《南亭词话》 *《词学集成》 *《赌棋山庄词话》 *《蒿庵论词》 *《菌阁琐谈》 *《芬陀利室词话》 *《词概》 *《词坛丛话》 *《白雨斋词话》 *《复堂词话》 *《岁寒居词话》 *《论词随笔》 *《词微》 *《裦碧斋词话》 *《词论》 *《近词丛话》 *《词说》 *《湘绮楼评词》 *《饮冰室评词》 *《大鹤山人词话》 *《近代词人佚事》 *《声执》 *《彊村老人评词》 *《蕙风词话》 *《玉栖述雅》 *《卧庐词话》 *《小三吾亭词话》 *《忍古楼词话》 *《海绡翁说词稿》 *《粤词雅》 *《柯亭词论》
	文论	《文心雕龙（三、四校）》《诗品》 *《书谱》 *《笔势论》 *《永字八法》《林泉高致》 *《古画品录》《人间词话》《六一诗话》 *《风骚旨格》《二十四诗品》 *《薑斋诗话》《答万季埜诗问》《钝吟杂录》
	总集	*《全上古三代文·全秦文》 *《全汉文》 *《全后汉文》 *《全三国文》 *《全晋文》 *《全宋文》 *《全齐文》 *《全梁文》 *《全陈文》 *《全后魏文》 *《全北齐文》 *《全后周文》 *《全隋文》 *《先唐文》《楚辞》 *《全唐词》 *《元曲》《全唐诗》《文选》 *《太平广记》
	别集	*《古诗十九首》 *《曹操诗集》 *《千家诗》 *《宫词一百首》 *《东坡词选》

由上可见，国学网截至 2001 年 5 月 20 日上网古籍有：（1）经部书，《十三经》；（2）史部书，"二十五史"（除《周书》《南史》《宋史》《辽史》外）、《资治通鉴》、《续资治通鉴》等；（3）子部书，含《艺文类聚》等在内共计 36 种；（4）集部书，包括《楚辞》《全唐诗》《全宋词》《乐府诗集》《文选》等，以及古代文学理论著作共计 33 种。这与 20 年后"国学网"资源的丰富程度相比，则可见当时所占份额极其稀微，亦见其起始阶段的艰难，简直不可同日而语。

第六章 中国古籍整理出版的发展与国家行动

如今的"国学网"已然呈现出系列化态势,国学产品系列主要包含:(1)"国学宝典"(网络版);(2)"国学电子馆"(国学宝典金典版);(3)"中国历代基本典籍库"(含先秦两汉魏晋南北朝卷、隋唐五代卷、宋辽夏金元卷、明清卷);(4)"国学智能书库"(国学经典文库、国学备要、中国历代日记、近现代日记、古代小说典、中国历代笔记、中国历代碑帖精华、中国古代文学史、宋会要辑稿、通鉴全编、清稗类钞、全上古三代秦汉三国六朝文、全唐文、中国古代戏剧专辑、飞鸿堂印谱、古代文论典、国学精品图库、十三经注疏、二十六史、六十种曲、香艳丛书、崔东壁遗书等,以及八个专题智能书库);(5)"经典文库系列光盘"(国学备览、书法备览、绘画备览、兵学备览、蒙学备览、唐诗备览、宋词备览、元曲备览、篆刻备览、小说备览);(6)"国学图书出版"等。当然,最引人瞩目的还是《国学宝典》这套中华古籍全文检索系统,自1999年单机版V1.0升级至V9.0,从最初一千种书目的容量扩充至今6000多种书目的规模,它见证了中国古籍数字化的发展历程。于2003年12月先行推出局域网版,2005年2月推出互联网版,2010年升级版收书接近4000种,字数达8亿多字,可供全球数万用户使用;迄今收入先秦至民国的传世原典一万余种22万余卷,总字数逾22亿字,目前仍以每年1亿—2亿字的速度扩充。《国学宝典》分经、史、子、集、丛五大类,大类下分50个子类,其目录结构及所收书种数见表6-2。

表6-2　　　　"国学网"之国学宝典结构(2020年版)[①]

分类	子目及其所含古籍种数
经部	十三经(13),十三经注疏(13),易类(176),其他(90),纬书(61)
史部	正史(26),地理(106),别杂史等(116),目录(82)
子部	诸子(55),儒家(37),兵家(33),术数(33),医学(100),科技(155),书画(150),琴棋等(27),类书(7),杂家(27),蒙学(84),道家(183),释家(161),文言小说(56),通俗小说(177),隋以前笔记(61),隋唐笔记(106),宋元笔记(340),明代笔记(353),清代笔记(437),民国笔记(41)

---

① 资料来源:国学网国学宝典,www.guoxue.com;http://www.gxbd.com/(2021年6月)。

续表

分类	子目及其所含古籍种数
集部	总集（94），唐前别集（103），唐五代别集（89），北宋别集（117），南宋别集（295），辽金元别集（26），明代别集（60），清代别集（109），戏曲（192），文论（332）
丛书	崔东壁遗书（21）、香艳丛书（318）、茶书大全（107）、六十种曲（60）、盛明杂剧（61）、彊村丛书（197）、明词汇刊（267）、越南汉籍小说丛刊（34）、台湾丛书（60）

《国学宝典》是要建成一个包含所有重要中文古籍的全文电子数据库，收录历代经典名著、各学科基本文献，以及经过整理具有一定史料价值和研究价值的文献；底本选择标准是完整本而非选本或残本，母本或现存最早的版本及精校本，经整理的标点本。检索功能有全文检索（简繁体可转换）、标题检索、分类检索、专书检索、高级检索等；包括国学字典、人名词典、书名词典、帝王纪年等途径。借助于飞速发展的信息技术及数据库检索带来的巨大便利，新版《国学宝典》于 2022 年 2 月 22 日正式发布，"经过日复一日持续不断的充实和积累，终于成长到如今一万种书目的规模"（http：//www.guoxue.com/zt/gxbd2022/）。此外，《国学宝典》已于 2019 年推出以平板电脑为载体的"金典版"，内装国学原典 2020 部，超过 5 亿字；2020 年推出《国学宝典》APP，堪称网络版之兄弟版。

值得一提的是，《国学宝典》"丛书类"中列有"台湾丛书"，收书约 60 种。而收录台湾史料规模更大、最重要的学术工程则是《台湾文献丛刊》（从 1959 年 8 月至 1972 年 12 月在台湾陆续出版），收录 1949 年以前的台湾重要史籍共 309 种，分装 595 册，共计 4800 多万字。清华大学的《台湾文献丛刊》数据库可进行全文检索；[①] "国学导航"网站专题类列有《台湾文献丛刊》，目前收书 120 种（http：//www.guoxue123.com/tw/index.htm）。

利用计算机研制古籍电子检索系统，主要有河南大学历史系《宋人笔记检索系统》《南宋主要历史文献全文数据库》，四川大学古籍所《全宋文》资料检索系统，中国社会科学院文献研究所的"全唐诗全文检索系统"及《先秦汉魏晋南北朝诗》《全上古三代秦汉三国六朝文》《十三经》

---

① 台湾学术文献数据库（台湾华艺）（https：//lib.tsinghua.edu.cn/info/1184/3835.htm）。

第六章　中国古籍整理出版的发展与国家行动

《全唐文》检索系统，广西大学的《古今图书集成索引续编》，兰州大学的《朱子语类辑略》引得，山东社会科学院语文所的《论衡》逐词索引，深圳大学《红楼梦》多功能检索系统，[①] 以及北京大学《全唐诗》、上海师范大学《全宋词》、陕西师范大学《二十五史》、哈尔滨师范大学《史记》全文检索系统等，普遍具有阅读、检索、统计、排版、打印功能，可以快速、准确地为研究者提供古典资料，为古汉语研究、古籍辑佚、辨伪工作等提供了极大的便利。又如2000年9月，人民邮电出版社推出《二十五史多媒体全文检索阅读系统》，收录百衲本"二十四史"和关外二次本《清史稿》，包括图表的全部内容，以不同字号和颜色显示原文大小字体，配备简繁字异体字对照表、古代年表、年号表等常见工具，并附录许多有关校勘的资料。

1996年，新闻出版署特许北京希望电脑公司开发出版光盘，自此，光盘版古籍问世。1997年，超星数字图书馆（www.ssreader.com.cn）推出系列光盘，与古籍有关的有《中国文史资料光盘库》（第一期50张包含一千多种文史丛刊）、《中国明清史档案文献光盘库》（第一期18张）、《中华中医药文献光盘库》（100张包含19部类，多为古典文献）、《古今图书集成》（15张）。同年，加利华电子工程有限公司、人民文学出版社制作出版清编《唐诗三百首》光盘，附录每首诗的注释和作者简介、精美插图、背景画面及音乐。西安东森电子科技有限公司、西安交通大学出版社制作出版四大古典名著光盘。1998年，济南汇文科技开发中心研制、武汉大学出版社出版《文源阁〈四库全书〉原文电子版》（150张光盘），采用图像方式存储，保存了原书面貌，功能有标记注释、自行标记、缩微显示、剪裁打印、书目检索（只可按原书目录、书名、作者、作者朝代、盘号等检索）。商务印书馆国际有限公司制作电子版《百衲本二十四史》和《全唐诗》。1999年，广西金海湾电子音像出版社制作《古今图书集成》光盘版27张，再现了该书最初版本雍正六年武英殿铜活字本的风貌。[②] 2000年，上海人民出版社与香港迪志出版公司合作出版《四库全书》（171张）；北京书同文公司制作《四部丛刊》电子版。网络版古籍和光盘

[①] 陈洪澜：《中国古籍电子化发展趋势及其问题》，《中国典籍与文化》1998年第2期。
[②] 王育红：《建国50年来中国古籍出版之总成就》，《渭南师范学院学报》2002年第3期。

图书的出现，将古籍出版带入一个全新领域。此后著名的还如列为国家重点电子出版物"十五"规划项目的《中国基本古籍库》，收录典籍1万多种，陕西师范大学历史文化学院的《汉籍全文检索系统》收入文史哲古籍2000多种，北京爱如生数字化技术中心开发"中国方志库"、"中国类书库"、"中国丛书库"、"中国金石库"、"中国谱牒库"、"中国辞书库"和"敦煌文献库"等20多个数据库，北京时代瀚堂科技有限公司研制的《瀚堂典藏》古籍数据库，入库古籍已超过两万种。除了综合性收录的，各地图书馆发掘自己的馆藏特色，建立相应的数据库，如2015年湖北省图书馆的"家谱影像全文数据库"收录该馆藏明朝至现代的1400余部家谱。[①]

中国国家图书馆是全国古籍馆藏的重镇，在古籍数字化方面表现最为突出，建设有"善本古籍"、"数字方志"、"赵城金藏"、"宋人文集"、"甲骨世界"、"西夏文献"和"敦煌遗珍"等数据库。[②] 国家图书馆（国家古籍保护中心）积极建设"中华古籍数字资源库"的举措得到全国有关古籍收藏单位的响应，纷纷建设馆藏古籍数据库。国家古籍保护中心联合各单位定期发布古籍数字资源，到2019年11月的发布，累计在线古籍数字资源总数达2万多部。如2018年9月这一次，联合上海、天津、山东、南京、苏州等地14家图书馆共同在线发布古籍数字资源共8000多部，"这次古籍数字资源的联合在线发布与共建共享，标志着古籍服务开创出新模式，将有助于促进古籍的传播"[③]。

总的来看，社会信息化的日新月异和信息网络的突飞猛进必将把古籍出版业带到网络时代，一系列大型古籍数字化检索系统、专题古籍数据库信息量巨大、检索快捷，方便利用，深受学界欢迎。这就是未来古籍出版的方向和趋势。

第三节　中国古籍出版的国家行动（行为）

纵观新中国成立以来的古籍整理出版，在弘扬中华传统学术、保障国

[①] 曹旭峰：《湖北建家谱数据库》，中国新闻网（http://www.chinanews.com/cul/2015/07-29/7434063.shtml）。

[②] 参见中国国家图书馆网站（http://www.nlc.cn/dsb_zyyfw/gj/gjzyk/）。

[③] 王志艳：《国家图书馆联合14家单位在线发布八千余部古籍数字资源》，新华网（http://www.xinhuanet.com/politics/2018-09/28/c_129962921.htm）。

第六章 中国古籍整理出版的发展与国家行动

家文化遗产资源安全、保护古籍、利用古籍等方面都取得了巨大成就。同时，现代电子信息技术对古籍出版提出挑战，也为传统的古籍整理拓展出了全新的领域，在古籍保存、传播和使用上将发挥更大的作用。对于古籍整理出版这项事关千秋的伟业，国家政府历来都很重视，1983 年 3 月 15 日，陈云同志就曾批示："整理古籍是一件关系子孙后代的事情，国家应当给予支持。"又如 2008 年 3 月，国务院办公厅专门发文《关于进一步加强古籍保护工作的意见》（国办发〔2007〕6 号），并启动实施"中华古籍保护计划"，以"保护为主、抢救第一、合理利用、加强管理"为总方针，采取一系列行之有效之法，成就显著。2021 年 4 月，中宣部印发《中华优秀传统文化传承发展工程"十四五"重点项目规划》，在所确立的 23 个重点项目中，"中华文化资源普查工程"和"国家古籍保护及数字化工程"列为前两名。2018 年，在全国古籍整理出版规划领导小组成立六十周年座谈会上的发言中，杜泽逊先生指出："中国崛起需要国际化、信息化，没有古籍整理成果，中国文化遗产的大规模数字化就没有文本基础，中国文化的传播也就大大降低水平。"就此而言，古籍整理出版是"时代需求"、是"国家任务"。[①] 专业古籍出版社担负着揭示、弘扬中国古籍文献资源的崇高使命。未来的古籍出版，伴随着古籍数字化程度的加剧以及各类数据库的研发，应该在国家层面成为一种国家行为或行动，即由国家统筹、国家组织、国家下达出版任务，专业古籍出版社实施，这必将对古籍保护与出版、对中华文明的传承产生深远的影响。

一 形成国家古籍整理出版管理体系

古籍整理与出版作为一种国家行为（行动），越来越为人们所认可。因为随着时间的推移和时代的进步，数量十分有限的古籍越来越成为稀缺物品，特别是那些珍本、善本古籍，其文物价值日益显露。对于这些有限的、珍贵的文化遗产应该在国家高度、国家层面上给予充分的重视，目前国家对古籍的贮藏、保护已投入大量的资金与人力物力等，再加上古籍数据库建设力度、规模的不断强化，原版古籍的保存基本不成问题。但需要

[①] 杜羽：《斯文在兹——古籍小组与新中国古籍整理出版》，《光明日报》2019 年 12 月 11 日第 1 版。

指出的是古籍资源的利用，要进行深入的挖掘，除了影印古籍，点校整理、排印出版等方面仍有待于强化，应该在国家层面上进一步完善古籍整理出版管理体系。

（1）加强全国古籍整理出版规划领导小组的行政职能。该规划领导小组自成立以来对中国古籍整理出版的贡献是毋庸置疑的，需要进一步加强其行政职能；与之相应，明确各省、市、自治区有关古籍整理出版负责机构的职责，形成自上而下、比较完善的管理网络，直到县（区）一级。以此保障古籍资源的调研普查、搜集整理、成果出版，以及组织项目申报、古籍日常管理等项工作。

（2）将古籍整理、出版作为"国家任务"。国家组织人力进行调研，有计划有组织地展开整理工作，以此为"国家任务"，提升工作的荣誉感和使命感，可增强工作的自信度，以便更好、高质量地如期完成任务。古籍数量虽然有限，但需要增强整理的力度，计划数量每年都有所增加。古籍整理选题方面，将自发性与组织性相结合，由研究者的个人行为转变成政府组织的国家行动。

（3）提高古籍整理出版的地位。古籍出版方面尽管有五年规划项目或一些年度项目，但目前学术界非常看重的是国家社科基金项目，建议将古籍整理纳入国家社科基金项目以提高古籍整理的地位。国家社科基金项目除23个学科外，又单列教育学、艺术学、军事学三个学科，其项目的规划、申报、评审、管理、鉴定结项等工作分别由全国教育规划办公室、全国艺术规划办公室、全军哲学社会科学规划办公室负责办理。既然这三个学科可以单列，那么，古籍整理纳入此序列也并非不可能。如果成行的话，可大大促使整理者崇高的责任感。

（4）现存古籍的清理与搜集。我们在文献调研过程中，屡屡发现许多未加整理的古籍被束之高阁，尘封已久，而无人问津，这多发生在地市级或县级藏书机构；还有一种情形是，明明在馆藏目录上有其书，但就是找不着，管理不善，令人痛心。所以必须组织力量，彻底普查、清理全国古籍，摸清家底。其实这项工作在新旧世纪之交就已启动，皇皇26册的《中国古籍总目》即其成果（按套装经部2册、史部8册、子部7册、集部7册、丛部2册），收录现存中国古籍近20万种，中华书局、上海古籍出版社2009年陆续出版。人们多想弄清中国现存古籍的准确数字，这近

第六章　中国古籍整理出版的发展与国家行动

20 万种是否就是全部，还有待进一步搜集求证。

（5）完善奖惩制度。古籍已成文化遗产，对古籍的保护或损坏都要分别奖惩。而就整理出版来说，亦应如此。关于图书评奖，规格最高的是"中国出版政府奖"的子项"国家图书奖"；全国其他图书奖，与古籍有关的如中国图书奖、全国优秀音像制品奖、全国书籍装帧艺术展览评奖、中国韬奋出版奖、全国优秀中青年图书编辑奖、全国"百佳出版工作奖"、全国优秀电子出版物奖等。图书评奖，实际上起着出版向导的作用，一是评选出的质量高的好作品可为其他出版社提供成功的范例，一是出版社将注意力集中于获奖而采取各种措施提高质量，大家都如此，全社会图书出版质量就会大大提高，这是图书评奖的积极作用。另一方面，"创佳"、"评差"是一个整体的两个方面，创佳做到了，还要在评差方面加强力度，因为失败的作品教训更大、对其他出版社的警钟更响。此外，图书评奖还引起一些负面效应，如为了夺奖，赶制所谓的精品而忽视经济效益，经济效益要考虑，社会效益更要放在首位，因为专业古籍出版社本来就困难重重，所以必先权衡利弊而后行。说到这里，国家可运用行政手段使古籍出版社享有特定的保护政策，给专业古籍出版社提供一定的造血功能。

实际上，古籍整理与出版只是古籍工作的一小部分。2022 年 4 月，中共中央办公厅、国务院办公厅印发《关于推进新时代古籍工作的意见》，首次提出"古籍工作"这一概念，从国家层面上厘清了与古籍相关的各项工作的关系。首先是"完善古籍工作体系"，其次是"提升古籍工作质量"（包括古籍保护、整理出版、科学管理），再次是"加强古籍资源转化利用"及"强化古籍工作保障"。总之，《意见》为我国今后的古籍工作指明了方向，明确了任务。

二　营建社会氛围以提高古籍出版质量

如前所述，古籍重复出版造成的混乱已到了无以复加的地步，所以，除了对出版社自身的要求，营造一个提高古籍出版质量的社会氛围成为刻不容缓的大事。古籍整理出版虽然取得了巨大成就，但质量问题、重复出版等现象却如影随形，令人担忧。20 世纪 50—60 年代，影印或排印古籍，存在的问题主要是版本选择不当，有的不注明底本，有的不明文义、词义、字义而妄补、妄改、妄删，有的不经校注而只将原底本加以标点即行影印或重排。虽然说照搬原书版式或重新编排是忠实于底本，但没有改正底本固有的错误，这样出版的书很难说就是好本子。80—90年代，古籍出版事业呈现繁荣局面，影印、排印技术虽然大大改进，但随之而来的问题却是版面较多地经过人工处理美化，错字、脱文、妄改现象也未根除，再加上校勘不精，注释失当，翻译不通，以致错误百出，而使新印本失却其原貌，谬种流传。明代人的刻书风气最受后来学者的批评，一是校勘不精，一是逞臆妄改，以至于留下"明人好刻古书而古书亡"的恶名。① 这对于古籍整理出版质量当引以为鉴。当今的古籍整理出版更要以质量为至上。早在1990年12月召开的全国古籍整理出版工作会议上，杨牧之曾在讲话中提到，"切实提高质量，整理出版超过前人、无愧于后人的高水平的古籍整理图书"②。

古籍出版质量的提高不仅仅是出版社的事，全社会都应对此负责，这样才能更好地共同完成文化传承的重任。举例说，中华书局与商务印书馆的最初崛起，固然与其具有一大批高素质的编辑出版人才息息相关，密不可分，还有一个重要因素，就是他们营造了提高质量的社会氛围，即采取鼓励挑错的办法，每出一书就张榜挑错，一个错字一块银元，对提高出版物质量大有裨益，至今仍不失其借鉴意义。中华书局与商务印书馆如此重视图书质量，当为出版界的范例。时下，书评文章有只评好而不评差之嫌，好的要评，是为了总结好的经验，宣传好的作品，以广其流传，而差一些的或价值不大的，更要评，这样挑出的错可以引起其他出版社的警示与注意，从而起到以此为鉴的作用。所以，我们应提倡公正的社会风尚，创"佳"又评"差"，使"佳"和"差"各得其所。③

提高古籍出版质量，事关各个方面，早在1991年，陈贻焮先生曾指出提高古籍出版质量的办法，"第一，出版社编审要起作用把好关，第二，鼓励挑错；中华、商务以前每出一书就张榜挑错，一个错字一块银元；第三，责任制，编辑负责；第四，组稿要适当考虑标点者的能力，认真点就要费力气了"④。强调的关键因素在出版社方面尤多，出版社要从生存发展

---

① 程千帆、徐有富：《校雠广义·版本编》，齐鲁书社1998年版，第176页。
② 杨牧之：《古籍出版中的几个问题》，《古籍整理出版情况简报》1991年5月第243期。
③ 王育红：《未来古籍出版的对策与趋势分析》，《科技与出版》2002年第3期。
④ 陈贻焮：《古籍整理的质量及其他》，《古籍整理出版情况简报》1992年3月第256期。

第六章　中国古籍整理出版的发展与国家行动

的高度对质量问题引起重视。专业古籍出版社当然不能游离于这个提高古籍出版质量的社会氛围之外，古籍出版社的职能本身就内含着提高图书出版质量。1997 年 1 月 27 日，黑龙江省出版工作会议上，12 家出版社社长同省新闻出版局局长签订了《关于多出好书、不出坏书的保证书》，以保证书的形式要求出版社社长对出版局局长负责，也不失为可行之法。同时，采取各种行政手段也是必要的，政府部门组织力量加强出版质量监督，遏制重复出版、粗制滥造，并限令销毁不合格版本，整顿图书市场，通过正当竞争手段选优汰劣等，提高古籍出版质量。近年来，国家新闻出版署加强了监管力度，2016—2022 年连续开展图书"质量管理"专项工作，对上一年度的出版物进行图书内容和编校质量的检查。如"质量管理 2020"，抽查了 2019 年 60 家出版单位的图书 180 种，认定其中 19 种图书编校质量不合格；"质量管理 2021"，组织抽查了 2020 年 100 家出版单位的 300 种图书，认定其中 62 种图书差错率超过万分之一。这项工作势必引起出版单位的高度重视，有利于提高图书质量。

出版者自身要严格认真对待古籍出版，作为一项事业。出版社实行社长负责、编辑责任制，一是对自己的出版物负责，二是对社会、对读者负责。专业古籍出版社要强化责编职能，编审把好关，在组稿时，重点考虑点校者的能力，彻查其所依据的底本，这是决定质量的关键，也是分内之事。古籍内容的质量主要由整理、出版所据底本决定。前人刻书，大凡名家或传于后世之作，无不精选底本，当今的古籍出版其实是对古籍的再加工，其目的是为读书治学有所凭借、使古代典籍得以流传，两个目的集于出版一业，因此为了不贻误学人，又为出版社的声誉计，版本选择当为第一要事。一般来说，应选善本，选择善本的标准依据《中国古籍善本书目·前言》提出的"三性一少"原则：古籍的历史文物性、学术资料性、艺术代表性以及流传较少的古籍。学人重善本，就为他们出版善本，精校精印，保证质量，[①] 满足研究之所需。最好能出版古籍精品，应着重于内容的学术含量，新印本要特别注意校勘、标点、注释等基础性工作，这需要深厚的功力和科学的态度，并且要慎之又慎。这样，古籍整理出版质量才有望提高。

[①] 王育红：《近 50 年来中国古籍出版的成就、缺失及其对策》，《中国出版》2002 年第 3 期。

三　选题策划的战略性和前瞻性

古籍出版的对象、出版的目的都有自身的独特性，在选题上也自有其特点，因此眼界要高远，选题策划具有战略性和前瞻性；相反，为追逐利益的短视性选题是万万要不得的。古籍原创性作品太少，实际上是出版选题策划失败的表现。虽然说古籍整理出版的选题不像其他非专业出版社那样追求学术内容方面的创新，因为古籍出版资源就摆在我们面前，也无须创新内容，但仍要开拓选题领域，优化选题结构，考察社会需求，将目光多放在那些首次点校、首次影印、首次注释的古籍原创作品上，克服选题雷同、搭车跟风的不良风气。

古籍选题的关键是事先要做好规划，正如杨牧之先生所说，整理出版古籍应当分个三六九等，"第一种情况或第一个档次，是那些不需要整理，只需要保存的古籍文献"，"第二个档次是只要校勘、标点的书"，"第三个档次的古籍，是要普及的，给广大读者用的，需要注释、翻译甚至搞选本"，"搞选本的应该是古籍的精华"。① 可以概括为"保存书"、"校点书"、"普及书"三类。这三类书，出版目的不同，形式不同，面向对象不同，选题自然也不同。首先做好选题规划，市场调研，掌握大量的古籍出版信息，摸清家底，已出版了多少，哪些还需要再搞，分出轻重缓急，确定重点项目，同时要顾及完成项目的可能性。有人在选题问题上提倡选取那些改变古籍形式的作品，认为只要忠实于历史事实，遵循古籍原作的思想主题，文字就不必拘泥于古文，"之、乎、者、也"也大可不必让它在文章中层出不穷。② 这是值得商榷的。改变形式与出版原作是两回事，不要模糊二者的界限，选题中则各有侧重为善。因此要强调选题的针对性和层次性，考虑"为谁出版"和"为什么出版"的问题。经过普查调研，同时处理好保存与普及、抢救与一般、大书与小书、套书与零散书的关系。

古籍整理的选题与古籍出版的选题是不同的，但二者又密切相关，最终都要经过出版加工程序才能面世，对于出版社来说，这类整理成果不存

---

① 杨牧之：《第十四届全国古籍整理出版年会上的讲话》，《古籍整理出版情况简报》1999年第8期。
② 丁双平：《重塑古籍出版的辉煌》，《出版广角》2000年第7期。

第六章　中国古籍整理出版的发展与国家行动　○●○

在选题问题，而只需考察这些成果是否在出版社自己的选题范围之内、是否有出版的必要，以及有无能力出版等问题，然后再决定取舍。如"二十四史"中的辑本《旧五代史》，已非原本，且与原本差别较大，存在很多问题。早在1937年，陈垣先生就发表《旧五代史辑本发覆》[1]，全面揭露四库馆臣在辑录《旧五代史》时的篡改，引起了学术界的重视。后来，虽然陆续出版了一些校补辑本《旧五代史》的论著，但仍然不能令人满意。陈智超先生花了五年时间对此辑本彻底清理，并与《永乐大典》《册府元龟》《太平御览》《通鉴考异》《通鉴注》《容斋随笔》等书中有关条目互参，以中华书局1976年点校本《旧五代史》为据，做出的新辑本《旧五代史》在内容、文字、编排等方面远胜于原辑本及其点校本。[2] 古籍出版社如能注意到此类出版信息，使新点校本早日面世，将有功于世。又如，海外存太平天国文献240余册，[3] 多不为人知，但极为重要，当时国内古籍出版者尚未涉足，所以应该是值得开发的选题。再如，在已有版本的基础上，不避重复，发掘新底本并予以出版，作家出版社2000年版《红楼梦》据曹雪芹在乾隆十九年校订的《红楼梦》早期稿本的传抄本编撰，此抄本1927年被胡适发现并收藏，现藏美国康乃尔大学图书馆，是最接近曹雪芹稿本原貌的，与当今出版最多的庚辰本相比，其收录的1600多条脂砚斋批语具有很高的学术价值（文见《文汇报》2000年10月23日）。这充分体现了后出而精的道理。还有1998年全国图书馆文献缩微复制中心影印出版沉睡了130年之久的黄本骥、彭舒英雠校、编次、注释的《容斋五笔类钞》，是选题开发的又一例证。按：黄本骥、彭舒英二人之有功于《容斋五笔》，表现为部居类归、释疑疏滞、正误补阙、删繁汰芜。[4] 再举一例，2000年天津古籍出版社的选题思路：以北洋史为主的近代史著作、以区县志和专业志为主的地方史志书、便于推广的出版编辑学著作，富有新意的书法、碑帖作品，能够成龙配套的古钱币和收藏类图书，有可

---

[1]　按：原载《励耘书屋丛刻》1937年第2集，后收入《陈垣学术论文集》第2集，中华书局1982年版。

[2]　陈智超：《论重新整理〈旧五代史〉辑本的必要与可能》，《古籍整理出版情况简报》2000年第1—3期。

[3]　王庆成：《整理出版太平天国文献之我见》，《古籍整理出版情况简报》2000年第9期。

[4]　王梦华：《〈容斋五笔类钞〉影印出版》，《古籍整理出版情况简报》1998年第3期。

能形成热点的历史文学著作。①

此外，地方古籍出版社的选题应体现地方特色，比较系统地整理出版各地有代表性的文化遗产，这方面的成功范例如江苏古籍出版社《江苏地方文献丛书》（1986年）、黄山书社《安徽古籍丛书》（1989年以来）、浙江古籍出版社《两浙作家文丛》（1984年以来）、中州古籍出版社《中州文献丛书》《中州名家集》《河南旧志整理丛书》，以及齐鲁书社、岳麓书社分别对齐鲁文化、湖南地方文献的发掘整理等。②

古籍出版选题还要考察古籍产品结构。古籍出版存在结构失调、总体不平衡的现象，文史哲各类出版量大，发掘已很深入，而科技类、综合类比较少。即使各类之中，不平衡现象也很严重，如科技类，中医古籍资源被大量发掘，而农学、数理、天文历法等仍是薄弱环节。数学类在20世纪80年代以来整理仅十余种，规模较大的有两种，《中国科学技术典籍通汇·数学卷》（河南教育出版社1993年版）收录汉代至清末重要数学典籍89部102篇，其中多为善本，且每书撰写提要。《中国历代算学集成》（山东人民出版社1994年影印本）收录周秦至明清的珍贵典籍120多部，规模宏大。而对于出版较多的文学类古籍来说仍然大有可为，如钟陈陈教授在2000年就全集提出亟待完成的选题：（1）填补空白领域，如《全清诗》《全明文》《全清文》《全明曲》《全清曲》《全唐前小说》《全宋金元小说》《全明小说》《全清小说》等；（2）完成既得成果，如对清人所编《全唐文》《全上古三代秦汉三国六朝文》等补逸、删重复、订讹误等工作；（3）利用现有资源，对已编成的全集进行披沙简金工作。③ 对比目前全集出版的情况，还有很多没有进行整理。所以，优化古籍选题结构势在必行。古籍选题结构的调整首先要着眼于薄弱环节，其次还要注意各种版本的均衡。在保证质量的前提下，不仅要普及，更重要的是在普及的基础上提高品位。④

---

① 徐勇、罗少强：《立足特色 寻找坐标——关于古籍出版社选题策划的一点思考》，《中国出版》2000年第1期。
② 王育红：《未来古籍出版的对策与趋势分析》，《科技与出版》2002年第3期。
③ 钟陈陈：《伟大的文化工程：谈中国古代文学断代分体全集之编纂》，《中国典籍与文化》2000年第1期。
④ 王育红：《近50年来中国古籍出版的成就、缺失及其对策》，《中国出版》2002年第3期。

四 创新版本体式以求精品

随着时代的演进，识读繁体字已成困难，固然古籍是为文史哲研究者服务，但从总体趋势分析，认识繁体字的人将会越来越少，而简体字本也会越来越多。这样，可以让更多的人接触古籍，对弘扬传统文化遗产大有好处，但对于古籍的版本学价值无疑是个挑战，这是不是古籍出版的倒退，就看从哪个角度来认识这个问题。中国社会的现代化、人们的阅读习惯促使简体横排成为必然，而作为古籍版本上的价值也只能占较少的比重，只要古籍的内容不被改变即可，所以，推出简体横排本应当认为是明智之举。繁体直排的古籍排版形式确实不符合现代读者的阅读习惯，就趋势看，必将首先在普及的层次上让位于简体横排。如中华书局于1998年推出增订简体本《全唐诗》（全15册）和《全宋词》（全5册），又于2000年推出简体本"二十四史"（全63册，据其点校本"二十四史"排印），连同之后出版的已形成该局的简体横排系列。简体横排有如雨后春笋般涌现，如岳麓书社的《古典名著普及文库》、河北人民出版社据中华书局1965年影印本简体横排《四库全书总目提要》、海南出版社以浙本为底本以殿本为校本简体横排《四库全书总目提要》等，都为普及古典文献的成功尝试，广受读者好评。率先出版简体横排本的岳麓书社与上海古籍出版社、中州古籍出版社、齐鲁书社、三秦出版社等社的态度一样，认为应根据不同的读者对象，既出版供专业人员使用的繁体直排本，也为普通读者出版普及性的简体横排本，还可以出版繁体横排本等。

杨牧之先生曾说："整理古籍，我们要尽量恢复古籍的原貌，要求高质量。整理的形式、方法要创新，不能停留在乾嘉学派、停留在清人的水平上。要发展、要突破，就必须要创新。"[①] 由此可见，古籍出版创新主要是指整理方式方法、版本样式、载体包装等方面的不断探索，推陈出新。这方面至今已有为数众多的成功案例，譬如对于我国古代诗词曲名篇的重新编注和包装，上海古籍出版社有成功经验，1999年出版图文版《唐诗三百首》《唐宋词三百首》《元曲三百首》，在不到一年的时间内累计销售达

[①] 杨牧之：《第十四届全国古籍整理出版年会上的讲话》，《古籍整理出版情况简报》1999年第8期。

20多万册。① 上海古籍出版社的《新编古文观止》与中华书局的《新编千家诗》也很畅销，都是重新编注成功的范例。以上几本与《古文观止》《三字经》《千字文》《千家诗》等长传不衰的小书，以及一些经典性名著通过创新体式，都可以给古籍类出版者带来可观的经济效益。所以说在继承优秀文化遗产的同时，最重要的还是创新，创新要针对不同的整理对象，把握好尺度，兼顾原装古籍出版与创新体式的关系，以体现学术含量为主，既要正本清源，又要防止舍本逐末、见利忘义。载体包装还应视不同读者之所需或购买能力，平装本、精装本等有适当的比例，对于卷帙浩繁的大部头，还要考虑平装并缩印，中华书局在这方面做得很成功。

选题策划与创新体式必然会锻造出品牌来，出版界讨论"精品"已有多年，各种观点纷纷出台亮相。其实，所谓"精品"，应该包含两方面的含义，首先是内容的学术含量，体现为知识精品；其次是载体方面的精美，表现为装帧精品。这两方面合而为一，乃是精品。精品有层次之分，如大众型精品、学术性经典等。精品的出现要以策划为出版战略、以读者观念为前提，以质量为宗旨、以出版信息为基础，以创新为契机、以公平竞争为手段、最后应预查效益，既要考虑读者需求，又要讲求高质量，总之要花费极大的努力。关于内容精品，古籍新印本要在校勘、标点、注释等基础性工作方面下大功夫。② 中华书局总编室组织编撰的《古籍校点释例（初稿）》，"校勘"部分列出18条，内容涉及底本与参校本的选择，校对方法，校勘与考证的界限，底本上可以确定的讹、脱、衍、倒在本文的改正及改正方法，校勘记的位置与写法，以及版刻错误、避讳、虚字出入、通假字、异体字、俗体字的处理等，"标点"部分罗列10条，涉及13种标点符号在古籍标点时的用法、格式、古代汉语标点的特点等内容。③ 此文既有方法，又有实例，对以后的古籍校勘、标点等都有指导意义。

到2020年，北京国际图书博览会已举办27届，这里以第8届古籍类的两种书为例，可以说代表了当时古籍精品的最高水平，是内容和形式的

---

① 李国章：《发挥专业优势 增强创新意识 使古籍出版光景常新》，《古籍新书目》2000年第2期。

② 王育红：《未来古籍出版的对策与趋势分析》，《科技与出版》2002年第3期。

③ 按：《古籍校点释例（初稿）》，许逸民执笔，最初发表在《书品》1991年第4期。后经作者不断整理完善，题名《古籍整理释例》多次出版。其最新修订本为中华书局2011年版。

第六章　中国古籍整理出版的发展与国家行动　○●○

较完美的结合。《大中华文库版〈庄子〉》（湖南人民出版社、外文出版社2000年版），文白对照、英汉对照、护封画面波澜壮阔、资深专家执笔，被认为是"代表中国出版水平的标志性图书"。《李商隐诗译注》（岳麓书社2000年版）分题解、词释、语译、分析四个部分，用功十年，核对典籍，吸收历代研究的原始资料，体例有所创新。

精品是如何打造成功的，首先从选题的角度看，一定要精准。以中华书局版《古本小说丛刊》为例。郑振铎先生曾主持《古本戏曲丛刊》初集二集各120册，由商务印书馆1954—1955年影印出版后，在学术界引起很大反响。于是倡议编辑《古本小说丛刊》，后经国务院批准列入《古籍整理出版规划（1982—1990）》。重点搜集流失国外的明清古典小说善本、孤本，精选160多部编为40辑，以满足学界需求。所选版本佳善，多按原貌出版，如第一辑5部小说藏于海内外有关机构与私人手中，据以影印，广其流传。编委会为每书撰写前言，介绍该书版本、藏家、流传等情况，对考索作者本意颇具价值。1987—1991年出齐200册。

其次，从整理的角度看，可以继续用"注释"、"今译"等体例整理古籍，或者说将古籍内容"通俗化"，以满足不同层次读者的不同需求。在出版集成性和资料性的"大"书时，即对古籍名著进行集成化处理，仍然不失为一种主要的出版形式，需要注意的是一定要体现文化含量和学术积累。而就单一著作来说，尤其是那些年代比较久远的，因其传本较多，整理起来难度大，以周祖谟先生校释《洛阳伽蓝记》为例，看他是如何打造精品的，首先进行文献调查，研究传本情况，弄清该书历代流传的来龙去脉。《洛阳伽蓝记校释·叙例》指出：

《洛阳伽蓝记》之刻本至多，有明刻本及清刻本。明刻本主要有三种：一、如隐堂本，二、吴琯所刻《古今逸史》本，三、毛氏汲古阁所刻《津逮秘书》本。如隐本不知何人所雕，板刻似出于嘉靖间；《逸史》本则为万历间所刻也。二者来源不同，文字有异。《津逮》本刊于崇祯间，据毛斧季言，原从如隐本出，而有改窜。盖据《逸史》本校改者。至于清代刻本，则有四种：一、乾隆间王谟辑校之《汉魏丛书》本，二、嘉庆间张海鹏所刊《学津讨原》本，三、嘉庆吴自忠《真意堂丛书》活字本，四、道光吴若准《洛阳伽蓝记集证》本。考

《汉魏》本乃出自《逸史》本，《学津》本即据《津逮》本翻雕，而小有更易。真意堂本，则又参取《津逮》、《汉魏》两本以成者。至于吴氏《集证》本，虽云出自如隐，然亦略有删改。凡别本有异者，均于《集证》中详之。综是而言，《伽蓝记》之传本虽多，惟如隐堂本及《古今逸史》本为古。后此传刻《伽蓝记》者，皆不出此两本。故二者殆为后日一切刻本之祖本也。校《伽蓝记》，自当以此二者为主。如振裘挈领，余皆怡然理顺。苟侈陈众本，而不得其要，则览者瞀乱，劳而少功矣。①

在清理版本的基础上，选定底本，择善而从，然后校异同、定是非，周祖谟先生说：

> 今之校本，以如隐堂本为主，而参用《古今逸史》本，校其同异，定其是非。凡义可两通者，注曰"《逸史》本作某"，《逸史》本误，概从如隐本。如隐本误字较多，皆取《逸史》本校正。原书俱在，可覆案也。至于《津逮》、《汉魏》以下各本，亦均在校雠之列。如有可采，必择善而从。若《津逮》同于如隐本，《汉魏》同于《逸史》本，正其渊源所自，不复言之，以免淆乱。斯所谓振裘挈领也。若《津逮》不同于如隐，《学津》又不同于《津逮》，盖据《逸史》本或《汉魏》本而改，故亦不备举。或出一二，以见其源流而已。②

五　国家层面上加强古籍整理出版人才培养

1958 年 2 月，"古籍整理出版规划小组"成立时，齐燕铭同志为组长，成员仅 19 人，却都是著名的一流学者，如叶圣陶、吴晗、陈垣、陈寅恪、范文澜、郑振铎、赵万里、张元济、冯友兰、翦伯赞等。③新中国成立以来的古籍整理出版之所以能取得巨大成就，一大批可为经典的整理成果之所以能够源源不断地问世，就在于我们有为数众多的整理出版名家，如顾

---

① 周祖谟：《洛阳伽蓝记校释》，中华书局 1963 年版，"叙例"。按：书名号为笔者所加。
② 周祖谟：《洛阳伽蓝记校释》，中华书局 1963 年版，"叙例"。
③ 中华书局编辑部编：《中华书局百年大事记 1912—2011》，中华书局 2012 年版，第 172 页。

第六章　中国古籍整理出版的发展与国家行动

廷龙、金灿然、顾颉刚、谢国桢、罗福颐、容庚、傅璇琮、方诗铭、裘锡圭、邓广铭、季羡林、姜亮夫、黄永年等，正所谓人才济济，不胜枚举，他们的学术素养高，以其深厚的目录版本、音韵训诂、标点校勘、考订断句的功力为中国古籍整理出版做出了应有的贡献。

古籍出版离不开古籍出版社，古籍出版社则离不了编辑出版人才，更离不了古籍整理人才和他们的古籍整理成果。因此古籍整理出版，人才因素至关重要，无论是整理还是出版，都要求具备高素质的人才，这是毋庸置疑的事实。然而，随着时代的推进，古籍整理出版方面的人才却日益匮乏，人才素质亦无从谈起。一方面，老专家有的谢世，有的因健康状况而难以继续工作，而新生力量一时又不能接续上来，以致人才断层。早在1995年，赵朴初、启功、夏衍、叶至善等知名人士已认识到古典文化传承的危机在于人才的枯竭，人才的青黄不接，于是在全国政协会议上提案《建立幼年古典学校的紧急呼吁》。[①] 其次，一些学者虽然从事于古籍整理研究，但还存在着责任心不强、学术素养不高等问题；而且人才的流失现象也很严重，古籍整理出版人才关系着整理成果的质量，从大的方面来说，关系着古籍整理释读的存续，所以必须在国家层面上采取措施，培养、扶持新生力量。譬如1993年，原国家教委发文《关于高等学校古籍整理研究人员评聘专业技术职务的几点意见》，旨在稳定高校古籍整理队伍，鼓励古籍整理研究人员安心工作。

高等院校、社会科学院的古籍研究机构古籍整理人才相对较为集中，据统计，目前全国高校有古籍所、古文献所30多家，北京大学、南京大学、复旦大学、浙江大学、安徽大学、四川大学等综合性院校均设立，他们手头有大量整理成果，这些成果大多具有难度大、传世少、读者面窄的特点，因此，不可避免会遇到出版难的问题，而古籍出版社因为没有，或只有很少的专项古籍出版资金，则很少出版或不予出版这类成果，于是出现古籍整理与出版脱节这一现象是必然的，也会大大挫伤古籍整理人才的热情，好像形成恶性循环，必须予以高度重视。

从古籍出版方面来讲，全国的古籍专业出版社为进一步的发展奠定了

[①] 中国人民政治协商会议第八届全国委员会第016号提案：《建立幼年古典学校的紧急呼吁》，转引自《古籍整理研究学刊》1995年第2期。

良好的基础,他们另辟蹊径、发挥独自的优势特色固然重要。但由于专业分工,古籍出版社只能出版古籍类图书,这类图书从整理到出版都需要有较大的财力、人力投入,而社会对它的需要量却日趋衰减,他们整理出版古籍越多,经济上的亏损就越严重,致使古籍类图书出版呈现种种不良的后果;同时,大量的古籍亟待整理抢救,而出版资金却又短缺,以上诸因素综合起来使古籍出版步履艰难。不管效益也好,困难也好,最主要的还是古籍出版人才的匮乏,效益低、境况难,造成人才流失,此其一。其二,古籍出版涉及古代典籍文字的方方面面,要求人才素质较高,即具备一定的目录学、校勘学、版本学、文字学、音韵学、训诂学知识,还需要熟悉古代的典籍、典章制度、地理常识等,人们多对此敬而远之。其三,古籍出版人才的培养不能满足现实的需要,一方面出现人才匮乏,另一方面,时代却呼唤古籍出版人才,以解决传统文化载体的传承问题。

古籍整理与出版的人才问题已成当务之急。专业编辑人才,其角色作用非常重大,因为古籍整理的最终成果在面世之前首先要靠他们辨别甄选、审读加工,这都需要有扎实的功底和比较高的热情。相关政府部门应有组织有计划地对古籍出版社专业编辑进行培训,提高其素质(职业道德素质和职业素养),规范编辑队伍和校对队伍,加强人才培养力度,解决后继乏人的状况。同时,古籍出版社要进行自身改革,转换内部经营机制,适应市场的要求,提高效益,为吸引专业人才做准备。古籍出版社之间互相联合,形成联合体也不失为强化行业职能的良方。在解决整理与出版脱节的问题上,出版规划和出版补贴要向规划内的项目倾斜,落实出版单位,确定出版时间,保证重点项目如期出版。[①]

就百年中华书局的经验看,除整理出版大量的古代典籍外,也为古籍整理出版事业培养了大批人才;编辑素质普遍较高,训练有素;作者群广泛,且多是古代文史哲、语言文字学、文献学等方面的专家学者。总之,一是培养编辑人才,一是造就整理人才。

---

① 王育红:《我国古籍出版50年概说》,《出版广场》2002年第3期。

余　　论

　　新中国成立以来,古籍整理出版已走过七十多年风雨历程;改革开放以来,古籍整理出版逐渐步入正常化的轨道;21世纪以来,古籍出版数量持续迅速增长,尤其近十年来,保持着强劲的势头,一大批整理佳作、出版精品源源不断地面世。我们仅择取1949年10月到2011年底这一区间,统计出版古籍122000多种,可见成绩是喜人的,贡献是巨大的。然而与现存古籍的总量相比(按:2009年版《中国古籍总目》统计为近20万种),还显得十分微弱,更何况这一统计数据中还包含着重复出版,如四大文学名著,每种都出过200多个版本,《孙子兵法》《容斋随笔》《唐诗三百首》,以及所谓的"三百千千"与数量众多的各类古典小说等,无一不含有上百个版本,如果将所有重复出版的去除,那还能剩下多少,这是多么值得认真思考和深刻反思的问题! 于是不禁要问:中国到底需要多少《红楼梦》、需要多少《三国演义》,余则类推。又比如,唐著名诗人李白、杜甫的别集已经出版了许多,又新出了郁贤皓《李太白全集校注》(精装全8册)、萧涤非主编《杜甫全集校注》(精装全12册),这就是古籍整理的结果。难怪有人说"这可能是李白集的终极版了"。[①] 当然,这些作品都带有汇集总结性,所以被认为是"当代李白研究的集大成之作","集古今之大成的《杜甫全集校注》"。[②]

　　对整理成果进行评价非常必要,所以古籍整理出版还离不开对古籍的研究,而这方面的专业期刊也为之提供了重要阵地,如《古籍整理研究学

　　[①]　陈尚君:《当代李白研究最重要的收获——喜见郁贤皓教授〈李太白全集校注〉出版》,《中华读书报》2016年4月20日第9版。
　　[②]　陈尚君:《杜甫研究的里程碑著作——〈杜甫全集校注〉初读记》,《文汇报》2014年4月14日第11版。

刊》《古籍整理出版情况简报》《古籍研究》《中国典籍与文化》等，稿件兼顾古籍的整理、出版与研究等方面；其他如《文献》《国学研究》《文史知识》《古典文献研究》《文学遗产》等，以及专门的出版刊物对此也多有涉及。总之，研究性或书评性文章均对新出古籍进行综合评估，总结成功的经验，指出不足之所在，有益于古籍整理出版工作的改进。比如20多年前，就在电子版《四库全书》问世后，即引来轩然大波，围绕是否应出版，或多头出版等问题展开讨论，《中华读书报》于当年即1998年4月15日—6月10日特辟专栏"《四库全书》该不该出光盘版"以供研讨，吸引了许多专家学者，如葛剑雄、来新夏、吴小如等先生认为何必将《四库全书》制成光盘，而王世伟、金良年、陈福康等先生则从另一角度介绍了光盘版的功能及其与文化事业的关系等。这样的争论对出版选题中把哪一部古书先制作成电子版多有启示，对重复出版则予以否定，同时还说明了古籍出版的一种走势。无论当初有什么看法，都有待于实践的检验，而后来的事实也证明了这个趋势。

古籍出版的任务主要是由专业古籍出版社承担，全国20多个专业古籍出版社都程度不同地做出了应有的贡献，极大地推动着中国传统文化的传承与中国学术的进步。而最引人瞩目的还是中华书局。作为一个有着上百年历史的出版单位，其古籍整理出版成就又那么显著，真值得我们好好研究。2022年是中华书局诞辰110周年，的确应该进行专题探讨。1912年元月，中华书局创办于上海。新中国成立前的37年，一直尊奉"开启民智"的主张，最重要的一项业务是编辑出版教科书，同时也印行古籍、新文艺书籍和工具书，重要的如《四部备要》《中华大字典》《古今图书集成》《辞海》等，为繁荣与发展学术文化做出了一定的贡献。新中国成立后，1954年5月，实行公私合营，中华书局总公司迁到北京，设立排版所，并与财经出版社合并，同时在上海留有办事处（按：1958年改组为中华书局上海编辑所）。1957年，古籍出版社并入中华书局。1958年，古籍整理出版规划小组成立，确定中华书局以整理出版中国古籍、有关古代和近代的哲学、历史、文学研究著作为主要任务，同时也是古籍规划小组的办事机构。当时的文化部出版局局长金灿然（1913—1972年）调任书局总经理兼总编辑，并被聘任为规划小组成员和办公室主任。1958—1966年，中华书局同全国一样，经历了一个又一个运动，实际业务工作时间也

余　论

就四五年而已，但苦心经营，组织专家学者整理、校订、出版了许多重要古籍。1962年，书局与《新建设》编辑部合作编辑出版《文史》集刊，凡是史事考证或资料性专题研究，以及古籍笺释，稀见资料的辑集，有关版本、目录、校勘、训诂等方面的著作，不拘篇幅和文体，只要言之成理，持之有故，都尽可能予以发表，在当时知识界有着广泛的影响。[①] 1971年，随着"二十四史"点校工作的恢复，书局的古籍出版工作缓慢进行。十一届三中全会以来，书局以"弘扬传统，服务学术"为宗旨，致力于古籍整理出版，注重文化积累与学术质量，逐渐走向辉煌。书局的编辑人才和作者群，大多是古籍整理和传统学术研究方面有专长、有建树的专家学者，对书局发展起了重要作用。其出版物历来获奖无数，如国家图书奖、中国图书奖、全国古籍优秀图书奖等。正所谓"中华书局以她一流的作者、一流的编辑出版人才和高质量的出版物享誉海内外，是最能代表中国古籍、学术著作出版水准的出版社"。[②] 我们可选取1949—1999年这个时段，按初版统计，新中国成立以来书局共出版古籍1500多种，其中哲学类260多种、文学类420多种、历史类560多种、语言类60多种、科技类50多种、综合类180多种。书局的著名作品非常之多，如一批著名思想家、文学家、史学家的文集和论著、中西交通史丛刊、古典作家作品评论资料汇编、历代史料笔记丛刊、晚清文学丛钞、近代档案史料，以及《琴曲集成》《古本小说丛刊》《古逸丛书三编》等，不胜枚举。我们再对书局1949—1991年的古籍类出版物统计，共得哲学类161种、文学类227种、历史类273种、科技类41种、综合类105种（《古逸丛书三编》38种、类书16种、书目题跋29种、其他22种）。[③] 而且各类形成相应的系列，整理成绩非常显著，学术影响日隆。

各个专业古籍出版社，充分履行其出版职责，一大批学术精品不断问世，所以，我们可定位其：为学术而出版、为清理古籍而出版、为文化传承而出版、为普及古籍而出版、为读书治学而出版。中华书局、上海古籍出版社等，无一不是典范。比较特殊的有两个，一是国家图书馆出版社，

---

① 俞筱尧：《金灿然与古籍整理出版工作》，《古籍整理出版情况简报》2000年第12期。
② 中华书局简介（http://juqing.zhbc.com.cn/web/c_000000320009/d_11869.htm）。
③ 中华书局总编室编：《中华书局图书目录（1949—1991）》，中华书局1993年版。

1979 年创办时名为书目文献出版社，1996 年更名为北京图书馆出版社，2008 年再次改为今名。该社依托国家图书馆丰厚的馆藏，致力于整理、影印、出版古籍以及稀见的文献，就此而言，其整理成果多为大型的、有系统性的图书，动辄数十册、数百册，而且印制精良，图书价格，更是普通读者望尘莫及。仅如《古本戏曲丛刊》，2016 年版初集至五集及九集，定价各 12000 元，而新编的六集、七集、八集、十集，各 48000 元。

二是广陵书社，其前身是 1960 年在扬州建立的江苏广陵古籍刻印社。职责是专门从事古籍版片的雕刻、修补、印刷、装订及版片保护等工作；对古代典籍进行再开发，就其数十年来所出版古籍的品种综合考察，并不具有地方性色彩。所以可以说，广陵书社是立足于地方但放眼全国的。

还有文物出版社、中国农业出版社、人民卫生出版社、中医古籍出版社、人民军医出版社、中国中医药出版社等，都在各自的出版领域勤于开拓，涌现出一大批优秀的作品。连同其他非专业出版社、地方出版社、少数民族出版社等一起，为守护中国古籍、为传承优秀文化遗产、为全面提升民族素养与知识涵育做出了巨大的贡献。

当古籍出版社把一批批整理成果推向图书市场，是应该向读者致敬的；而当读者使用这些古籍整理成果时，同样要向整理者、出版者致敬！

参考文献

（按首字汉语拼音音序排）

（汉）班固撰，（唐）颜师古注：《汉书》，中华书局1962年版。

（汉）司马迁撰，（南朝宋）裴骃集解，（唐）司马贞索隐，（唐）张守节正义：《史记》，中华书局1959年版。

（后晋）刘昫等撰：《旧唐书》，中华书局1975年版。

（晋）陈寿撰，（南朝宋）裴松之注：《三国志》，中华书局1959年版。

（清）董诰等编：《全唐文》（影印本），中华书局1983年版。

（清）李调元著，何光清点校：《全五代诗》，巴蜀书社1992年版。

（清）钱曾原著，管庭芬、章钰校证，傅增湘批注，冯惠民整理：《藏园批注读书敏求记校证》，中华书局2012年版。

（清）沈德潜编：《唐诗别裁集》，浙江古籍出版社1998年版。

（清）孙德谦著：《古书读法略例》，广西师范大学出版社2006年版。

（清）俞樾、刘师培、杨树达、马叙伦、姚维锐著：《古书疑义举例五种》，中华书局2005年版。

（宋）晁公武撰，孙猛校证：《郡斋读书志校证》，上海古籍出版社1990年版。

（宋）陈振孙撰，徐小蛮、顾美华点校：《直斋书录解题》，上海古籍出版社1987年版。

（宋）郭茂倩编撰，聂世美、仓阳卿校点：《乐府诗集》，上海古籍出版社1998年版。

（宋）胡仔撰，廖德明校点：《苕溪渔隐丛话》，人民文学出版社1993年版。

（宋）李昉等编：《文苑英华》（影印本），中华书局1982年版。

（宋）欧阳修、宋祁撰：《新唐书》，中华书局 1975 年版。

（宋）欧阳修撰：《新五代史》，中华书局 1974 年版。

（宋）邵博撰，刘德权、李剑雄点校：《邵氏闻见后录》，中华书局 1983 年版。

（宋）司马光原著，张舜徽审定，李国祥等主编：《资治通鉴全译》，贵州人民出版社 1994 年版。

（宋）司马光著，（元）胡三省音注：《资治通鉴》，中华书局 1963 年版。

（宋）王谠撰，周勋初校证：《唐语林校证》，中华书局 1987 年版。

（宋）王溥撰：《唐会要》，中华书局 1955 年版。

（宋）王溥撰：《五代会要》，中华书局 1998 年版。

（宋）薛居正等撰：《旧五代史》，中华书局 1976 年版。

（唐）李白著，（清）王琦注：《李太白全集》，中华书局 1979 年版。

（唐）李商隐撰，刘学锴、余恕诚集解：《李商隐诗歌集解》，中华书局 1998 年版。

（唐）李肇著：《唐国史补》，古典文学出版社 1957 年版。

（唐）孙思邈撰，李景荣等校释：《备急千金要方校释》，人民卫生出版社 1998 年版。

（唐）玄奘撰，芮传明译注：《大唐西域记全译》，贵州人民出版社 1995 年版。

（元）方回选评，李庆甲汇评：《瀛奎律髓汇评》，上海古籍出版社 1986 年版。

《北京图书馆出版社古籍影印书目 1979—2007》，北京图书馆出版社 2007 年版。

《当代中国的出版事业》，当代中国出版社 1993 年版。

《古籍新书报》2002 年 9 月第 1 期（总第 157 期）—2018 年 9 月第 193 期（总第 349 期），上海世纪出版股份有限公司主管，上海古籍出版社主办。

《广西民族出版社五十年重点图书介绍 1957—2007》，广西民族出版社 2007 年版。

《国家图书馆出版社三十年图书总目 1979—2009》，国家图书馆出版社 2009 年版。

参考文献

《海王邨古籍书目题跋丛刊》，中国书店出版社 2008 年版。

《回忆中华书局 1912—1987》，中华书局 1987 年版。

《齐鲁书社 30 年图书要目 1979—2009》，齐鲁书社 2009 年版。

《清人书目题跋丛刊》（十辑），中华书局 1990—1995 年版。

《全国内部发行图书总目 1949—1986》，中华书局 1988 年版。

《全国总书目》，1949—1954 年本、1955 年本，新华书店总店 1955 年、1957 年编辑、出版；1956—1965 各年度本，文化部出版事业管理局版本图书馆编，中华书局 1957—1966 年版；1966—1969 年本，中国版本图书馆编，中华书局 1987 年版；1970 年本，北京图书馆版本书库编，中华书局 1971 年版；1971 年本，中国版本图书馆编，中华书局 1988 年版；1972—1977 各年度本，国家出版事业管理局版本图书馆编，中华书局 1974—1981 年版；1978 年本，文化部出版事业管理局版本图书馆编，中华书局 1982 年版；1979—2000 各年度本，中国版本图书馆编，中华书局 1983—2002 年版；2001—2003 各年度（含光盘），中国版本图书馆编，中华书局 2003—2005 年版；2004—2007 各年度检索系统，新闻出版总署信息中心编，《全国总书目》编辑部，2005—2008 年版；2008—2011 各年度检索系统，中国版本图书馆（新闻出版署条码中心）、《全国总书目》编辑部编，2009—2012 年版。

《全唐诗》（增订本全 15 册），中华书局 1999 年版。

《上海古籍出版社五十年图书总目 1956—2006》，上海古籍出版社 2006 年版。

《四库全书》研究所整理：《钦定四库全书总目》（整理本），中华书局 1997 年版。

《四库全书总目》（影印本），中华书局 1964 年版。

《文明的守望——中华再造善本工程巡礼》，北京图书馆出版社 2006 年版。

《中国出版年鉴》，1980—1986 各年度本，中国出版工作者协会编，商务印书馆 1980—1986 年版；1987—1991 各年度本，中国出版者工作协会等编，中国书籍出版社 1988—1993 年版；1992—1999 各年度本，中国出版年鉴社编辑、出版，1993—1999 年版。

《中国古籍善本书目 集部》，上海古籍出版社 1998 年版。

《中国古籍总目》（全 30 册含索引），中华书局、上海古籍出版社 2009—

2013年版。

《中华古籍保护计划文献整理出版成果》，国家图书馆出版社2017年版。

《中州古籍出版社建社30年图书要目1979—2009》，中州古籍出版社2009年版。

北京大学古文献研究所编：《全宋诗》（全72册），北京大学出版社1998年版。

北京图书馆善本室组编：《1911—1984影印善本书目录》，中华书局1992年版。

陈登原：《古今典籍聚散考》，上海书店出版社1983年版。

陈广忠：《两淮文化》，辽宁教育出版社1995年版。

陈振濂：《西泠印社：西泠印社建社105周年庆典系列专辑》，荣宝斋出版社2008年版。

程千帆、徐有富：《校雠广义》（全四编），齐鲁书社1998年版。

程仁桃选编：《清末民国古籍书目题跋七种》，国家图书馆出版社2009年版。

邓衍林编：《中国边疆图籍录》，商务印书馆1958年版。

董洪利：《古籍的阐释》，辽宁教育出版社1993年版。

范秀传主编：《中国边疆古籍题解》，新疆人民出版社1995年版。

冯宝志：《三晋文化》，辽宁教育出版社1998年版。

冯惠民、李万健等选编：《明代书目题跋丛刊》，书目文献出版社1994年版。

冯天瑜：《中华地域文化大系 松辽文化》，安徽教育出版社2006年版。

傅璇琮主编：《唐才子传校笺》，中华书局1989年版。

傅增湘：《藏园群书经眼录》，中华书局1983年版。

高寿仙：《徽州文化》，辽宁教育出版社1998年版。

高文、刘峰、黄铁军等：《数字图书馆——原理与技术实现》，清华大学出版社2000年版。

高志忠、张福勋：《〈全宋诗〉补阙——补诗人、补诗事、补诗评》，商务印书馆2018年版。

关万维：《琼州文化》，辽宁教育出版社1998年版。

国务院古籍整理出版规划小组编：《古籍点校疑误汇录》（全6册），中华书局 1989—2002 年版。

国务院古籍整理出版规划小组编：《古籍整理图书目录 1949—1991》，中华书局 1992 年版。

何绵山：《八闽文化》，辽宁教育出版社 1998 年版。

胡友鸣、马欣来：《台湾文化》，辽宁教育出版社 1998 年版。

黄涤明：《黔贵文化》，辽宁教育出版社 1998 年版。

黄松：《齐鲁文化》，辽宁教育出版社 1998 年版。

黄新亚：《三秦文化》，辽宁教育出版社 1998 年版。

贾贵荣等辑：《宋元版书目题跋辑刊》，北京图书馆出版社 2003 年版。

姜红：《北京图书馆出版社图书总目 1979—1999》，北京图书馆出版社 1999 年版。

蒋元卿：《校雠学史》，商务印书馆 1935 年版。

李零：《简帛古书与学术源流》，生活·读书·新知三联书店 2004 年版。

李万健、邓咏秋编：《清代私家藏书目录题跋丛刊》，国家图书馆出版社 2010 年版。

李学勤主编：《十三经注疏》（标点本），北京大学出版社 1999 年版。

李永良：《河陇文化》，上海远东出版社、香港商务印书馆 1998 年版。

李治亭、田禾、王升：《关东文化》，辽宁教育出版社 1998 年版。

梁白泉主编：《吴越文化：中国的灵秀与江南水乡》，上海远东出版社、香港商务印书馆 1998 年版。

辽宁大学图书馆书目编辑组：《全国农林科学总书目 1949.10—1985.12》，沈阳师范学院印刷厂、沈阳六〇一所印刷厂印装 1986 年版。

辽宁大学图书馆书目编辑组：《全国自然科学总书目 1949.10—1984.10》，沈阳师范学院印刷厂、沈阳六〇一所印刷厂印装 1985 年版。

林夕主编，煮雨山房辑：《中国著名藏书家书目汇刊》（明清卷），商务印书馆 2005 年版。

刘杲、石峰主编：《新中国出版五十年纪事》，新华出版社 1999 年版。

刘尚恒：《徽州刻书与藏书》，广陵书社 2003 年版。

刘振清：《齐鲁文化：东方思想的摇篮》，上海远东出版社、香港商务印书馆 1998 年版。

逯钦立辑校：《先秦汉魏晋南北朝诗》，中华书局 1983 年版。

罗伟国、胡平：《古籍版本题记索引》，上海书店出版社1991年版。

吕鸿：《处州文化与地方文献》，浙江大学出版社2010年版。

南江涛、贾贵荣编：《新中国古籍影印丛书总目》，国家图书馆出版社2016年版。

欧鹍渤：《滇云文化》，辽宁教育出版社1998年版。

潘承玉：《中华文化格局中的越文化》，人民出版社2010年版。

盘福东：《八桂文化》，辽宁教育出版社1998年版。

裘俭等主编：《新中国六十年中医图书总目1949—2008》，人民卫生出版社2010年版。

全国古籍整理出版规划领导小组办公室编：《功在千秋的事业：新中国古籍整理出版成就》，中华书局2003年版。

全国古籍整理出版规划领导小组办公室编：《古籍编辑工作漫谈》，齐鲁书社2003年版。

全国古籍整理出版规划领导小组办公室编：《古籍影印出版丛谈》，天津古籍出版社2006年版。

全国古籍整理出版规划领导小组办公室编：《古籍整理出版丛谈》，广陵书社2005年版。

全国古籍整理出版规划领导小组办公室编：《古籍整理出版漫谈》，上海古籍出版社2004年版。

全国古籍整理出版规划领导小组办公室编：《古籍整理出版情况简报》，1981年2月（总第81期）—2000年12月（总第358期）。

全国古籍整理出版规划领导小组办公室编：《古籍整理出版十讲》，岳麓书社2002年版。

全国古籍整理出版规划领导小组办公室编：《新中国古籍整理图书总目录》，岳麓书社2007年版。

尚衍斌：《西域文化》，辽宁教育出版社1998年版。

舒之梅、张绪球：《楚文化：奇谲浪漫的南方大国》，上海远东出版社、香港商务印书馆1998年版。

孙启治、陈建华：《古佚书辑本目录（附考证）》，中华书局1997年版。

佟培基：《全唐诗重出误收考》，陕西人民教育出版社1996年版。

王建辉、刘森淼：《荆楚文化》，辽宁教育出版社1998年版。

王守谦等译注：《战国策全译》，贵州人民出版社1992年版。
韦力：《古书题跋丛刊》，学苑出版社2009年版。
翁连溪编校：《中国古籍善本总目》（全7册），线装书局2005年版。
吴江江等编：《中国出版业的发展与经济政策研究》，湖北人民出版社1994年版。
吴金华：《古文献研究丛稿》，江苏教育出版社1995年版。
邢莉、易华：《草原文化》，辽宁教育出版社1998年版。
徐秉琨、孙守道：《东北文化：白山黑水中的农牧文明》，上海远东出版社、香港商务印书馆1998年版。
徐蜀主编：《国家图书馆藏古籍题跋丛刊》，北京图书馆出版社2002年版。
许力以主编：《中国出版百科全书》，书海出版社1997年版。
许逸民、常振国编：《中国历代书目丛刊》，现代出版社1987年版。
许逸民：《古籍整理释例》（增订本），中华书局2014年版。
杨建新：《中华地域文化大系　甘宁文化》，河北教育出版社2010年版。
杨牧之：《古籍整理与出版专家论古籍整理与出版》，凤凰出版社2008年版。
杨树达：《古书句读释例》，中华书局2003年版。
杨燕起：《史记全译》，贵州人民出版社2001年版。
余嘉锡：《古书通例》，上海古籍出版社1985年版。
余嘉锡：《目录学发微》，中华书局1963年版。
袁庭栋：《巴蜀文化》，辽宁教育出版社1998年版。
袁钟仁：《岭南文化》，辽宁教育出版社1998年版。
张兵、李子伟：《陇右文化》，辽宁教育出版社1998年版。
张伯伟：《全唐五代诗格汇考》，江苏古籍出版社2002年版。
张荷：《吴越文化》，辽宁教育出版社1998年版。
张三夕、毛建军：《汉语古籍电子文献知见录》，世界图书出版公司2015年版。
张舜徽：《中国古代史籍校读法》，华中师范大学出版社2004年版。
张云：《青藏文化》，辽宁教育出版社1998年版。
张志孚、何平立：《中州文化》，辽宁教育出版社1998年版。
赵芳志：《草原文化：游牧民族的广阔舞台》，上海远东出版社、香港商务印书馆 1998 年版。

郑贤柱等译注：《吕氏春秋全译》，贵州人民出版社 1997 年版。

中国国家图书馆、中国国家古籍保护中心编：《国家珍贵古籍名录图录》（第一批—第五批），国家图书馆出版社 2008 年版、2010 年版、2012 年版、2014 年版、2016 年版。

中国戏曲研究院辑校：《中国古典戏曲论著集成》（10 集），中国戏剧出版社 1959 年版。

中华书局编辑部编：《书目题跋丛书》，中华书局 2009 年版。

中华书局编辑部编：《宋元明清书目题跋丛刊》，中华书局 2006 年版。

中华书局编辑部编：《中华书局百年大事记 1912—2011》，中华书局 2012 年版。

中华书局编辑部编：《中华书局百年总书目 1912—2011》，中华书局 2012 年版。

中华书局编辑部编：《中华书局图书目录 1912—1949》，中华书局 1987 年版。

中华书局编辑部编：《中华书局图书目录 第一编（下）1979—1986》，中华书局 1987 年版［按：该书第一编（上）（1949.10—1981.10），于 1981 年内部发行］。

中华书局管理中心编：《中华书局图书目录 1992—2001》，中华书局 2002 年版。

中华书局总编室编：《中华书局图书目录 1949—1991》，中华书局 1993 年版。

周少川：《藏书与文化——古代私家藏书文化研究》，北京师范大学出版社 1999 年版。

周文英等：《江西文化》，辽宁教育出版社 1998 年版。

周祖谟：《洛阳伽蓝记校释》，中华书局 1963 年版。

朱崇先：《中国少数民族古籍文献整理研究》，商务印书馆 2017 年版。

朱开忠：《安徽古籍研究》，世界图书出版广东有限公司 2011 年版。

朱腾云：《〈全宋诗〉重出误收研究》，中国社会科学出版社 2017 年版。

邹文生、王剑：《陈楚文化》，辽宁教育出版社 1998 年版。

后　　记

　　本书是我于 2015 年申报的国家社会科学基金一般项目"近六十年来中国古籍出版研究"（15BTQ032）的最终研究成果。2021 年 3 月底本项目结项，当时提交的结项材料为上下编，共计 70 多万字，上编为"新中国成立以来新出版古籍的研究"，下编为"中国古籍出版新书目的整理（1949—2011）"，并订出《中国古籍整理出版简目》编制说明十五条，简化著录了新中国成立以后至 2011 年底出版的古籍新印本，共 12 万余条，按学科分为九大门类。此简目也得到项目鉴定专家的高度肯定，"建议尽早公开出版，惠国惠民"。因其是简目，鉴定专家建议改成详细的古籍出版书目，还需补充 2012 年以后的材料，这项补阙工作任务繁重，比较费时，所以只得有待来日。就上编而言，参考鉴定专家的意见，进行了较大幅度的修订工作，并补充了许多新材料，今以《中国古籍整理出版研究（1949—2021）》为书名呈现。

　　自从我开始选做中国古籍整理出版这一课题，至今已整整 20 年了。2001 年 6 月 7 日，我在南京大学信息管理系毕业答辩的硕士学位论文即是《近 50 年来中国古籍出版研究》。当年 9 月，我考入南京大学中文系读博，继续做此项研究，先后发表七篇论文，尤其是 2006 年，《光明日报》专栏约稿，我写了《从四大名著看古籍重复出版》（7 月 26 日第 10 版）。

　　2013 年 5 月，我觉得新中国成立以来中国古籍出版研究可能会成为一个重要课题，想在我的硕士学位论文的基础上继续做，必定会有大的创获。于是从书林网下载 1949—2001 年《全国总书目》电子版，购买了岳麓书社 2007 年版《新中国古籍图书整理出版总目》（1949 年 10 月—2003 年 12 月），此书按类编排，并不可见各年度出版情况，所以要与《全国总书目》参读。2014 年我先后购置了 2004—2011 年《全国总书目》光盘八张，一年一张，以及《中华书局百年总书目1912—2011》《上海古籍出版社五十年图书总目1956—2006》《国家图书馆出版社三十年图书总目》《中华书局百年大事记1912—2012》等书目资料，至此，所需要的基本文献齐备。

2015年初，准备以"近六十年来中国古籍出版研究"为课题名称，申报国家社科基金项目，断断续续修改完善项目申报表，感觉这个课题研究意义还比较大。3月3日，将项目申请书送交学校人文社科处。6月10日，国家社科项目公示，我申报成功！于是我开始了又一次艰难跋涉。按照我的设计，首先要建一个六十年来中国古籍出版的书目数据库，这就要查检《全国总书目》与相关出版社书目，从中检出每年所出版的古籍，这项工作持续了三年之久。2019年10月，查完手头所有的《全国总书目》，累计打印出1000多页古籍书目，并录入计算机。到2020月3日，将《全国总书目》中的古籍数据与中华书局、国家图书馆出版社、上海古籍出版社等的书目及《新中国古籍图书整理出版总目》核对完毕，六十年来的古籍书目数据库终于建成。同时，项目论文的眉目亦渐清晰，拟将课题分解章节，并列出框架结构。其间，日复一日地看《全国总书目》，核对条目，查重补阙，苦不堪言；还用了一年半时间完成两项任务，一是《全唐五代诗》之八十位中唐诗人诗集的编纂，二是主编修订"十三五"江苏省高等学校重点教材《文史通识教程》（南京大学出版社2019年版）。

对于这个国家社科项目之研究，真可谓费尽周折。倒不是说课题本身有什么难度，而是立项前后，先是我父亲身患重病，母亲又生发慢性病，四五年间，我常常奔波于江苏、陕西两地。2018年8月19日，我儿子结婚；农历9月1日，我父亲仙去。短短五十天内，我历经人生之大喜大悲，愁情万端，悲怀难遣。等我从悲伤中恢复，又过了一年多时间，所以这课题是一拖再拖。

总得有无限收获吧。拓展学术视野，开阔研究思路，积累了六十多年的古籍资料，皆可感欣慰。在查阅古籍资料的过程中，发现中华书局十分重视自己所出版图书的目录编制，已成系列，五本同名书《中华书局图书目录》，按时序为1912—1949年本、1949—1991年本、第一编（上）1949年10月—1981年10月本、第一编（下）1979—1986年本、1992—2001年本，而《中华书局百年总书目1912—2011》集其大成。中华书局

后　　记

是中国古籍出版的巨头，这些书目皆为本课题研究带来诸多方便。而且其官网首页（http：//www.zhbc.com.cn/）就设置有书局所出版图书的检索功能，提供了比较齐全的著录事项，甚至包括版次、印次等。特别是核完中华书局总书目，我受到启发，课题的提纲与绪论好像都有了眉目。当然，其他出版社的出版书目及《古籍新书报》《古籍整理出版情况简报》《古籍整理研究学刊》《中国典籍与文化》《文献》等报刊，以及相关古籍整理方面的专著皆有可贵的资料为本书所用。

经过不懈努力，2021 年 3 月底提交结项申请，8 月初鉴定结果通过。之后参照专家意见，又经辗转数月的修改补充完善，终成此稿。回首这六年多研究历程，可惜可遗憾者有三。

其一，《古籍新书报》这份全国唯一的刊载古籍出版信息的报纸为本课题研究提供了很多资料，尤其是 2011 年以后的古籍出版情况，皆有赖于此报。上海古籍出版社主办。其前身《全国古籍新书目》创刊于 1988 年 2 月（第 1 期），至 1993 年 7 月（第 47 期）；接续《古籍新书目》，1993 年 8 月（第 48 期）至 2002 年 8 月（第 156 期）；2002 年 9 月，改为《古籍新书报》，每月一期，每期 8 版，自 2010 年 1 月开始上线。该报传播比较新的学术成果信息、古籍出版动态、"新书介绍"古籍信息，内容十分丰富，颇得学界青睐。我搜集查阅到第 193 期，想把这报买齐，2019 年 1 月初打电话给出版社，却说停刊了。连续办了 30 年，能不可惜吗？至于停刊时间，估计是 2018 年 12 月（总第 352 期）。

其二，可惜的是《全国总书目》，这是属于中国国家书目，除 1949—1954 年合编本、1966—1969 年合编本之外，均按年度出版，比较全面系统地反映全国出版社每年所出版的图书情况。其编辑者、出版者屡经改变（详见参考文献本条著录），从新华书店总店编印（1949 年）到中国版本图书馆（新闻出版署条码中心）与《全国总书目》编辑部编（2009 年）、所收图书条目从按《中国人民大学图书馆图书分类法》编排（1949 年）到按《中国图书馆图书分类法》排列（1973 年）、从单栏排版（1949 年）到双栏排版（1977 年）、开本从 32 开（1949 年）到 16 开（1982 年）、从机械排版（1949 年）到计算机排版（1994 年）、从内部发行（1957 年）到公开发行（1977 年）、从纸质本（1949 年）到光盘版（2003 年）等，六十年间发生了如此多的变化。最终可能是 2012 年停办。因为在 2019 年初，我照着2011年《全国总书目》使用手册上编辑部的电话打过去，甚至都没人知道《全国总书目》这回事。在各种书目及网络上搜索，都没能找到2012年以后的任何出版信息，令人生疑。持续了六十年，甚为可惜，实在是极大的遗憾和巨大的损失！

为此，我常常想，怎么能没有国家书目呢。《全国总书目》是各年度中国图书出版情况的反映，依据中国版本图书馆所采用的呈缴本制度收录图书，详细著录书名、责任者、出版社、出版时间、页数、开本、装帧、定价、丛书项、古籍版本依据等，而且从1982年开始绝大多数图书附提要，信息量多，用处更大。从2017年5月11日到2019年10月20日，与我相伴的就是《全国总书目》，常常感慨万分，如阅完1965—1974年这一时段，叹息十年间所出古籍寥寥无几；如从1980年起古籍出版数量增多，阅读量自然加大；如从1982年改版为16开，内容增加不少，也越显正规、标准化；如从1994年开始计算机排版，阅读起来特别不适应；如2002年电子版，十分不习惯，而且与纸质版出入较多；如从2003年本开始使用检索系统，好生郁闷，一直困惑这个系统是怎么编制的，常常纠结于按类浏览还是按分类号查阅，终究费时太多；以至于2005年本后，我深深领悟了系统的混乱，如按分类号检索绘画，里面却混入大量的书法，查得十分辛苦；如2007年本，一个个小类艰难地查完，再看上一级类目，书多如牛毛，真是对我耐心的考验，而实际上也补充不了几本；如2008年本系统又有变化，哲学类于我好像一座山，艰难地爬过；就这样忍受着系统的烦琐与凌乱，查完《全国总书目》全部。虽然如此，但其价值不可低估，或许是系统技术还不成熟，或许是年度出版量巨大，再也找不到2012年以后的；不知有没有人像我这样把六十年之《全国总书目》翻阅了两遍，如果当真是停办了，不仅是我的损失，更是国家的损失。

其三，尚有不尽之意，尚余研究空间。新中国成立以来的古籍整理出版，是何其宏大的一项工程，如今以20多万字的篇幅进行了综合性的探索，确实还存在一定的开拓空间，如几个重要的专业古籍出版社、九大门类古籍新印本等，都值得进行专项专题研究。

寒来暑往，几度春秋，茫茫人海，得遇贤人相助，敬之，爱之，谢之——

感谢全国哲学社会科学规划办公室的项目组织与鉴定专家的宝贵

后　　记

意见！

感谢南京大学徐有富教授、郑建明教授、陈雅教授的学术指导！

感谢本校人文社科处的项目管理与文学院的鼎力支持！

在项目研究的艰辛旅程中，妻黄义侠跟着我一路奔波劳顿，搜集整理资料，编制书目索引，不辞辛苦，点点滴滴，此情可待成追忆！

在书稿的修改过程中得到吴倩、王圣岩、王则安以及吴云华、张苏楠等同志的热忱帮助与支持，致以衷心的谢意！

本书中引用了无数前人的、今人的学术研究成果，无论专著，还是报刊文章，有名字的、无名字的，都值得崇高的致敬！

感谢中国社会科学出版社的厚爱与支持；责任编辑刘艳女士为本书的出版与规范化付出了辛勤的劳动，从而确保了书的质量，谨致以诚挚的谢忱！责任校对陈晨同志严谨认真，稿中格式、标点、误字皆得纠正，令人感慨，都值得尊敬和表彰！

王育红

壬寅年正月廿日

修稿于壬寅年春分